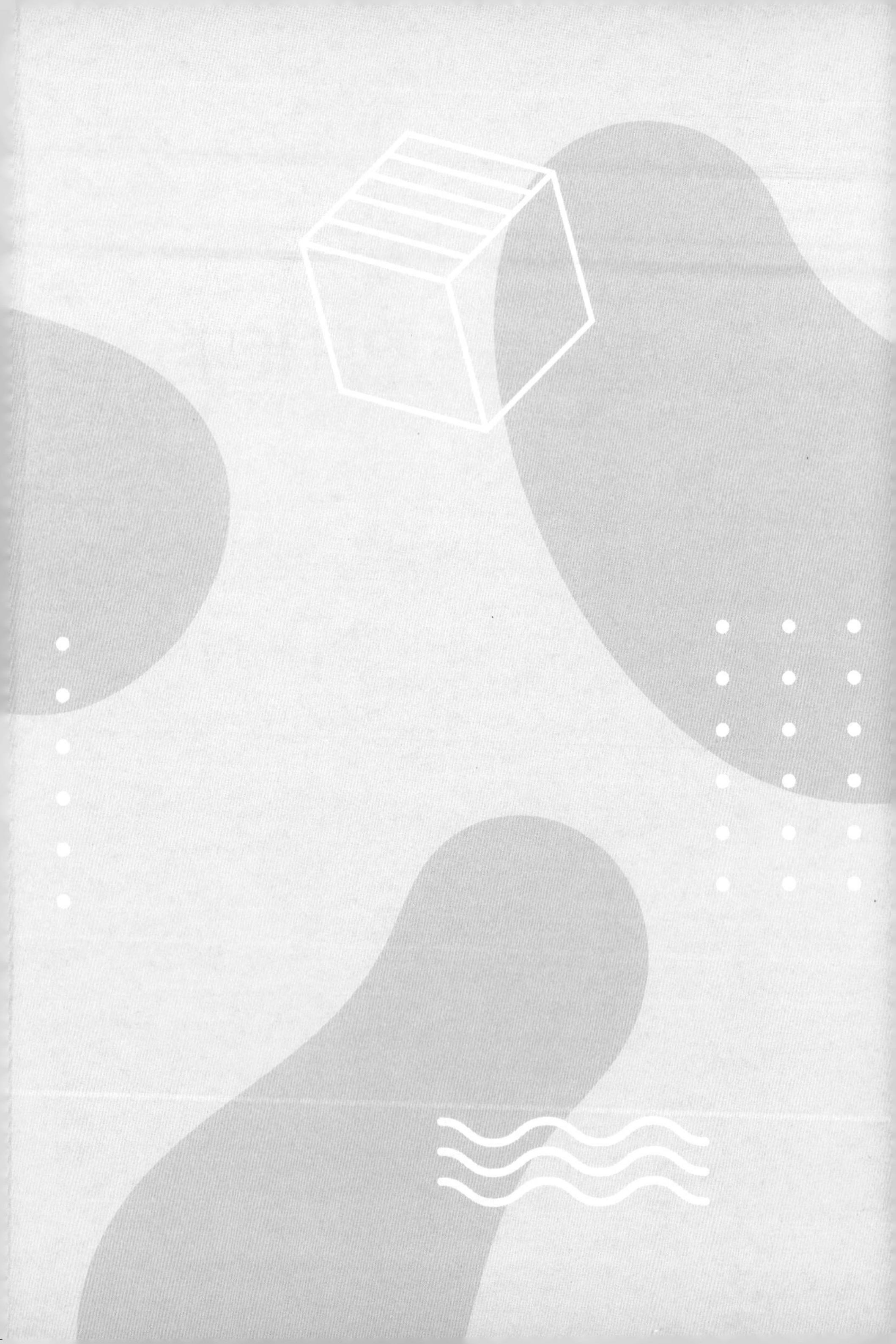

史丹佛大學最受歡迎的心理素質課

輕鬆駕馭
意志力

暢銷10年紀念新版

Kelly McGonigal

凱莉・麥高尼格——————著

薛怡心——————譯

THE
WILLPOWER
INSTINCT

How Self-Control Works, Why It Matters, and What You Can Do to Get More of It

目次
contents

第2章　身體裡的意志力本能　065

第3章　爲什麼人會累到無力抗拒？　103

第8章 爲什麼意志力會互相感染？ 285

推薦序

駕馭意志力，遇見更好的自己

少女凱倫

在資訊比起上一個十年更大量、轟炸的時代，人們的注意力已經成爲稀缺資源，意志力也連帶成爲時代犧牲品，人們要面臨的難題已不只是外在世界，內在的自我控制、駕馭意志力，也成爲世代必修課。

在《輕鬆駕馭意志力》裡，有著洞悉身心狀態的解方，作者先解讀意志力的神經機制，將大腦分爲「我不去做」「我要去做」，以及「我眞正想做」三種力量。

了解意志力的系統後，作者進一步邀請每個人都必須爲自己設下「個人意志力挑戰」，且從中覺察自己的選擇，來評斷自己的狀況，並設法調整之。

以我自己爲例，我是常常在家找不到鑰匙的人，家人常常提醒我，只要把鑰匙放在固定的地方，就不會找不到了。但要改善這個壞習慣，卻花了很多年，後來我運用了書中的方法，思考了自己爲何如此，有了驚人的發現。

原來「我打開家門後，就會把鑰匙放在下一個地方」，比方說，若我回家第一時間進到房間，那麼鑰匙就會在房間；如果先到餐桌、廚房，那鑰匙就會遺留在那裡，也難怪我常常找不到。後來我學著回家開門後，把鑰匙直接塞進包包，就解決了問題！這就是「覺察自我」的一種方式，抽離第一人稱，以第三者角度剖析自己的行爲與心理狀態，才能察覺問題，並加以改善。

除了行爲控制外，也想呼應書中大腦層面的問題，我過去是名媒體工作者，現在則專心創業帶領團隊，曾有段時間因爲在職創業，我也經歷一段身心俱疲，大腦在各種任務與身分的切換下，搗亂意志，增加了焦慮，導致手邊永遠有處理不完的事情，拖延了長遠的人生目標，以及眞正該做的事。

後來我決定放下正職工作，專心好好創業，不再大量切換身分與思考，眞實的遇見了更好的自己，我不再因爲身分混亂而感到自信不足，也能更加相信，自己正在做對的事情。

想獲得更多控制意志力的方法，在這本書有完整的解答，除了理論，更有實際案例與實作，不妨翻開書本，一起跟著史丹佛最受歡迎的心理素質課改善自己的人生。

（本文作者爲作家）

推薦序

最不消耗意志力的精采之作，讓你願望成眞

文森說書

今天開始，我要每週運動三次，還有還有……我要每天撥一小時來閱讀。它們是我長年以來的新年新願望，說出這些願望時，總覺得自己青春洋溢，彷彿身體中的血液正在沸騰著。可不到一個月，願望就會被留在過去，我仍舊用最省力的方式在度日子，但朋友卻逐一達成各自的願望。這時我就知道，自己需要了解怎麼培養意志力。

透過凱莉．麥高尼格這本精采之作，我們可以發現：

1. 意志力是可以隨時充電的：走出門五分鐘再回來，剛才懶得深思的題目，我們會再次有了動力往下探索。

2. 最有意志力的人，就是最少動用到意志力的人：把明天要帶出門的東西掛在門把上吧！你的大腦不必再放入一堆待辦事項時，意志力就有了活動空間。

3. 糖分可以恢復意志力：實驗證實，比起喝下無糖可樂的學生，攝取眞正含糖可樂的學生，對手邊複雜的數學課更有耐心（希望這別成爲你發福的理由）。

4. 注意你的道德許可證：今天我有去健身房踩飛輪兩小時，那麼我……應該值得吃一整桶的炸雞吧！這種補償心態如此常見。如何撤銷道德許可證，就不失爲本書中待挖掘的寶藏。

5. 別刻意不去做某件事，那會損耗你的意志力：就像我讓你五分鐘內別去想「柴犬」，可是待會兒的五分鐘內，你的大腦裡全部都會是柴犬一樣（汪汪汪）。所以，我們若想訓練自己一小時內不碰手機，最好的辦法就是用「我要去做」來替代「我不要去做」，比方說，告訴自己「待會兒的一小時內我要專心寫論文」，而不是「待會兒寫論文時，我絕對不要碰手機」。

最後，我們也會知道，「每個人每一天的意志力都是有限的」。那該如何安排自己的時間呢？是不是該把最重要的任務放在早晨，晚上就留著休息與沉澱呢？

總是把新年新願望放在年初嗎？或者剛瘦下的腰圍又開始活躍了？本書是我看過意志力相關著作當中，寫得最精采、也最不消耗意志力的。我相信每個人看完後，都能更了解意志力，學會控制自己的意志力，必要時隨時進行補充、並能依據自己的意志力剩餘量，更妥善地安排自己的一整天。

（本文作者爲YouTuber）

推薦序

關於「意志力」科學，我們所需要知道的事

洪瀞

你一定知道，在許多事情上，「意志力」能幫助你達成目標；然而，當需要處理的事情變得繁重、繁雜、時間被拉長以後，突然間，意志力似乎就被消磨殆盡了。這時，如果不妥善處理這個狀態的話，我們很容易會開始變得不開心，健康也可能會開始變得不佳。

其實，美國心理學會的報告早已指出：「缺乏意志力，可能是改善個人健康和財務狀況的障礙。」若換個角度並正面思考一下，擁有豐富意志力的話，我們將有很大的機會改善個人健康與財務狀況，甚至是達成更多事。

曾有這樣一個眞實故事：「一名青年在搭乘長途飛機的前幾天，決定夜晚都不睡覺。他以爲只要剝奪自己的睡眠以後，一上到飛機就能全程沉浸在睡眠當中。」

這則飛機故事的後續發展是這樣的：「結果，這名青年在飛機上全程無法入眠，還得多承受熬夜所引發的極度不適感（是我，這位青年就是數十年前的我！）。」

直到我接觸到這本由凱莉・麥高尼格全面拆解「意志力」組成所撰寫的《輕鬆駕馭

意志力》以後，才終於想明白，原來當時的自己完全沒有覺察到意志力的作用。這是一本非常好的書，因爲關於意志力的許多觀念，這本書都找得到答案。除此之外，這本書的每一個章節更爲讀者破除有關自制力常見的錯誤認知。

我們經常誤以爲那些能持續不懈、勇往直前的優秀人士，是擁有無限的意志力；但事實上，這些擁有無限意志力的人士很可能只是比較理解「意志力」。

原來，我們不用懷疑自己是否缺乏意志力。

最後我想說的是：「相信絕大部分的人都知道，意志力是能被類比爲肌肉，可以透過科學的訓練來打造。」

儘管這樣的類比不是什麼新奇的概念，可是當你耗損意志力想完成挑戰時，是否知道具體該怎麼做，我們才能像上健身房一樣（想像奮力舉起重物的畫面），以有效和正確的方式打造自己的意志力能量庫呢？

眞心推薦這本書給你。翻開這本書之後，你會理解關於「意志力」的許多實務理論、讀到有趣的案例，並發覺那些讓你躍躍欲試，引導自己省思的方法。

（本文作者爲《自己的力學》作者、成大副教授）

推薦序

反覆探索才能長出具有韌性的自己

陳沛穎

今天又是一個這樣的一天，你明明有該做的事，卻提不起勁；你埋首於瑣事中，卻無法擁有成就感。在拖延、抗拒、失望的反覆中，你開始思考：是不是自己天生缺乏意志力？

也許你是位能掌握每項進度的人，但總是被壓力壓得喘不過氣來。你似乎已擁有意志力，卻仍感到疲憊不堪。眼看理想的自我漸漸遠去，自己卻什麼也做不了。

如果這些無助感揮之不去，《輕鬆駕馭意志力》或許能幫上你的忙。

這是一本幫助人改變行爲的書，作者以心理學理論爲基礎，展開實用的說明，以及具體可執行的練習。《輕鬆駕馭意志力》最特別的地方在於，作者深刻描述「爲什麼目標無法達成」的原因——即使自己非常清楚該做什麼。讀到這個段落的你，或許對此特別有感。

你在後面的段落將會讀到，我們所要面對的目標與挑戰，有些是有共通性的。像是人的生物本能偏好甜食與高脂肪的食物，爲了維持均衡的飲食，我們需要調節這樣的衝動。因此我們的減重計畫，也許並不是要強忍著飢餓，而是要意識到自己生物性上的傾向，並以此找到共處之道。

當然你也會發現，可能自己的例子無法與書中完全互相呼應。而我要告訴你，這也是眞的。但這並不代表這本書幫不上忙，這些差異感受只是說明了，每個人對於挑戰的感受，會隨著成長背景、當下處境的不同因人而異。

書名雖然是《輕鬆駕馭意志力》，但我必須更精確的說，這「不是」一本輕鬆的書。你必須花時間，跟著作者一起逐格放大自己行爲的細節。抽絲剝繭地分析自己被什麼影響著。我非常同意作者說的，要克服意志力挑戰，一大重點就是要找出運用原始本能的方法，而不是一味與其對抗。而強化意志力最好的方法，就是先了解你是如何失控的，而背後的原因又是什麼。

當我們越了解，就能越自在。慢慢地，你將會根據長期目標做出最適合的選擇，而不是被恐慌和及時享樂的需求所驅使。當你發現自己再次回到過去的行爲模式，你也不會害怕與心慌，而是能告訴自己，我會藉由所學習的步驟，一步步找回自己的步調。

我認爲這本書給讀者一個信心：我們並非天生軟弱，只是需要一直反覆的探索，才能長出具有韌性的自己。推薦給想要更好的你。

（本文作者爲臺中獨立書店「引書店」店長）

【好評推薦】

如何打造強大的意志力？這本《輕鬆駕馭意志力》爲我們帶來了解方。透過書中的科學實證、意志力實驗與自我檢視，讓你能更了解自己的弱點，並藉由實際練習強化意志力。快閱讀這本好書，一起來鍛鍊吧！

——林長揚，企業課程培訓師、暢銷作家

支配意志力，你將帶領你的軀體邁進極限，並獲得驚奇的能量。我們的一生，永遠都是和另一個自己挑戰！

——陳彥博，極地超級馬拉松運動員

能控制住自己的人，才能掌握自己的命運。意志力就像肌肉，正確地鍛鍊就可以強化；而鍛鍊意志力的有效方式，都寫在這本書中了。深入淺出的文字內容，幫助你完成強化意志力的挑戰。

——劉奕酉，知識自雇者與商業顧問

好一本解放思想的書！麥高尼格闡明了意志力的科學依據，揭穿大多數人誤信的迷思。認清這些啓發人心的事實，破解壓抑自我的謬論，現在起，每個人都可以鍛鍊更強大的意志力！

——傑夫．柯文，《我比別人更認真》作者

《輕鬆駕馭意志力》是一本別出心裁的勵志書，以科學觀點來解釋自制力的原理與實踐的方法。無論你想稍微調整生活方式，或是來一場徹頭徹尾的自我改造，絕不可錯過本書！

——Book Page 書評網

每一章單獨看都精采有益，但若能整本讀完，可能徹底改變人生！如果你正在努力減重、追求更好的工作績效、戒除壞習慣……嘿，只要是「人」都一定要讀這本書！

——Library Thing 書評網站

對每一個想學習如何更有效率達成目標的人，這本書價值非凡。麥高尼格明確解析豐富的科學研究與應用方式，證明了解意志力的極限，正是發揮眞正自制力的關鍵！

——傑佛瑞．史瓦茲，《大腦想的跟你不一樣》共同作者、暢銷書《大腦的鎖鑰》作者

有趣且好讀的研究報告，將意志力的智慧帶出實驗室。

——《時代》雜誌

前言

認識意志力的第一堂課

每次向人提起，我在教一門關於意志力的課時，大家幾乎會異口同聲地說：「哦，這正是我需要的。」現在的人多半已了解到，所謂的意志力，也就是控制注意力、情感和欲念的能力，深深影響我們的健康、財務安全、人際關係，以及工作上的成就。我們都明白箇中道理，也都知道應該設法掌控自己人生的各面向，從我們吃的食物，到所做的事、說的話，還有買的東西。

然而，大多數人都覺得自己的意志力很薄弱——有時還算控制得宜，有時卻完全失控。**根據美國心理學會的研究，美國人將自己難以達成目標的首要原因，歸咎於缺乏意志力**。許多人因爲讓自己和他人失望而感到內疚。也有人乾脆任憑自己的想法、情感和欲望所擺布，人生被短暫的衝動所主宰，無法做出理性的抉擇。即使是自制力很高的人，也經常爲了掌控自我而感到疲累，常常懷疑人生是否眞的要活得如此辛苦。

我在史丹佛大學醫學院的健康促進計畫中，擔任健康心理學家與課程講師。我的職責就是幫助人管理壓力，並做出有利身心健康的選擇。多年來，我看到許多人拚命努力要改變自己的想法、情感、身體狀況和習慣，我發現，對意志力的錯誤認知，反而成為人們成功的一大阻礙，製造出許多不必要的壓力。儘管現代科學研究對意志力已有深入的了解，但這些洞見顯然還未廣為大眾所知，人們只能繼續沿用那些號稱能加強自制力的老套方法。

我不斷看到，大多數人採用的方法不但沒有效果，有時甚至適得其反，反而損害了他們的健康，令人生更加失控。

有鑑於此，我開設了「意志力科學」這門課，在史丹佛大學的推廣中心為社會大眾授課。這門課從心理學、經濟學、腦科學和醫學的觀點，介紹關於自制力的最新發現，說明人該如何改變舊習慣，並建立有益身心健康的習慣，克服拖延的習性，專注於生活的重心，並且妥善因應壓力。這門課將揭露我們抵擋不住誘惑的原因，以及該如何找出抗拒誘惑的力量。**我會說明，了解自制力的極限有多麼重要，同時也將介紹鍛鍊意志力最好的策略。**

令我欣慰的是，「意志力科學」已迅速成為史丹佛大學推廣中心最受歡迎的一門課程。第一次開課時，我們為了容納不斷增加的選課人數，竟換了四次教室。企業主管、教師、運動員、醫護人員，以及許許多多想了解意志力的學員，齊聚在史丹佛最大的演講廳。學員甚至開始攜家帶眷，呼朋引伴一起來上課，這樣就能共享上課的心得。

我很希望這門課能幫助這群來自不同背景的學員。他們來上課的目標各自不同，有的想戒菸，有的想減重，有的是希望還清債務，或者成爲更稱職的父母。不過就連我自己，都對上課的成果感到意外：上課四週後的調查結果顯示，有高達九七%的學員對自己的行爲有更深入的認識；八四%的學員表示，課堂上教授的方法已賦予他們更多意志力。到了學期結束時，學員紛紛上台分享親身經驗，包括如何克服嗜吃甜食三十年的習慣、如何把積累多年的稅款繳清、如何停止對小孩大吼大叫，以及如何堅持運動的計畫。他們普遍都對自己更有自信，也更能掌控自己的選擇。有學員在教學評鑑表上說，這門課改變了他們的人生。

這些學員有共同而明確的心得：了解意志力的科學之後，他們更加明白該如何培養自制力，也更有力量去追求對他們來說最重要的事物。這些科學的洞見，無論是用在戒酒或戒除電子郵件上癮的問題，都相當有用。這些自制的方法能有效幫助人們抗拒五花八門的誘惑，包括巧克力、電玩遊戲、購物等，甚至能避開婚外情危機。學員紛紛利用課堂所學來實踐個人的目標，比如參加馬拉松比賽、創業、因應失業或家庭衝突等壓力，還能幫助小孩克服週五上午令人害怕的拼字考試（這是媽媽開始帶小孩來上課後，所出現的疑難雜症）。

當然，正所謂教學相長，其實我也從學員身上學到很多。舉例來說，每當我花太多時間講解科學研究的奇妙發現，而忽略了這與學員的意志力挑戰有何關係時，學員就會開始昏昏欲睡。學員也會給我回饋，讓我知道哪些方法在現實生活中管用，哪些則效果不大（這些絕不可能在實驗室的研究中得知）。他們還會在每週的作業中發揮創意，爲我提供許多新的方法，將抽象的理論轉變爲日常生活中有用的習慣。這本書就是將卓越的科學洞見與課堂上實用的練習結合在一起，運用最新的研究成果，並融入了本課程數百位學員的智慧。

鍛鍊自制力，先了解爲什麼會失控

任何一本幫助人改變行爲的書，無論是新推出的節食計畫，還是實現財務自由的指南，多半會幫你設定目標，並且告訴你該怎麼做才能達成目標。然而，如果眞的只要找出想改變的事，就能順利心想事成，那麼新年新希望就不會老是落空，而我的課堂上也不會擠滿學員了。很少有書能幫助讀者了解爲什麼即使自己非常清楚該做些什麼事，但目標就是無法達成。

我認爲，**提高自制力最好的方法，就是先了解你是如何失控的，而背後的原因又是**

什麼。許多人擔心，一旦知道自己失控的可能原因，就會更容易失敗。其實不然。了解失敗的原因，你反而更能支持自己，避免落入喪失意志力的陷阱。研究顯示，自認意志力堅強的人在遇到誘惑時，其實反而最容易失去自制力。❶

舉例來說，最有自信抗拒香菸誘惑的人，四個月後往往最容易菸癮復發；過於樂觀的節食者，反而是最難減重的人。為什麼呢？因為這些人未能預知他們可能會破戒的時機、地點和原因，所以讓自己暴露在更多的誘惑之中，比如癮君子常和吸菸的人在一起，節食者在家中各處放餅乾。這種人也特別容易被意料之外的挫折所打敗，在遭遇困難時輕易就放棄原本的目標。

對於自我的認識，尤其是關於我們的意志力何時最為薄弱，正是建立自制力的基

❶ 這種認知偏差並不限於意志力。舉例來說，認為自己最擅長一心多用的人，其實最容易分心。這種現象又稱為「達克效應」（Dunning-Kruger effect），最初是由康乃爾大學的兩位心理學家所提出。他們發現，人很容易在各面向高估自己的能力，包括幽默感、文法觀念和推理能力等。在實際能力最低的人身上，這種現象往往最明顯。比如測驗成績在最後第十二百分位數的人，平均認為自己的分數是落在前面第六十二百分位數。這項研究結果正好可以解釋，為什麼熱門電視節目《美國偶像》的選秀會上，會有這麼多參賽者覺得自己很優秀。

礎。這就是爲什麼，本書和「意志力科學」這門課，特別著重在人們喪失自制力時最常犯的錯誤。

本書的每一章都會破除一個有關自制力常見的錯誤認知，讓你能用全新的思維，來面對自己的意志力挑戰。我將針對每一個錯誤認知，抽絲剝繭深入探討：當我們禁不起誘惑，或者一再延宕自己明知該做的事，究竟背後的原因是什麼？我們在哪一處犯了要命的錯誤，又爲什麼會犯這樣的錯？最重要的是，我們要設法不再重蹈覆轍。那麼，我們又該如何將自己對失敗原因的理解，轉化爲成功之道？

當你讀完本書，至少會對自己的弱點有更深一層的認識，而這些弱點正是人性的共通之處。意志力科學清楚告訴我們，每個人都在努力對抗各種誘惑、令人上癮或分心的事物，以及愛拖延的習慣。這些弱點不是個人的能力不足，而是所有人都有的共同經驗，更是人性的一部分。

如果本書可以讓讀者了解到，不是只有你一個人苦於缺乏意志力，那也算是有所貢獻了。不過我當然希望本書能帶給你更多收穫，讓書中的各項方法可以眞實且長久地改變你的人生。

善用本書的三個方法

洞悉意志力的科學

我是一個受過專業訓練的科學家，所以很早就了解到，實驗數據比空泛的理論更管用，因此，我希望讀者能將本書視爲一場實驗。用科學方法提高自制力，不能只局限在實驗室中，大家都可以也應該將自己當做現實生活中的研究對象。當你在讀這本書時，請不要一味遵照我的說法。即便我爲一項論點提出了證據，大家還是可以在自己的生活中實際驗證這個論點。請你自行蒐集資料，找出正確且對你最有用的方式。

我會在每一章中指定兩項作業，幫助讀者成爲洞悉意志力的科學家。第一項作業稱爲「自我檢視時間」，這是要請你留意，書中所提到的狀況是否你自己也有。在做出改變之前，你必須先看清自己要改變什麼。舉例來說，我會請你留意自己在什麼時間最禁不住誘惑，或是否肚子餓的時候比較容易過度消費。我會請你留意，在面對意志力的挑戰時，你是如何和自己對話的，包括當你拖延時會對自己說些什麼，以及你如何評判自己的挑戰失敗或成功。我甚至會請你進行實地研究，比如觀察商店如何利用貨架陳列設計，來降低你的自制力。在進行每一項作業時，請採取客觀中立、單純探究問題的態度，就如同一位科學家透過顯微鏡仔細審視，希望能發現什麼有趣又有用的事物一樣。不過，這樣做並不是要你爲每個意志力的弱點責怪自己（這完全沒必要），或是去批判現代世界爲什麼存在著如此多的誘惑（我會進一步解釋原因）。

在每一章中，還會有「意志力實驗」的單元，這是根據科學研究或理論所發展出的實用方法，藉以提升個人的自制力。你可以將這些強化意志力的做法，立即套用在生活的各項挑戰中。我希望你能以開放的心態面對每一項方法，即使有些方法乍看之下不合常理（這類方法還不少）。我的學員已經在修課期間實驗過這些方法，儘管不是每項方法對每個人都管用，但書中所列的都獲得學員最高的評價。至於那些理論聽起來很棒，但實際上毫無用處的方法，都被我淘汰掉了。

這些意志力實驗是突破現狀的絕佳方法，能爲老問題找出全新的解決之道。我鼓勵大家盡量嘗試不同的策略，自行蒐集資料，找出自己最受用的方法。這些是實驗，而不是測驗，所以沒有通不通過的問題。即使你決定嘗試與科學研究結果背道而馳的做法，又有何妨？畢竟總要有人對科學抱持懷疑的論點。別忘了與朋友、家人及同事分享這些方法，看看哪些策略對他們有用。你一定會有所收穫，然後再利用你所學到的，來修正自己提高自制力的做法。

選定自己的意志力挑戰

爲了從本書中獲得最大的成果，我建議你選定一項「意志力挑戰」，來驗證書中所提出的各項論點。我們每個人都有必須克服的挑戰，有些是共通的，比如人的生物本能是愛吃甜食與高脂肪食物，所以我們都需要克制渴望跑去附近甜點店的衝動。不過也有許多意志力的挑戰是因人而異。你喜愛的事物，別人可能感到厭惡；令你上癮的嗜好，旁人可能覺得無聊透頂；而你一拖再拖的事，另一個人可能爭著去做。然而無論具體事項是什麼，這些挑戰對每個人來說似乎都一樣困難。你對巧克力的熱愛，與吸菸者的菸癮或購物狂想大肆血拚的渴望，並沒有什麼兩樣。你說服自己不去運動，也和另一個人找藉口不打開到期的帳單或把該讀的書再延後一晚是一樣的。

你個人的意志力挑戰，可能是自己正在逃避的某件事（稱爲「我要去做」的意志力挑戰），或是某個你想要改掉的習慣（稱爲「我不去做」的意志力挑戰）。另外你也可能選擇一項重要的人生目標，希望能投入更多心力去專注達成（稱爲「我眞正想做」的意志力挑戰），包括促進健康、管理壓力、提升教養技巧或發展職涯等。由於克服分心、誘惑、衝動和拖延的習慣，是人類共通的挑戰，因此本書所教的方法對於你所選擇的任何目標都將大有助益。

等讀完本書，你對於自身的挑戰將有更深刻的見解，也將學到一套新方法來加強自制力。

循序漸進慢慢來

我希望讀者運用這本書，就像是來上我爲期十週的課程一樣。本書共分爲十章（含結語），每一章都會解說一個重要的論點，並解釋其科學原理，以及你可以用它來達成自己目標的方法。這些論點和方法相輔相成，因此你在前一章所投入的心力，等於是爲下一章預作準備。

你當然可以在短短一個週末就讀完整本書，但我鼓勵大家實際執行做法時，一步一步慢慢來。我班上的學員會花一星期的時間，來觀察每一個論點如何應用在他們的生活中。他們每星期都會嘗試一項強化自制力的新方法，然後再回課堂上來報告哪一個方法的效果最好。我建議大家也這麼做，尤其如果你打算藉由本書來達成一項特定目標，比如減重或有效管理財務支出。不妨多給自己一點時間來練習各種實用的方法，並加以省思。你可以從每一章中挑出一項與自己個人挑戰最相關的方法，而不需要一口氣嘗試十項新方法。

每當你想做些改變，或是訂定了新的目標，你隨時都能利用本書十週的架構來達成它們，就如同有些學員上這門課不只一次，每一次都著重在不同的意志力挑戰上。不過如果你想先把整本書讀一遍，那就放輕鬆讀吧，不必擔心自己跟不上各章的省思和練習。建議你把自己最感興趣的部分做記號，等到準備好要將這些論點付諸實踐時，再回來翻閱參考。

準備上課了！

你的第一份作業就是：爲這趟意志力科學之旅，請選定一項個人的意志力挑戰。然後請翻開第一章，我會回顧歷史，探究人類的意志力從何而來，以及我們又該如何強化自己的意志力。

自我檢視時間

選定你的意志力挑戰

現在，請選出你最想要套用本書的論點和方法，來達成哪一項意志力挑戰。以下這些問題可以幫你找出一些方向：

◎「我要去做」的挑戰：哪些事是你想要多做一些，或者不想再拖延的，因為你知道這樣做可以提升自己的生活品質？

◎「我不去做」的挑戰：在你生活中最根深柢固的習慣是什麼？有哪件事是你想要戒除，或想要少做一些，因為它不利於你的健康、快樂或成功？

◎「我真正想做」的挑戰：哪一項重要的長期目標，是你希望可以集中心力好好達成的？最近有什麼你渴望的事，最可能導致自己分心或遠離原本目標？

第1章——

意志力的三種表現

如果想要在該拒絕的時候堅定說不，並在該去做的時候積極行動，
你就必須在關鍵時刻找出自己真正的動力，
也就是要善用「我真正想做」的力量。

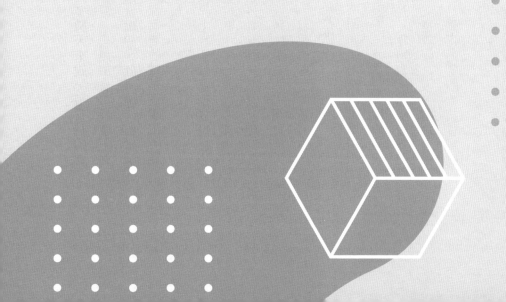

說到需要意志力來達成的事，你第一個會想到什麼？**對大多數人來說，最常見的意志力考驗就是抗拒誘惑**，無論誘惑指的是一個甜甜圈、一根香菸、一場清倉特賣會，還是一夜情的機會。當人們說「我缺乏意志力」，通常是指「每當嘴饞、肚子餓、心癢難耐，身體想要臣服於渴望時，我發現自己很難說不」。此時，你需要的就是展現出「我不去做」的意志力。

但是「說不」，只是意志力的其中一種表現而已。畢竟世界上許多習慣拖拖拉拉，以及整天黏在沙發上看電視的人，最愛的就是「說不」。有時候，說「要」比說「不要」更重要。那些你總是拖到明天，甚至永遠都不去做的事，必須善用意志力，要求自己今天就去做。即使你心懷憂慮，或是有別的事使你分心，抑或是你愛看的電視實境秀正連播好幾集，都不能阻止你去做的決心。此時要發揮的就是「我要去做」的意志力，也就是讓自己有辦法堅持去做該做的事，即使某一部分的你其實並不想。

「我要去做」和「我不去做」這兩種力量，是自制力的兩個面向，不過單憑這兩者，並不能構成堅強的意志力。如果想要在該拒絕的時候堅定說不，並在該去做的時候積極行動，你還需要第三種力量：記住自己眞正渴望什麼的能力。我知道，你一定覺得自己眞正想要的，是那塊布朗尼蛋糕，或是第三杯馬丁尼酒，或是放假一天。不過，就在你面對種種誘惑，又興起逃避與拖延的念頭時，必須牢記自己眞正渴望的，其實是瘦身成功後穿進小號牛仔褲、獲得升遷、擺脫卡債、保住婚姻，或者安穩過日不被抓去坐牢。除此之外，還有什麼能讓你消滅當下的渴望呢？**要發揮自制力，你就必須在關鍵時刻找出自己眞正的動力，也就是要善用「我眞正想做」的力量。**

所謂意志力，就是善用「我要去做」「我不去做」，以及「我眞正想做」這三種力量，來幫助你達成目標（同時不惹上麻煩）。所幸，身爲人類，我們的大腦能發揮以上所有的作用。事實上，能夠展現「我要去做」「我不去做」和「我眞正想做」這三種力量，或許正是人類的一大特徵。在分析爲何人無法發揮出這些力量之前，讓我們先抱持感激之心，看看人類有這些能力是多麼幸運的事。我會簡要介紹大腦構造，說明它的神奇之處，並探索如何訓練大腦才能強化意志力。我們也會探究難以發揮意志力的原因，以及如何利用人類獨具的另一項特質，也就是自我覺察能力，避免臣服於身體的渴望。

意志力是天賦本能

請試著想像以下情境：回溯到十萬年前的史前時代，你是新演化的人種，是優越的現代人類。沒錯，現代人類有許多了不起的特徵，比如拇指可彎曲與另外四指相對、可直立行走，還擁有舌骨（因此能發出某種語音，雖然我不可能知道它是怎樣的聲音）。現代人類開始懂得用火，而且不會不小心燒到自己，這也是値得慶賀的一大突破。另外，現代人類也會利用石器工具，切分野牛和河馬肉。

對你的前幾代祖先來說，人類生命的責任非常簡單：一、覓食；二、繁衍後代；三、小心不要遇上食人鱷。但是，現在你開始生活在人際關係緊密的部落社會中，必須仰賴他人之力才能存活，這表示對你來說，有一件很要緊的事，那就是「不能惹毛別人」。社群要順利運作，就必須互助合作、分享資源，所以你不能爲所欲爲，任意搶奪。如果你偷走別人的野牛大餐或搶了別人的配偶，就可能會被社群驅逐，甚至惹來殺身之禍（別忘了，別人也有尖銳的石器，而你的皮膚可比河馬皮薄得多）。再說，萬一你生病或受傷了，也會需要族人來照顧你，萬一被放逐，就再也沒有人幫你打獵或採集食物。即使遠在石器時代，贏得朋友並影響他人的人際規範，很可能與現代社會並無二致：當你的鄰居需要庇護時，你們必須通力合作；即使你沒吃飽，也要懂得與別人分享晚餐；還有，在說出「你穿那條纏腰布看起來很胖」這句話前，務必三思。也就是說，你不得不發揮自制力。

這不只攸關你的性命，全族人的存亡都取決於你能否愼選打鬥的對象（不能是同一部落的人），以及愼選配偶（不能找近親，因爲你必須增加基因的多樣性，才不會因爲某種遺傳疾病而導致全族滅絕）。如果你有幸找到一位配偶，最好要能一輩子相守，而不是在草叢後嬉鬧一次就算了。要知道，對你這位（幾乎是）現代人來說，過去你的食欲、侵略欲和性衝動等本能，現在都可能以各式各樣的方式使自己惹上麻煩。

這只是人類需要意志力的開始。隨著歷史的演進，人類的社會型態愈來愈複雜，對於自制力的要求也愈來愈高。人需要融入群體、互助合作，以及維持長期關係，這些需求對早期的人類大腦形成壓力，使人腦開始發展出自制的策略，並持續演變至今，成了我們現在的樣子。一路進化的結果，誕生了意志力：有了控制衝動的能力，我們才稱得上是文明人。

現代人更需要意志力

回到現代人的生活（手的結構當然沒變，不過衣服得比史前時代多穿一點），意志力原本是人類有別於其他動物的一大特徵，現在則演變爲人與人之間的差異。人生來都具有意志力，但有些人發揮得多，有些人則用得少。善於掌控自己的注意力、情感和行動的人，幾乎在各方面的表現都比較傑出。他們比較快樂、健康；人際關係較佳，關係維繫的時間也較長；收入比較高，職涯的發展也比較好；比較懂得如何因應壓力、處理衝突，並克服逆境；甚至他們的壽命也比較長。**在人的各種優點當中，意志力更顯重要。舉例來說，一個人的自制力，比聰明才智更能預測學業成績，比個人魅力更能決定領導力的高低，比同理心更能確保婚姻美滿**（讓婚姻長久維繫的祕密，很可能是要學會閉上嘴不多話）。

如果想提升生活品質，不妨先從強化個人的意志力著手。為了達到這個目的，人必須對正常的大腦加以訓練。接下來，我們先看看大腦的構造。

意志力的神經機制

現代人之所以具備自制力，是源於長久以來必須成為更好的鄰居、父母和伴侶的壓力。不過人的大腦究竟是如何產生自制力的呢？答案就在於前額葉皮質的演進，這塊神經區域就位在人的額頭和眼睛正後方。在演化史上，前額葉皮質區主要掌管肢體動作，包括走路、跑步、伸手拿物、推的動作等，可說是一種初始型態的自制力。隨著人類一路進化，前額葉皮質區愈形擴大，與大腦其他區域的連結也更加緊密。演化至今，前額葉皮質區在人腦中所占的比例，已遠高於其他生物的大腦。這就是為什麼你家的狗永遠

我們腦中的意志力作用

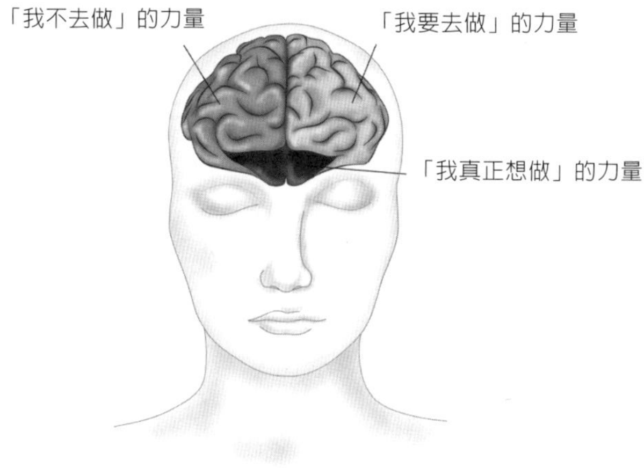

不會爲了退休生活而預先儲備狗食。隨著前額葉皮質區的體積增大，它也發展出新的控制功能：控制你的注意力、思想，甚至還能掌控你的感受，也因此進一步加強對你行爲的控制力。

史丹佛大學的神經生物學家羅伯·薩波斯基（Robert Sapolsky）主張，現代人腦中前額葉皮質的主要職責，是引導人的大腦，也就是引領你去做「比較困難的那件事」。比方說，坐在沙發上輕鬆舒適，但你的前額葉皮質會要你起身去運動。一口吃下甜點很容易，但你的前額葉皮質會記得你只喝茶的原因。把案子延到明天再做很簡單，但你的前額葉皮質會要你打開檔案，把握工作的進度。

人腦的前額葉皮質區並不是一團充滿灰質的完整區塊，而是由三個主要區域所構成，分別負責執行「我要去做」「我不去做」，以及「我眞正想做」這三種力量。

前額葉皮質接近左上方的那塊區域，專門發揮「我要去做」的意志力。它幫忙人開始並持續完成無聊、困難或充滿壓力的工作，比如在你揮汗如雨、恨不得衝去洗澡時，要自己繼續在跑步機上運動。至於右半邊的功能剛好相反，負責執掌「我不去做」的意志力，讓你不會被每一次衝動或渴望的事物所宰制。還記得上一次你在開車時想查看手機簡訊，但後來還是決定專心看路，這就要歸功於腦中的這塊區域。以上這兩塊區域，共同掌控你的行爲。

第三塊區域的位置較低，位於前額葉皮質的中間部位，它專門記住你的目標和願望。這塊區域決定你眞正想做的是什麼，當這些皮質細胞愈快開始指揮，你展開行動或抗拒誘惑的動力就會愈強。即使大腦中的其他部位一直不斷慫恿你：「快吃下去！快喝一口！快抽那根菸！快買下來！」前額葉皮質的這塊區域會記住你眞正想要的是什麼。

自我檢視時間

克服困難或抗拒誘惑，哪一個比較難？

每一項意志力挑戰都代表著你必須去做一件對自己來說困難的事，無論是設法讓自己遠離誘惑，還是勇於面對壓力，不輕易逃避。請想像你正面對著自己的意志力挑戰，對你來說，做什麼比較難？是什麼原因讓它如此困難？當你想努力克服它時，感受是如何？

喪失意志力的驚人案例

掌管自制力的前額葉皮質究竟有多重要？要回答這個問題，不妨先來看看一個人如果喪失了自制力，會變成什麼樣子。前額葉皮質損傷最出名的一個案例，就是美國鐵路工人費尼斯．蓋吉（Phineas Gage）的故事。我必須先警告你，這是一個駭人聽聞的故事，建議不要在用餐時閱讀。

一八四八年，蓋吉二十五歲，是一班鐵路工人的工頭。蓋吉的工人曾盛讚他是最好的工頭，整班工人都很喜歡他。親友也說他性情沉靜、得人敬重，而他的醫師哈洛（John Martyn Harlow）則說蓋吉無論身心都特別堅強，「擁有鋼鐵般的意志，以及鋼鐵般的體魄」。

然而，就在那一年的九月十三日星期三下午四點半發生了一場意外，從此改變了一切。當時，蓋吉和其他工人爲了建造洛特蘭和伯靈頓鐵路，必須用炸藥炸出一條往佛蒙特的通道。蓋吉的工作是要安排好每一場爆破。過去，引爆的程序從來沒出錯過，但這一次偏偏出了大紕漏。炸藥太早就引爆開來，而爆破的威力竟將一根長達約一〇九公分的鐵棒，直直穿進蓋吉的頭顱中。這根鐵棒刺穿了他的左臉，穿過了他腦中的前額葉皮質區，然後落在他身後約二十七公尺處，上面還沾有蓋吉大腦中的灰質。

你可能想像蓋吉癱倒在地，當場死亡，但他並沒有死。根據目擊者的說法，他甚至沒有昏迷。他的同僚連忙將他抬上一輛牛車，推車走了將近兩公里遠，回到他住宿的小旅館。醫師盡力爲他修補傷口，重新補上在出事地點所找回的較大頭顱碎片，並盡量延展頭皮以蓋過傷口。

花了超過兩個月的時間，蓋吉的身體才完全復原（可能是因爲哈洛醫師喜歡開立灌腸劑，而且蓋吉暴露在外的腦部一直長出海綿腫，因而耽誤了一些時間）。總之到了十一月十七日，他的身體已經康復，終於能過正常的生活。蓋吉本人表示「在各方面都覺得好多了」，也沒有造成長期疼痛不適。

這聽起來似乎是個圓滿的結局，但遺憾的是，對蓋吉來說，故事還有後續。蓋吉頭部的傷口雖然癒合了，但他的大腦內部開始出現奇怪的變化。蓋吉的朋友和同事都指出，他的性情丕變。哈洛醫師曾針對這場意外發表醫學論文，他在後續的報告中描述蓋吉的一連串轉變：

> 這場意外似乎破壞了他在人類理智與動物本能之間的平衡。他變得心性不定，放浪形骸，無視社會禁忌（跟他過去的作風完全不同），而且對同僚不敬；只要不合自己的心意，就無法忍受約束，也不接受勸阻；他想了許多未來的計畫，但又很快放棄。在這方面，他的心性已大幅改變。正因如此，他的朋友和熟識他的人都說「他已經不是原本的蓋吉」。

換句話說，蓋吉大腦中的前額葉皮質損傷後，他就失去了「要去做」「不去做」，以及「眞正想做」的意志力。原本鋼鐵般的意志似乎是他不可動搖的一部分人格，卻被那根刺穿他頭顱的鐵棒破壞殆盡。

對大多數人來說，我們用不著擔心某一場不幸的鐵路爆破意外會奪走我們的自制力，但在每個人的腦中，都存在著一個不受規範的蓋吉。大腦中的前額葉皮質並不如我們所想的隨時都這麼可靠。許多暫時性的狀態，比如酒醉、睡眠不足，甚至是一時分心，都會抑制前額葉皮質的功能，就好比蓋吉大腦的損傷一樣，這會讓我們比較無法控制自己的衝動，即使我們的大腦灰質在頭顱中完好無傷。事實上，就算我們的大腦活力充沛、清醒有神，也不代表就全無風險，因爲儘管我們有辦法要求自己去做比較困難的事，卻也容易臣服於欲望和衝動。這股衝動需要我們善加約束，如同接下來我要說明的，這股衝動往往也有自己的自主意志。

人腦裡的兩個自我

眼看著自己喪失意志力時，比如花了太多錢、吃了太多東西、浪費了寶貴時間、忍不住大發脾氣等等，我們就會不禁懷疑，究竟自己腦中的前額葉皮質是否發揮功能了。沒錯，我們是有可能抗拒誘惑，但這並不表示自己一定有辦法做到。我們很清楚，明天才需要做的事，當然可以今天先完成，但在大多數情況下，人都會延到明天才去做。對於生活中這個令人感到挫敗的事實，你可以歸咎於演化的結果。隨著人類一路演化，人

心智的兩面性

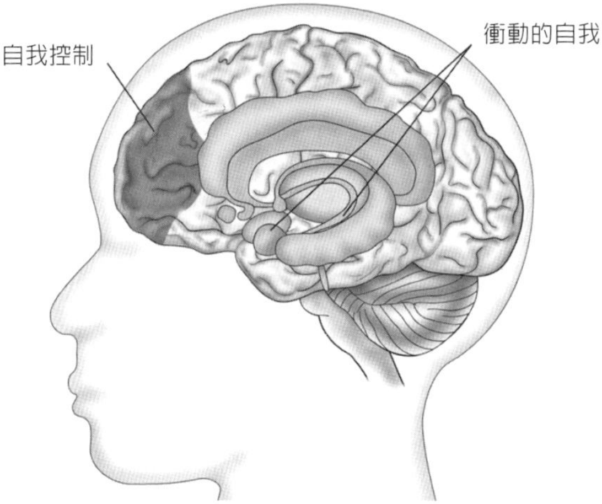

腦也不斷增長，但並沒有太大的改變。演化通常是在既有的功能上添加新的功能，卻比較不會無中生有。**因此，當人類發展新的技能時，原本的大腦並不會被全新的型號所取代。也就是說，掌管自制力的大腦系統，是建立在衝動與本能的舊系統之上。**

換句話說，過去在人類身上適用的任何本能，在演化的過程中都會繼續留存，即使它們現在會造成一些問題。不過，好消息是，我們也會在演化的過程中找出解決這些問題的方法。舉例來說，我們的味蕾從飲食所獲得的愉悅，很可能會導致發胖。對甜食永不滿足的胃口，曾幫助人類在食物短缺的年代生存下去，當時人體內所堆積的多餘脂肪，正是生命之所繫。然而，時空快轉到現代社會，圍繞我們的全是速食、垃圾食物，以及連鎖超市，食物根本就吃不完，體內多餘的脂肪反而開始對健康造成風險。於是，拒絕誘人食物的能力對長期生存變得更重要。問題是，現代人的大腦仍然保有原始的本能，嗜吃油膩與甜度高的食物。所幸，我們可以利用大腦在近代演化出的自制力系統，來克制嗜吃的欲望，讓自己不會伸手在糖果罐子裡拿個不停。儘管我們無法擺脫衝動的本能，但擁有控制衝動的能力。

有些神經科學家甚至主張，人類擁有一個大腦，卻有兩個自主意識。甚至可以說，在每個人的腦中都住著兩個不同的自我。一個自我憑著衝動行事，凡事尋求立即的滿足；另一個自我則會控制衝動，延後當下的享受，以確保達到長期目標。這兩個都是自我，但人會在這兩個自我之間反覆切換。有時我們是那個想要減重的自我，有時又是那個只想把餅乾一口吃掉的自我。這正是意志力挑戰的定義：你一部分的自我想要做某件事，而另一部分的自我則追求不同的目標。也有可能是現在的你想做某件事，但如果不這麼做，未來的你會過得更好。當這兩個自我相互牴觸的時候，其中一個必須推翻另一個的主張。想要讓步的那個自我不一定是做錯了，只是對於何者最爲重要，有不同的觀點罷了。

自我檢視時間

了解你的兩面心理

每一項意志力挑戰，都是一個人兩面自我之間的衝突。請針對你個人的意志力挑戰，描述這兩種相互競爭的心理。你衝動的那個自我要的是什麼？比較明理的那個自我又想要什麼？有些人會為衝動的自我取名字，比如將只想立即獲得滿足的那個自我命名為「餅乾怪獸」；而把凡事都愛抱怨的那個自我命名為「批判家」；或是把一再拖延的那個自我命名為「愛拖鬼」。為自己不同的心理取名字，可以幫助你辨識它們何時主掌著自己的意識，同時讓你可以提醒理智的自我發揮作用，為自己注入更多意志力。

兩個自我各有價值

我們往往會認爲，大腦的自制力系統代表比較優越的那個自我，而原始本能則是演化歷程中令人難堪的退化機能。在人類未進化的原始年代，那些本能確實幫助人類存活下來，基因得以傳承下去。但現在，這些衝動的本能只會妨礙我們的生活，造成健康問題，花光銀行帳戶裡的錢，甚至使人必須在全國聯播的電視新聞中爲性醜聞公開道歉。如果我們這些文明人不用被古老祖先所遺留下的本能拖累，那該有多好。

先別急著下這個結論。儘管幫助我們存活下來的本能系統不一定每次都對我們有利，但如果你認爲我們應該完全壓制原始的自我，就是大錯特錯。醫學上曾針對因腦部損傷而喪失本能的患者做過個案研究，研究顯示，人類原始的恐懼和渴望對健康、快樂，甚至是自制力，有多麼重要。其中一個奇特的案例是一名年輕女子，她爲了避免癲癇發作而接受腦部手術，沒想到一部分的中腦卻因此受損。從此她似乎失去了感受恐懼與厭惡的能力，這使她喪失了自我約束的兩種重要本能。她開始暴飲暴食直到生病爲止，還會經常向家人挑逗求歡。這顯然不是具有自制力的狀態！

如同本書會再三提到的概念，人一旦喪失欲望，就會變得憂鬱消沉，而一旦失去恐懼的能力，就無法保護自己免遭危險。**要成功克服意志力挑戰，一大重點就是要找出運用原始本能的方法，而不是一味與其對抗**。神經經濟學家（研究人類在進行決策時，腦部是如何運作的科學家）發現，人類的自制力系統與幫助人存活的本能，不見得總是相互衝突。有時，這兩者是通力合作，幫助人做出正確的決定。舉例來說，假設你正路過一家百貨公司，有一件閃亮亮的商品吸引了你的目光。你的原始本能正尖叫著：「快買下來！」然後你看到了標價：一九九．九九美元。在看到貴得嚇人的價錢之前，你很可能需要大腦的前額葉皮質強力介入，才能克制強烈的購買衝動。但要是你的大腦對這個價格引發本能性的痛苦反應呢？

根據研究顯示，人的確會有這種傾向，也就是，大腦對於昂貴物品的本能感受，就如同胃腸突然被猛擊了一下。那道來自本能的衝擊，可以幫助前額葉皮質發揮作用，使你幾乎用不上「我不去做」的意志力。由於我們的目標是強化意志力，所以會盡可能發揮人類所擁有的每一項能力，其中包括最原始的本能，從享樂的欲望到融入群體的需求，來支持自己達成意志力挑戰。

強化意志力，首先了解自己

自制力可以說是人類最優越的進化能力之一，但人與其他生物的區別還不止於此。我們還擁有「自我覺察」的能力，也就是有能力覺察自己正在做什麼，並了解做這件事的原因。我們甚至可以在行動之前就預測自己可能會有的舉動，而給自己充分的機會重新考慮。這項自我覺察的能力似乎是人類專有。海豚和大象雖然有能力辨識自己在鏡中的影像，卻沒有證據顯示牠們能探究自己的靈魂深處，試著去了解自己。

如果少了自我覺察的能力，人腦的自制力系統便毫無用武之地，因為我們必須有能力辨識自己正做出需要發揮意志力的選擇，否則大腦必定會採取最輕鬆的做法。假設吸菸者想戒菸，他們必須覺察到自己想吸菸的第一個跡象，以及可能誘使自己這麼做的情境（例如：身處於戶外、在低溫環境下、把玩著打火機等）。他們也必須了解到，如果今天向吸菸的欲望妥協，明天就更有可能再次吸菸。他們彷彿看著預知未來的水晶球，知道如果自己繼續吸菸，就會罹患健康教育課本上寫的那些可怕疾病。為了避免導致那樣的結局，他們必須做出清醒明智的選擇，不去吸那根菸。萬一無法自我覺察，大概就沒救了。

這聽起來或許不難，但心理學家了解到，人類大部分的選擇都是出於「自動導航模式」，也就是沒有實際覺察到背後的驅動力，當然更不會對後果有何深刻的省思。甚至大多數的時候，我們根本沒意識到自己正做出一個選擇。舉例來說，曾有研究調查人們一天之中會做出多少與食物相關的決定。你認為有幾個呢？受試者的平均答案是十四個。可是實際上，當這群人開始仔細記錄各項相關決定時，平均竟高達二百二十七個。也就是說，有超過兩百個決定是人們原本沒覺察到的，而這些只不過是與飲食有關的決定而已。如果你根本沒覺察到有什麼需要控制的事，又怎麼可能發揮自制力呢？

此外，現代社會充斥著各種刺激與令人不斷分心的事物，也是一項不利的因素。史丹佛大學商學院行銷學教授巴巴．希夫（Baba Shiv）的研究顯示，分心的人比較容易臣服於誘惑。舉例來說，努力記住一串電話號碼的受試學生，選擇拿取餐車上的巧克力蛋糕而非水果的比例，比一般人高出五〇％。被外物分心的顧客，也比較容易接受商店內的促銷活動，購買許多原本不在購物清單上的商品。❶

當分心注意別的事物時，你的衝動本能——而不是長期目標——往往會主導自己的選擇。你是否曾一邊在咖啡店排隊點餐，一邊打手機簡訊？你很可能會因此不小心點了摩卡奶昔，而不是原本想點的冰咖啡（此時傳來一則簡訊：「你一定不想知道，那杯奶昔的熱量有多高。」）腦中一直掛念著工作的事嗎？那麼你可能一不留心就會答應業務，買下升級版無限服務的套裝方案。

❶研究人員指出：「只要能降低顧客在購物環境中消化資訊的能力，便可能增加顧客的衝動性消費。因此，想提高獲利的行銷人員不妨採取一些做法，專門用來抑制顧客腦中消化資訊的能力，比如在店內播放令人分心的音樂，或在購物環境中擺設各種令人轉移注意力的物品。」這無疑可以說明爲什麼我走進藥妝店時，眼前所見是一片眼花撩亂。

意志力實驗

記錄你的選擇

為了提高自制力，首先你必須培養更高的自我覺察能力。第一步就是針對你個人的意志力挑戰，開始留意自己做了哪些相關的選擇。有些選擇並不難覺察，例如：「我下班後要不要去健身房？」而有些選擇的影響在當下可能並不明顯，必須事後才會看到結果。舉例來說，你是否選擇預先打包好健身用品而不必再回家去拿？（這個做法才聰明！因為這樣一來你就少了一個不去運動的藉口。）你是否被電話耽擱了，結果因為肚子餓而無法直接去健身房？（糟糕！如果你得先去吃晚飯，就不太可能再去運動了。）

建議你至少找一天，將自己所有的選擇記錄下來，然後在一天結束時回顧記錄，試著分析你做的哪些選擇有助於自己達成目標，以及哪些選擇導致了失敗。盡可能記下自己的選擇，也能減少你因分心而做出的選擇。這個方法保證能幫助你強化意志力。

擺脫3C上癮症的第一步

蜜雪兒現年三十一歲，是個廣播節目製作人，她總是頻繁地在電腦或手機上查看電子郵件。這降低了她的工作效率，也常惹得男友很惱火，因爲蜜雪兒在他身邊時總是心不在焉。她來上我的課而爲自己訂下的意志力挑戰，就是要減少查看電子郵件。她立下一個宏大的目標，要求自己一小時只能查看電郵一次。

第一週結束後，蜜雪兒回報自己離目標實在還差得遠，問題出在她常常根本沒意識到自己在查看電郵，等回過神來，已經瀏覽了一堆新郵件。只要她察覺自己正在瀏覽電郵，就能停止這個動作，但讓她一直盯著手機畫面或按下電郵信箱的衝動，並不在自己理智的意識範圍內。於是她立下新目標，要在過程中早一點覺察到自己的舉動。

到了第二週，她已經能留意到自己正準備拿起手機，或正要開啓電郵信箱。此時她就有機會在完全投入之前，練習停止當下的行爲。想查看電郵的那股衝動並不容易捕捉，因此要在實際查看前先找出促使自己查看的原因，對蜜雪兒來說，這是件難事。不過漸漸地，她開始能辨識一種心癢癢的感覺，那就是，每當查看電郵時，在她腦中和身體的某種緊繃感會因此得到舒緩。這個觀察對蜜雪兒來說很不可思議，因爲她從沒想過查看電子郵件竟然可以紓解緊張感。她一直以爲自己只是想獲得新資訊。當她再留意自己查看電郵後的感受時，發現查看電郵就像拚命搔癢一樣，沒有任何作用，只是令人覺得更癢而已。了解到這股衝動和自己的反應之後，她更能控制自己的行爲，甚至得以超越原本的目標，在上班以外的時間大幅減少查看郵件的次數。

這個星期，請致力觀察自己臣服於一時衝動的過程是如何發生的。在此階段，你甚至還不必立下強化自制力的目標。看看在這個過程中，你能不能愈來愈早覺察到自己動了念頭，並特別留意在什麼樣的想法、感受和情況下，最容易引發這股衝動。還有，你對自己說了什麼，讓自己更容易向這股欲望屈服？

鍛鍊大腦的意志力

人的大腦經過數百萬年的演化，才讓前額葉皮質的功能完備，足以應付人所有的需求。或許這樣要求有點貪心，不過是否有可能讓我們的大腦更善於自我控制，不需要再等一百萬年才能有所進步？如果基本的人類大腦是善於自制的，那現在的我們能做些什麼，讓這個標準的大腦型態更加提升？

自原始時代以來，至少是從研究人員開始鑽研人腦的構造開始，我們就一直假設人腦的結構是固定不變的；無論人的腦力是高是低，都已經固定下來，不會持續發展。人腦會經歷的唯一變化，就是隨著年紀增長而逐漸退化。不過，近十年來神經科學家卻發現，大腦就好比一個認眞的學生，會對個人所累積的經驗產生明顯的反應。比方說，如果要你的大腦每天都算數學，它的數學能力就會變強；要你的大腦經常憂慮，它就比較會擔憂各種事物；訓練你的大腦專注，它就比較能夠專心一致。

大腦不只會針對熟悉的事物提升能力，甚至會根據個人的需求來改變其構造。大腦中有些部位會變得比較密實，灰質的密度愈來愈高，就如同運動會使肌肉增生一樣。比方說，學習雜耍技巧的成人，會在大腦負責追蹤移動物體的區域，生出更多的大腦灰質。大腦的各區域之間也會發展出更多連結，這樣才能以更快的速度共享資訊。舉例來說，每天花二十五分鐘玩記憶遊戲的成人，其大腦主掌注意力與記憶力的區域之間，就會連結得更加緊密。

不過，大腦的訓練可不局限於雜耍技巧，或是記得你的眼鏡掉在哪裡。有愈來愈多科學證據顯示，我們可以訓練大腦來加強自制力。該如何訓練大腦的意志力呢？你可以在家中四處設下各種誘惑的陷阱，藉以挑戰「我不去做」的意志力。舉例來說，你可以在放襪子的抽屜裡擺一條巧克力棒、在運動腳踏車旁放馬丁尼酒、在冰箱上黏著現在已婚的高中初戀男友的照片。你也可以爲自己設立障礙路線，藉此強化「我要去做」的意志力。比如設下一些關卡，要自己喝下小麥草汁、原地跳二十下，或是得先早早繳稅，才能去進行你要去做的事。

其實還有一個辦法比較簡單，也沒這麼痛苦：靜下心來沉思冥想。神經科學家發現，當你要大腦進行冥想時，大腦不只會更擅長冥想，還能進一步強化許多自制技巧，提升注意力、專注力，還有管理壓力、控制衝動，以及自我覺察的能力。經常冥想的人不僅能強化上述能力，漸漸地他們的大腦甚至能變成意志力堅強的精密機器。經常沉思冥想的人，其大腦的前額葉皮質區和腦中負責自我覺察的區域，灰質都較常人更多。

要改變大腦，並不需要花一輩子的時間冥想。有研究人員正開始探究，冥想多久的時間能得到強化大腦的效果（這個方法我的學員一定深深受用，畢竟很少人打算登上喜馬拉雅山，然後花十年的光陰坐在洞穴裡冥想）。這些研究的對象是從來沒進行過冥想的人，甚至是對冥想抱持懷疑的人。研究人員教他們簡單的冥想技巧（後文我會進一步說明）。有一項研究的結果發現，只要花三小時進行冥想練習，就能有效提升注意力與自制力。冥想十一小時之後，研究人員在受試者腦中看見了顯著的改變。這些第一次進行冥想的人，他們的大腦中讓自己保持專注、忽略種種干擾，並控制衝動的區域之間，增加了許多神經連結。另一項研究則指出，連續八週每天進行冥想練習，可以讓人在日常生活中提升自我覺察的能力，並能增加大腦相應區域中的灰質。

人的大腦可以如此迅速地自我改造，看起來似乎很神奇。不過事實上，冥想會增加注入前額葉皮質區的血流，就如同舉重可以增加進入肌肉的血流一樣。大腦似乎就如同肌肉，能適應身體主人的活動要求，變得更大、速度更快，變得更擅長某項活動。如果你準備好要訓練自己的大腦，以下的冥想技巧可幫助血流注入大腦的前額葉皮質區。這是目前所知最有可能加速演化過程的方法，讓大腦得以發揮最大的潛能。

意志力實驗

五分鐘冥想練習

專注於呼吸，是一項簡單但十分有力的冥想技巧，可以訓練你的大腦，強化意志力。它可以有助於紓解壓力，並教導你的心智如何應付來自內在身心的干擾（例如：渴求、憂慮和欲望），以及來自外在環境的誘惑（例如：聲響、景象和氣味）。最新研究指出，經常進行冥想練習，可以幫助人們戒菸、減重、戒除毒癮，並遠離酒精，保持清醒。無論你的「我要去做」和「我不去做」的意志力挑戰是什麼，五分鐘的冥想練習都是效用極大的大腦訓練活動，可有效強化你的意志力。

冥想練習的做法如下：

1. 靜靜在位子上坐好。

請坐在椅子上，兩腳平踩地面，或是在墊子上盤腿而坐。身體要挺直坐好，然後將兩手放在大腿上。冥想時絕不可心浮氣躁，因為控制身體正是培養自制力的基礎。如果你忍不住想抓癢，不妨調整手臂的位置，或是讓雙腿交叉或打直，看看能否將這股衝動控制住。你可以藉此學習如何控制自己，不要被大腦或身體產生的每一個衝動牽著走。

2. 專注於呼吸。

請閉上雙眼，如果怕自己不小心睡著，可以將眼神集中於一個點（例如一面白牆）。開始留意自己的呼吸。當你吸氣時，可在腦中默念「吸氣——」，吐氣時則默念「吐氣——」。當你發現自己的心思開始飄移（很容易會這樣），就要把注意力重新拉回自己的呼吸上。透過一次次不斷專注於呼吸的練習，可以促使大腦的前額葉皮質區更加活躍，並抑制腦中掌管壓力與欲望的區域。

3. 注意呼吸時的感受，並留意心思是如何飄移的。

幾分鐘過後，試著不再默念「吸氣」和「吐氣」，然後盡量專注於呼吸時的感受。你可能會留意到從自己的鼻與口流進、流出的氣息，你還會注意到自己的腹部或胸腔，隨著吸氣而擴張，又隨著吐氣而收縮的感覺。停止默念「吸氣」和「吐氣」之後，你的心思可能會比較容易飄到別處，但就像之前那樣，每當你發現自己正在想別的事，就要讓自己重新專注於呼吸的狀態。如果你不容易重新集中注意力，可以再多默念幾次「吸氣」和「吐氣」，就能再度專注於呼吸上。這項練習可以同時訓練你的自我覺察能力和自制力。

剛開始時，一天先練習五分鐘，等到冥想練習成為習慣之後，可以試著延長到一天十至十五分鐘。如果開始感到有負擔，就再縮減為一天五分鐘。每天都做一小段練習，遠勝於強迫自己長時間練習，結果卻永遠推遲到明天再做。不妨每天選一個固定的時間進行冥想訓練，比如每天早上沖澡之前靜坐冥想。如果固定時間不可行，就保持彈性，只要一有空檔就進行冥想練習。

冥想做不好，正是提升自制力的開始

安德魯覺得自己的冥想訓練做得很失敗。這位五十一歲的電子工程師，深信冥想練習的目標就是要摒除一切雜念，徹底淨空心靈。但即使努力專注於呼吸，還是會有別的念頭偷偷鑽進他的腦中。他本來想放棄冥想練習，因爲覺得自己進步得不如原本預期的那麼快。他認爲，如果沒辦法完全專注於呼吸，就只是在浪費時間罷了。

剛開始進行冥想的人，多半會有這種誤解。但事實上，冥想做得不好，正是讓冥想練習有效的原因。我鼓勵安德魯，以及班上對冥想練習感到挫敗的學員，不要只在意自己在冥想過程中能否成功集中注意力，而是要留意冥想練習如何在一天中的其他時間有效提升專注力，並影響自己的各種選擇。

後來安德魯發現，儘管自己在冥想練習時經常分心，但只要他練習了，還是比沒練習前更容易集中注意力。他也發現，他在冥想練習時所做的努力，正是在現實生活中需要達成的事：每當開始遠離目標時就及時警惕自己，然後將自己重新導回目標（也就是冥想過程中，讓自己重新專注於呼吸）。每當他正準備點高鹽、油炸的食物當午餐時，冥想練習正好發揮作用，可以抑制這樣的衝動，他因此改點更健康的餐點。每當想說出冷嘲熱諷的話時，冥想練習幫助他及時住口，把話嚥回去。每當注意到自己工作心不在焉，浪費時間，他也能運用冥想練習，使自己回到正軌。一整天下來，自制力正是注意到自己偏離目標，並不斷導回正軌的一連串過程。有了這一層領悟後，安德魯再也不會在意自己在冥想練習的十分鐘內總是分心，而是不斷重新專注於呼吸上。甚至可以說，冥想練習做得愈差，對現實生活反而愈有幫助，只要他能及時注意到自己的心思飄走了。

冥想並不是要你摒除一切念頭，而是要學會別隨著各種念頭漂流迷失，忘記了原本的目標。你不必擔心在冥想時無法全神貫注，只要好好練習如何不斷讓自己的注意力重新回到呼吸上就好。

最後的提醒

基於現代人大腦的架構，我們每個人都有多重自我，會爲了思想、情感及行動的主控權而相互競爭。每一項意志力挑戰，都是不同面向的自我之間的拉鋸戰。爲了讓較高層次的自我取得主控權，我們必須強化自我覺察與自制力的系統。這樣一來，我們才能找到內在的意志力，發揮「我要去做」的力量，去完成那件較困難的事。

本章摘要

重點概念：所謂的意志力實際包含三種力量，也就是「我要去做」「我不去做」，以及「我真正想做」的意志力，這三種力量可以幫助人讓自己變得更好。

自我檢視時間

◎克服困難或抗拒誘惑，哪一個比較難？請想像你正面對著自己的意志力挑戰，要去完成那件比較困難的事。你覺得究竟難在哪裡？

◎了解你的兩面心理。請針對自己的意志力挑戰，描述相互競爭的那兩個自我。依衝動行事的那個你，要的是什麼？較明智慎思的那個你，要的又是什麼？

意志力實驗

◎記錄你的選擇。至少找一天的時間，盡量留意有關意志力挑戰的每一個選擇。

◎五分鐘冥想練習。在心中默念「吸氣」和「吐氣」，藉此專注於自己的呼吸。當你的心思開始飄走時，要及時把注意力重新放回呼吸上。

第2章 ——

身體裡的意志力本能

人的自制力與生理機能密切相關，而不只和心理層面有關。
也就是說，是身心同時作用的短暫狀態給了你力量，
使你冷靜下來，克制住你的衝動。

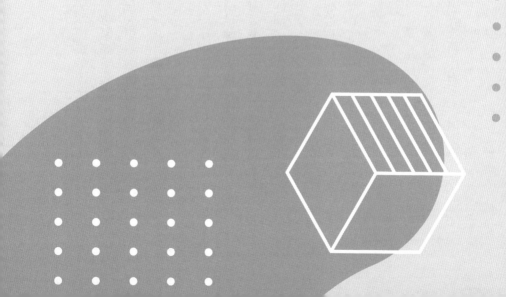

起初，有一股興奮感湧現。你的腦中嗡嗡作響，心臟在胸口怦怦跳著，全身上下彷彿都在說：「去吧！」接著，你感到些許焦慮，肺部緊縮，肌肉也緊繃了起來。你開始覺得有點頭昏眼花，還有一點噁心感。你簡直是全身顫抖，實在太想要眼前的東西，卻不能擁有。你眞的很想要，但就是不可以！你很清楚該做什麼事，但不確定自己能否克制住這種渴求的感覺，而不致崩潰或臣服。

歡迎來到渴望的世界。你所渴求的事物，也許是一根香菸、一杯酒、一杯三倍濃度的拿鐵，也許是超級清倉特賣會的最後機會、一張樂透彩券，或是麵包店櫥窗裡的甜甜圈。在這個當下，你面臨抉擇：該順從渴望，還是找出內在的力量來控制自己？此時此刻，正當體內的每個細胞都吶喊著「我要！我要！」的時候，你卻必須告訴自己「我不去做」。

當面臨眞正的意志力挑戰時，你一定會知道，因爲你完全能從自己的身體反應感受到。這不是對或錯的抽象辯論，而是在你體內實際上演的拉鋸戰；你的兩個自我正在角力，而這兩個自我就好比兩個截然不同的人。有時是你的渴望戰勝了，有時則是明智的那個你勝出，也就是希望自己變得更好的那個你，贏得最終勝利。

面對意志力挑戰時，你爲什麼會成功或失敗，似乎像謎團一般難解。你有時能成功抗拒誘惑，但有時又臣服於渴望。你可能想問自己：「當時我到底在想什麼？」但你更該問自己的是：「那時候我的身體是怎麼了？」**科學家發現，人的自制力與生理機能密切相關，而不只和心理層面有關。也就是說，是身心同時作用的短暫狀態給了你力量，使你冷靜下來，克制住你的衝動。**研究人員開始探索這種狀態，並深入了解爲什麼複雜的現代世界經常會對自制的身心狀態造成干擾。

幸好，在亟需發揮意志力之時，你可以透過學習，將自己的身體導向自制的狀態。你也可以訓練身體的機能，讓它持續維持在自制的狀態中。這樣一來，當面對誘惑的時候，你的本能反應就得以有效發揮自制力。

兩種威脅：危險與誘惑

要了解人類發揮自制力時，身體有何作用，我們必須先區辨一大重點：一隻劍齒虎和一個草莓起士蛋糕，究竟有什麼不同。從某個重要角度來看，劍齒虎和起士蛋糕其實相去不遠，因爲兩者都會使你背離人生目標，無法過著健康又長壽的生活。不過從另一個角度看，這是截然不同的兩種威脅，而人類的大腦和身體在面對這兩者的反應也全然不同。所幸，經過長久的演化，我們已具備所需的資源，來保護自己不受這兩者的威脅。

當危險來襲之時

首先讓我們回溯到史前時代，當時的環境有凶猛的劍齒虎，會一路追捕獵物。❶想像一下，你置身於東非的塞倫蓋提大草原，努力要在史前時代討生活。或許你正在仙人掌樹叢間搜尋午餐要吃的食物，一切進展得很順利。等一下！你看到一隻羚羊被丟棄在這裡，才剛死去沒多久。突然間，媽啊！你看到一隻劍齒虎正潛伏在不遠處的一棵樹後面。牠很可能一邊品嘗著那隻羚羊當開胃菜，一邊想著牠的第二道好菜：沒錯，就是你。牠看起來很想用那將近三十公分長的牙齒一口咬下你的肉。而且牠可不像進化到二十一世紀的人類，這隻掠食者會毫不遲疑地滿足自己的欲望；別期望牠正好在節食，會因爲你的肉熱量太高而選擇放過你。

所幸，你並不是第一個身陷危機的人類。你在遠古的祖先，也都曾面臨如劍齒虎般可怕的野獸強敵。因此，你從祖先承襲了一種本能，可幫助你對任何威脅做出及時的反應，包括奮力抵抗或拚命逃跑。我們將這種本能稱爲「戰或逃」的壓力反應。你很清楚這種感覺：心臟怦怦跳、緊咬牙關、所有感官都處於高度警戒狀態。身體會產生這些變化並非偶然，因爲人的大腦和神經系統是以複雜精密的方式協調這種反應，只爲確保你用最快的速度行動，而且充分利用身體的每一分能量。

當你看到那隻劍齒虎時，身體產生了以下反應：眼睛接收到的資訊，先傳送到大腦的杏仁核，藉此啓動你個人的警報系統。這個警報系統位於大腦的中央位置，專門負責偵測可能的緊急狀況。一旦發現任何威脅，可藉由中央位置的地利之便，迅速將訊息傳至大腦和身體的其他區域。

當這個警報系統接收到眼睛傳來的訊號，發現有一隻劍齒虎正對著你虎視眈眈，就會將一連串訊號發送到大腦和身體，啓動「戰或逃」的反應機制。你的腎上腺會釋放出壓力荷爾蒙，原本以脂肪和糖分形式儲存的身體能量，也會從肝臟釋放到血流之中。你的呼吸系統會讓肺部像幫浦一樣不斷打氣，爲身體提供更多的氧氣。你的心血管系統也會運作得更快，確保血流中的能量能迅速輸送到肌肉，這樣才能挺身而戰或逃離危險。你身上的每一個細胞都接收到這個訊息：此時此刻，你必須全力以赴。

正當身體準備好保衛性命，你腦中的警報系統也同樣忙碌，以確保不會妨礙身體

❶ 我知道劍齒虎正確的名稱是「劍齒貓」，不過如同一位讀者曾說，「劍齒貓」一詞會令人聯想到一隻長毛蓬鬆的家貓，只不過多戴了一排萬聖節吸血鬼的牙齒。因此我決定採用科學上不夠精確，但聽起來更具威脅性的說法，稱之爲「劍齒虎」。

的運作。杏仁核會將你的注意力和感官集中在那隻劍齒虎和周遭的環境，讓你專心應付眼前的重大威脅，確保沒有多餘的念頭分散注意力。這個警報系統也會引發腦中化學物質的複雜變化，抑制前額葉皮質的作用，也就是那個負責控制衝動的大腦區域。沒錯，「戰或逃」的反應機制，就是要你更順從本能而行動。至於那個使你理性、明智、謹慎的前額葉皮質區，已經有效進入休眠模式，這樣才能確保你不會臨陣退縮，或在逃離危險的時候思考過度。說到逃離危險，此時你保命的最大機會就是拔腿就跑，現在就跑！

「戰或逃」的反應，是大自然給人類最棒的禮物之一，這種能力內建於人的身體和大腦之中，會在緊急情況下傾注所有能量，救自己一命。你不會將任何一點身心的能量，浪費在無法幫你度過眼前危機的任何事物上，因此，一旦啓動「戰或逃」的反應，前一刻用來消化早餐或修復指甲倒刺的身體能量，爲了達成眼前全力保命的任務，全都會經過重新導向。原本用來覓食或計畫下一件壁畫作品的心智能量，也被重新導向此時的警戒狀態與迅速的動作上。換句話說，「戰或逃」的壓力反應就是一種管理能量的本能，決定你該如何運用身心有限的能量。

當誘惑引逗之時

塞倫蓋提大草原的劍齒虎還令你驚魂未定？抱歉，這趟史前時代之旅可能讓你頗有壓力。現在，讓我們回到現代社會，遠離那些早已絕種的掠食動物。請將呼吸緩和下來，略微放鬆，讓我們去一個安全又愉悅的地方。

何不在你家附近的街上散散步？試著想像以下畫面：風和日麗的天氣，陽光耀眼，微風徐來，樹上的鳥兒正鳴唱著約翰．藍儂的〈想像〉一曲。突然間，哇！在一家麵包店的櫥窗內，竟擺著一塊你這輩子見過最鮮美可口的草莓起士蛋糕。那綿密柔滑的蛋糕表面，閃耀著糖汁紅澄澄的亮光，那精心裝飾的草莓切片，使你回憶起童年夏日的美好滋味。在提醒自己「等等，我在節食」之前，你的腳步早已不自覺移動到麵包店門口，手已經拉開門把，門上鈴鐺叮叮作響，歡迎你這位垂涎三尺的顧客。

這時候，你的大腦和身體又經歷了什麼變化呢？有幾個反應。一開始，你的大腦會暫時被眼前的獎賞所占據。在你看見那塊草莓起士蛋糕的第一眼，大腦就會從腦中的中央位置釋出一種名為「多巴胺」的神經傳導物質，傳送到控制注意力、動機和行動的大腦區域。多巴胺會告訴你的大腦：「現在非吃到蛋糕不可，不然會比死還難受！」這或許可以解釋為什麼會有那一連串幾乎全自動的動作，要你的腳立刻移動，走進那家麵包店。（那是誰的手？是我的手拉開門把的嗎？沒錯，正是。接下來要問的是，那塊蛋糕多少錢？）

就在這一切發生的同時，你體內的血糖正迅速下降。就在大腦期待著第一口濃郁滋味的時候，大腦也會釋放出一種神經化學物質，要身體吸收正循環於血流中的任何能量。人體是這樣運作的：由於起士蛋糕含有高糖分、高脂肪，吃了會引起血糖升高。身體爲了避免起士蛋糕造成血糖過高，進而引起昏迷，甚至死亡（在罕見情況下），必須先降低目前的血糖量。你的身體眞是體貼，竟然會用這種方式照顧你！然而，血糖下降可能會使你覺得有點虛弱，反而更加深自己對那塊蛋糕的渴望。嗯，這眞是棘手。我不是說起士蛋糕的背後有什麼陰謀，不過在這場起士蛋糕與健康節食的拉鋸戰中，起士蛋糕顯然占上風了。

不過，等一下！就和塞倫蓋提大草原的情境一樣，你還有一項祕密武器，那就是你的意志力。還記得意志力是什麼吧——即使面對種種困難，意志力還是會促使你去做眞正重要的事。對你來說，此時最重要的事，並不是起士蛋糕刺激味蕾所產生的短暫愉悅。你的內心深處知道，自己有更遠大的目標，比如要健康、幸福，也就是不要發胖，明天還穿得進原來的褲子。你心知起士蛋糕會威脅到這個長期目標，因此會盡全力因應這個威脅，這就是你的意志力本能。

然而，與劍齒虎不同的是，起士蛋糕並不是眞正的威脅。仔細想想：除非拿起叉子一口吃掉，否則那塊起士蛋糕並不能對你造成任何影響，也無法眞正威脅到你的健康或腰圍。沒錯，這次的敵人不是來自外在，而是來自內心。你不必從麵包店逃跑（雖然這樣做也無妨），更不需要把起士蛋糕（或蛋糕師傅）給消滅掉。然而，你確實需要處理源自內在的渴望。你沒辦法像消滅劍齒虎一樣消滅自己的欲望，也沒有所謂的逃離危險，因爲這番渴望是存在於你的身心之中。促使你順從原始衝動的「戰或逃」壓力反應，正是現在的你最不需要的。我們的自制力必須採取一套不同的保命之道，來應付這種新的威脅。

自我檢視時間

什麼事物會對你造成威脅？

我們平常看到的，通常是來自外界的誘惑和麻煩，比如危險的甜甜圈、罪惡的香菸，以及充滿誘惑的網路世界。但事實上，我們的自制力就像鏡子一般會反射回自身，讓我們看到源自內在的種種想法、欲望、情感，以及衝動。請針對你個人的意志力挑戰，找出需要約束的「內在」衝動。是什麼樣的想法或感覺，促使你去做自己其實不想做的事？如果你無法確知，不妨實地觀察自我。下一次當你面對誘惑的時候，記得將注意力從外界轉移到你的內在。

「停下來計畫」的能力

肯塔基大學的心理學家蘇珊．西格斯特姆（Suzanne Segerstrom），專門研究壓力或希望等不同的心理狀態會對身體造成哪些影響。她發現，自制力就像壓力一樣，會對生理造成影響。當你需要發揮自制力時，大腦和身體會產生一連串經過協調的變化，來幫助你抗拒誘惑，並克制對自己不利的衝動。西格斯特姆將這些變化稱爲「停下來計畫」的反應，這和「戰或逃」的反應可說是截然不同。

還記得塞倫蓋提大草原的情境嗎？當你遇到某個外在威脅，就會啓動「戰或逃」的壓力反應，你的大腦和身體會立即進入攻擊或逃離的防禦模式。至於「停下來計畫」的反應，有一個關鍵的差異：你所感知到的是「內在」的衝突，而不是外在的威脅。也就是說，你想要做某件事（比如吸根菸、吃一頓大餐、在公司瀏覽與工作無關的網站），但心裡知道不該這樣做。或者你明知自己應該做某件事（比如報稅、完成專案、上健身房），但什麼也不想做。這種內在衝突本身就對你造成威脅，而你的本能正在促使你做出潛在的錯誤決定。在此情況下，你必須運用自身力量來保護自己，而這就是自制力的重要性。最好的反應就是讓你的決策速度慢下來，而不是加速衝向本能（如同「戰或逃」的反應機制）。這正是「停下來計畫」反應的作用：一旦覺察到內在衝突，就會啓動大腦和身體的一連串變化，幫助你將決策的速度慢下來，並抑制一時的衝動。

大腦和身體共同效力

如同「戰或逃」的反應，「停下來計畫」的反應也是從大腦開始啓動。大腦內的警報系統一直在監測你聽到、看到和聞到的事物，大腦內的其他區域則會隨時追蹤你體內的活動。這種自我監測的系統散布於大腦各處，將發揮自制力的前額葉皮質區，與大腦內追蹤身體感覺、思想和情感的區域，連結在一起。這套系統最重要的職責之一，就是要避免你犯下愚蠢的錯誤，比方說，連續戒酒六個月後卻輕易破戒、在一時衝動之下對老闆大吼，或者是對逾期未繳的信用卡帳單視而不見。這套自我監測系統等著偵測各種警訊，包含思想、情感和感覺，防止你做出後悔莫及的事。一旦大腦發現這類警訊時，我們的好朋友前額葉皮質就會立刻採取行動，爲你做出正確的選擇，而爲了幫助前額葉皮質發揮作用，「停下來計畫」的反應會將能量從身體重新導引至大腦，因爲此時你的腿不需要準備逃跑，手臂也不必預備出拳，而是要盡可能讓大腦充滿能量，準備好發揮自制的力量。

就像「戰或逃」的反應一樣，「停下來計畫」的反應也不僅限於大腦。別忘了，你的身體已對那塊起士蛋糕有反應，所以大腦必須讓身體一起配合，才能完成自制的目標，對你的衝動踩下煞車。爲了達到這個目的，前額葉皮質會將自制的需求傳達給大腦內位置較低的區域，那些區域掌管你的心跳速率、血壓、呼吸，以及身體的其他自動功能。「停下來計畫」的反應所發揮的作用，與「戰或逃」的反應正好相反。你的心跳速率不是加快，而是變慢；你的血壓維持正常；你沒有像瘋子一樣拚命吸氣吐氣，而是讓自己深呼吸；你的肌肉沒有變得緊繃來準備行動，而是變得比較放鬆。

「停下來計畫」的反應會使你的身體冷靜下來，但也不是完全靜止。這樣做的目的，不是要你在面對內在衝突時癱瘓不動，而是要給你充分自由。有了這個反應機制，你就不會順隨衝動而魯莽行事，也才有餘裕讓行動更有變通性、思考更周延。在這樣的身心狀態下，你就能選擇拒絕起士蛋糕的誘惑，既不失自尊，也不徒增熱量。

儘管「停下來計畫」的反應如同「戰或逃」的反應，都是人的天性，你卻往往會發現，「停下來計畫」的反應實在不像本能；把起士蛋糕一口吃掉，才比較像本能。要了解意志力本能為什麼不一定奏效，我們必須深入探討壓力和自制力的生理層面。

身體裡的意志力「儲存庫」

要針對「停下來計畫」的反應測量生理變化，最好的方式就是測量「心率變異度」。大多數人都沒聽過心率變異度，但我們卻能透過這神奇的窗口，一探人體在壓力或冷靜時的狀態。

每個人的心跳速率本來就有一定程度的變化，比如爬樓梯時心跳速率會加快。不過，以健康的人來說，就在你閱讀本頁的當下，你的心跳速率已經歷過正常的高低起伏。危險的心律不整不在討論範圍內，這裡說的是細微的差異。當你吸氣時，心跳會加快一點：噗通、噗通、噗通；當你呼氣時，心跳又會減緩：噗通、噗通、噗通。這是好現象，代表你很健康，你的心臟同時接收到自律神經系統兩大部分的訊號：一部分來自交感神經系統，負責讓身體預備開始動作；另一部分則來自副交感神經系統，專門促使身體放鬆及復原。

人如果處在壓力的狀態下，交感神經系統就會開始作用，也就是「戰或逃」基本生理反應的一環。伴隨著「戰或逃」的反應，心跳速率加快，心率變異度會下降，因爲此時心跳速率會一直維持在高檔，造成焦慮或憤怒的身體感受。相反地，當人有效發揮自制力時，就會由副交感神經系統主宰，舒緩壓力，控制衝動的行爲。此時心跳速率變慢，心率變異度會上升，而在這種情況下，會促使人變得更專注、更冷靜。西格斯特姆教授是透過一項實驗，首度觀察到這種自制的生理現象：她要求飢腸轆轆的學生，不准吃新鮮出爐的巧克力碎片餅乾。這項實驗設計其實滿殘忍的。她要學生爲了一項口味的測試保持空腹，學生來實驗室後，被帶進一個房間，裡面全是熱騰騰、令人垂涎的巧克力碎片餅乾、巧克力糖，以及胡蘿蔔。然後她告知學生：想吃多少胡蘿蔔都可以，但就是不能碰那些餅乾和糖果，那些是要給下一批受試者吃的。這些學生在不情不願下被迫抗拒誘人的甜點，而就在那時候，他們的心率變異度都升高了。至於幸運的控制組學生，則被要求「拒絕」胡蘿蔔的誘惑，而得以盡情享用所有的餅乾和糖果，他們的心率變異度就毫無變化。

心率變異度是檢測意志力的有效指標，可用來預測誰能成功抗拒誘惑，誰又會輕易臣服。舉例來說，如果戒酒者看到酒時心率變異度上升，其保持清醒的機會就比較大。而相反的情形，如果看見酒時心率變異度下降了，戒酒者酒癮復發的風險就比較高。研究也顯示，心率變異度較高的人，比較能忽略令人分心的事物、延遲享樂，並因應壓力大的情境。他們也比較不會放棄困難的工作，即使一開始時屢屢失敗，或遭受他人批評。根據這些研究結果，心理學家將心率變異度稱爲身體的意志力「儲存庫」，也就是能評估一個人自制力高低的生理指標。**你的心率變異度高，代表所儲備的意志力比較多，所以才能隨時因應任何誘惑**。

爲什麼有些人比較幸運，在面對意志力挑戰時，心率變異度比較高，而有些人卻在生理上處於劣勢，難以抗拒誘惑呢？有許多因素會影響意志力儲存庫，從飲食（多吃植物性、未加工的食品較有益，垃圾食物則不利），到住處（空氣品質不佳會降低心率變異度。沒錯，洛杉磯的煙塵可能是造成許多電影明星進勒戒所的原因之一）。只要是會對身心造成壓力的事物，都可能干擾自制的生理機制，進一步損害你的意志力。焦慮、憤怒、憂鬱與孤獨，都容易降低心率變異度，使自制力下降。慢性的病痛也會損耗體力，進而降低大腦的意志力儲存庫。

不過，有許多方法可以提升你的身心狀態，促進自制的生理機制。上一章提到的冥想練習，就是提升意志力生理基礎最簡單、最有效的方法之一。冥想練習不只能訓練大腦，也能同時提升心率變異度。除此之外，任何有助於減輕壓力、維護健康的活動，包括運動、充足睡眠、提升飲食、與親友共度愉快時光，或是參加宗教或靈修活動，都能提高你身體的意志力儲存庫。

意志力實驗

提升自制力的呼吸法

本書所教的許多方法皆非立即見效，但確實有個方法可以立即為你提升意志力：減緩呼吸速率至一分鐘四至六次，也就是一回合的吸氣與吐氣約十至十五秒鐘。這比你正常的呼吸速率慢很多，但只要稍加練習、多點耐心，就不難達成。減緩呼吸速率有助於活化前額葉皮質，並提高心率變異度，進而使大腦和身體從壓力的狀態轉換到自制的模式。只要運用這項技巧數分鐘，就能使你感到更平靜、更具控制力，更能善加因應自身的渴望或挑戰。[2]

在你的眼睛緊盯那塊起士蛋糕之前，建議先練習減緩呼吸速率這項技巧。剛開始可以先幫自己計時，看看你正常的呼吸速率一分鐘共幾次。然後開始減緩呼吸速率，但不需要憋氣（那樣反而會增加壓力）。對大多數人來說，要減緩吐氣速率比較容易，因此不妨專心練習如何緩慢、完全地吐氣（建議你可以微噘嘴唇，想像自己正透過口中一根吸管把氣吐出來）。將氣徹底吐出，可以幫助你不費太多力氣就能完全且深入地吸氣。如果沒辦法在一分鐘內只呼吸四次，也沒有關係，只要呼吸速率能降至一分鐘十二次以下，你的心率變異度就會穩定提升。

研究顯示，經常練習這項呼吸技巧，能有效提高因應壓力的彈性，並為你建立意志力的儲存庫。曾有人針對藥物濫用和創傷後壓力症候群的成人進行研究，發現每天花二十分鐘練習減緩呼吸，就能有效提高心率變異度，減輕渴望與憂鬱的症狀。心率變異度的訓練課程被用來提升個人自制力，並減輕警察、股票交易員與客服專線人員的壓力——這些都是壓力很大的工作。只需要花一至兩分鐘練習，就能提高意志力儲存庫，因此在你遇到任何意志力挑戰時，都可以自行進行這樣的呼吸練習。

強化意志力的處方

我的一位學員納森，在一家醫院擔任外科醫師的助理。做這項工作可以學到很多，

❷ 如果你需要工具來幫助自己減慢呼吸速度，市面上有些產品，從低價的智慧型手機應用程式，比如 Breath Pacer 呼吸調節器，到最先進的心率變異度監測器，像是 EmWave 個人壓力減輕裝置，都能幫助你調節呼吸，轉換生理狀態。

但壓力也很重，必須直接照護病患，還要忙著處理行政事務。納森發現，減緩呼吸的練習可使他的思緒保持清晰，並在壓力狀態下做出更明智的決定。因爲非常管用，他還把這項技巧教給許多同事，而他們也開始減緩呼吸來準備因應壓力較大的情況，比如與病患的家屬溝通，或是在長時間工作而睡眠不足時，幫助他們減輕體力上的勞累。納森甚至還建議病患採用這項方法來減低焦慮，幫助自己熬過痛苦不適的手術。許多病患在醫療過程中常覺得有很多事自己無法控制，藉由減緩呼吸速率，他們感覺更能掌控自己的身心狀態，並得以在艱困的處境下獲得所需的勇氣。

訓練身心，強化意志力

儘管有許多方法可以幫助你強化自制的生理機制，本週我想請你先考慮兩種簡單實惠、效益絕佳的策略。這兩種策略都不必花大錢就能立即奏效，而且能使你逐漸享有更多好處。這兩種策略也可以改善不利於意志力的各種因素，包括憂鬱、焦慮、慢性病痛、心血管疾病，以及糖尿病。這可說是非常好的投資，既可強化自己的意志力，又能爲你提升健康和幸福。

意志力的奇蹟

梅根．歐頓（Megan Oaten）和鄭肯（Ken Cheng）分別是心理學家和生物學家，他們完成的第一份研究，提出可提升自制力的新療法。這兩位來自澳洲雪梨麥克里大學的學者，十分驚訝於自身的研究成果。他們當然希望實驗成功，只是萬萬沒料到，這項療法的影響竟然如此深遠。

這項實驗的受試者共有六名男性和十八名女性，年齡自十八歲至五十五歲不等。接受這項療法兩個月後，受試者在注意力和不分心的能力上都有所提升。光是在三十秒的注意力集中時間項目上，這項實驗就已十分成功。但實驗成果還不止於此。這群受試者減少了吸菸、喝酒與咖啡因的攝取——儘管根本沒有人要求他們這麼做。受試者還開始減少吃垃圾食物，轉而吃更多健康食品。他們看電視的時間也縮短了，改花更多時間讀書學習。他們更能存錢，並減少衝動性的消費。他們感覺更能控制自己的情緒，甚至能夠減少拖延的習慣，也比較不會在赴約時遲到。

哇，究竟是什麼神奇的藥丸這麼厲害，我要找誰幫我開處方？

事實上，這項療法根本不是藥物。這個意志力奇蹟的解答，就是運動。這批受試者在參與實驗之前，普遍沒有固定運動的習慣。研究人員提供他們免費的健身房會員證，並鼓勵他們好好利用。第一個月時，他們每週平均只去健身房一次，但在第二個月實驗結束時，增為每週運動三次。研究人員並沒有要他們改變生活中的任何事物，但運動習慣似乎影響了他們生活中的「所有」面向，為他們開啟全新的力量與自制能力。

研究自制力的科學家發現，運動竟然有近乎於神奇藥丸的作用。對於剛開始運動的人來說，運動對於提升意志力幾乎是立即見效。利用跑步機跑上十五分鐘，就能有效降低原本的渴望；研究人員以巧克力誘惑正在節食的人，又以香菸誘惑吸菸者，所得到的結果都是正面的。長期下來，運動的作用更加驚人。運動不但能幫助人減輕日常生活中的壓力，更像百憂解一樣，是抗憂鬱的有力療法。運動也可以提高基礎的心率變異度，並訓練大腦來提升自制的生理機制。神經科學家曾針對新養成運動習慣的人，一窺其大腦內部，發現無論灰質（腦細胞），還是白質（腦細胞的絕緣管線，幫助腦細胞之間的傳導快速有效率），都有所增加。身體運動就像冥想練習一樣，能使你的大腦增長且運作速度更快，而其中前額葉皮質區的訓練成效是最顯著的。

每當我的學員聽到這項研究，他們的第一個問題就是：「我要做多少運動才夠？」而我的回答永遠是：「你願意做多少運動？」如果你設下一個目標，一週之後又宣告放棄，那根本毫無意義。此外，關於你必須做到多少運動量，目前在科學上也莫衷一是。二〇一〇年，曾有學者針對十項不同的研究進行分析，他們發現，比起一小時以上的運動，五分鐘的運動量對提振心情、消除壓力的成效最爲顯著。所以不妨大方承認，你所謂的運動只是在家附近散步五分鐘，但事實上，這就很可能爲你帶來許多潛在的好處。

所有學員問的下一個問題則是：「什麼樣的運動最好？」我回答：「你能確實做到哪一種運動？」人的身體和大腦似乎不會歧視任何一種運動，因此只要你願意，任何運動都是完美的起點。舉凡園藝、散步、跳舞、瑜伽、團隊運動、游泳、和小孩或寵物玩，甚至是認眞打掃家裡，或是在街上逛逛櫥窗，都可稱得上是運動。如果你堅決認爲自己不適合運動，我鼓勵你放大對運動的定義，納入任何自己喜歡的活動。只要這項活動對以下問題的答案是「否」，就稱得上是一種運動：一、你現在是否正坐著、站立不動或躺著？二、你做這項活動時，是否正一邊吃著垃圾食物？只要你找到一項活動能符合以上定義，恭喜你，你已經找到自己的意志力運動了。❸只要能擺脫及超越原本久坐不動的生活型態，任何活動都能提高你的意志力儲存庫。

❸ 大家總以爲我這樣說是在開玩笑。我保證這絕對不是玩笑話。目前只有一一%的美國人達到了標準的建議運動量。我不會天眞地以爲所有人都會開始認眞運動，準備參加馬拉松大賽，但有充分的證據顯示，只要有一點運動量，就比什麼都不做還好。而且任何形式的身體活動都有幫助，即使你不是穿著球鞋、揮汗如雨地運動。

意志力實驗

五分鐘強化綠色意志力

如果你想快速強化意志力，最好的辦法就是走向戶外。只要花五分鐘，進行科學家所說的「綠色運動」，就能有效減輕壓力、改善心情、提高專注力，並提升自制力。所謂的綠色運動，是指任何能使你接觸戶外、沉浸於大自然的身體活動。最棒的是，只要你從事綠色運動，短短的時間就已足夠。比起長時間的運動，短時間的活動對於提振心情反而效果更好。你不需要特意流汗或把自己鍛鍊得精疲力盡。散步等較不費力的運動，比起激烈運動所產生的立即效果更強大。在此建議你以下活動，利用五分鐘的綠色運動，有效強化意志力：

◎走出辦公室，前往離你最近的綠樹環境。
◎在手機上播放一首你最喜歡的歌，然後在住家附近散步或慢跑。
◎把你家的狗兒帶出門玩耍（你也要跟著一起追逐玩具）。
◎在你的庭院或花園中，做一些園藝工作。
◎走出戶外享受新鮮空氣，然後做一些簡單的伸展運動。
◎和小孩在家中後院一起比賽或遊戲。

原本不愛運動的人，如何改變心態？

安東尼奧今年五十四歲，他經營兩家生意興隆的義大利餐廳。他是在醫生要求之下，才來參加我的意志力訓練課程。他有高血壓和高膽固醇的問題，而且腰圍每年持續增加將近三公分。醫生警告他，要是再不改變生活型態，他就會因爲多吃一盤帕爾馬乾酪小牛肉，造成心臟病發作而倒下。

安東尼奧不情不願地在家中的辦公室擺了一部跑步機，卻很少使用。運動對他來說只是浪費時間，既不好玩，也沒有生產效益，更何況他最討厭有人在旁邊叨唸，逼著他運動。

不過，聽說運動可以增強腦力和意志力這一點，倒是讓安東尼奧頗感興趣。他的個性急於求勝，不喜歡放慢步調，於是他把運動視爲一項祕密武器，可幫助他縱橫商場，維持在事業巔峰。如果能順便提高心率變異度也不錯，畢竟這是心血管疾病患者死亡率的重大預測指標。

安東尼奧把跑步機當成強化意志力的工具。他在跑步機的熱量記錄器上，貼著「意志力指數」的標籤（他其實根本不在乎自己燃燒了多少熱量——這個人可是二話不說就把一整塊奶油丟進平底鍋裡）。隨著他一路燃燒更多熱量，跑步機上的「意志力指數」

愈來愈高，而他也覺得自己變得更強大。於是他每天早上都站上跑步機，藉此增強自己的意志力，應付一整天辛苦的會議與長時間的工作。

安東尼奧的意志力機器確實提升了他的健康，如同醫生所期望。但安東尼奧本人的目標也同時獲得了滿足。他感覺自己一整天更有活力，也更有控制力。他原以爲運動會消耗精力和時間，沒想到運動的好處那麼多，遠超過他所付出的。

> 如果你以前一直告訴自己太累或沒時間運動，不妨開始將運動視為提升自我的方式，能夠幫你恢復能量和意志力，而不是一種消耗。

睡覺也能增強意志力

如果每天的睡眠時間不到六小時，那你可能已經很久無法充分發揮意志力了。長期睡眠不足，即使不是很嚴重，都會使你更容易屈服於各種壓力、渴望和誘惑，你也會更難控制情緒、難以集中注意力，或缺乏能量應付「我要去做」的意志力挑戰（在我的班上，有一群人絕對能立刻認同這句話，那就是苦於睡眠不足的新手父母）。如果你長期睡眠不足，很可能就會在一天結束時，爲自己所做的一些決定感到後悔，不斷想著爲什麼又再次臣服於誘惑，或把該做的事一延再延。這樣的感覺很容易延伸爲一種恥辱和罪惡感。然而，我們幾乎從來沒想過，此時的自己其實不是需要變得更好，而只是單純地需要好好休息。

爲什麼睡眠不足會降低人的意志力呢？首先，睡眠不足會影響身體和大腦如何利用葡萄糖，也就是體內能量的主要形式。當你疲憊時，細胞比較不容易從血液中吸收葡萄糖，因此無法獲得足夠的能量，導致你感到精疲力盡。由於身體和大腦都急需能量，因此你會開始想吃甜食或攝取咖啡因。然而，即使你攝取糖分或咖啡，你的身體和大腦仍然無法得到所需的能量，因爲糖分或咖啡無法被有效率地利用。這對你的自制力相當不利，因爲發揮自制力需要消耗許多的能量，而大腦所能投入的能量有限。

前額葉皮質是大腦內部十分需要能量的區域，因此在這場個人能量危機中首當其衝。研究睡眠的專家甚至將這種狀態稱爲「前額葉功能輕微失調」。如果你睡不飽，醒來後就會像鐵路工人蓋吉一樣，大腦受到暫時性的損傷。研究指出，睡眠不足對大腦造成的影響，就等同於輕微中毒一樣。許多人都能證明，這種狀態對自制力毫無益處。

當前額葉皮質受到損傷，就會喪失對大腦其他區域的控制力。平時，前額葉皮質可以安撫大腦的警報系統，幫助你因應壓力和渴望，但只要有一晚睡眠不足，就會使大腦這兩個區域的連結中斷。在未妥善約束之下，大腦的警報系統會對日常所遭遇的壓力過度反應，使身體持續處於「戰或逃」的生理狀態。伴隨著高濃度的壓力荷爾蒙，心率變異度也會下滑，結果導致壓力累積更多，而自制力又變得更加低落。

幸好，上述的一切都是可以逆轉的。睡眠不足的人經過一夜好眠之後，大腦的掃瞄結果便不再顯示前額葉皮質損傷的跡象。事實上，此時大腦就和獲得充分休息的大腦沒兩樣。研究上癮問題的專家甚至開始實驗，能否以充足的睡眠做爲藥物濫用的治療方式。在一項研究中，一天進行五分鐘的呼吸及冥想練習，可幫助勒戒者更快入睡。這些練習可幫助每晚多增加一小時高品質的睡眠，因而大幅降低毒癮復發的風險。所以如果你想提升意志力，就快去睡個好覺吧！

意志力實驗

讓自己睡得好

如果你有睡眠不足之苦，有許多方式可以重新提振自己的自制力。就算你沒辦法每晚睡八小時不受干擾，只要做些小改變，也能產生極大的作用。有研究指出，好好睡一晚就可以讓大腦的功能恢復至最佳狀態。因此，假設你週一至週五都必須晚睡早起，那麼趁週末好好補個眠，將有效補強你的意志力。也有研究顯示，在一週剛開始時獲得充足的睡眠，可以建立睡眠儲存庫，幫助你應付接下來幾晚睡眠不足的情況。還有研究指出，連續多少小時沒闔眼休息，才是最大的關鍵。也就是說，即使前一晚沒睡飽，只要短暫補個眠，就可以恢復你的專注力和自制力。不妨試試以上幾項策略（趁週末補眠、前幾晚先睡飽，或者找機會短暫補眠），逆轉或預防睡眠不足所造成的負面作用。

如果睡不好正是你的煩惱……

我的一位學員麗莎正在努力改變熬夜的習慣。她今年二十九歲，單身且一個人住，也就是說沒有人會督促她早點去睡。每天早上她醒來時都覺得疲憊不堪，然後勉強去上一整天的班。她在一家公司擔任行政職，靠著含咖啡因的零卡可樂撐過一天。令她難堪的是，她有時候會在開會時不小心打瞌睡。到了下午五點下班時，她又餓又累，這使得她脾氣變差且一直分心，只想開進「得來速」車道買一堆速食來吃。上課的第一週她就宣告，早點上床睡覺就是她的意志力挑戰。

隔了一週來上課時，她回報說計畫失敗了。晚餐時，她對自己說：「今晚我一定要早點上床睡覺。」但是到了晚間十一點鐘，那份決心似乎消失無蹤。我請麗莎說明發生了什麼事，爲什麼她沒有早點上床睡覺。她列舉了一千零一件事，每件事似乎都是時間拖到愈晚就愈顯得急迫和要緊。舉凡上臉書、清理冰箱、過濾一堆垃圾郵件，甚至是瀏覽商品資訊廣告——事實上根本沒有眞正急迫的事，但不知爲什麼，每到深夜她就特別急著要去做。麗莎執著於在上床睡覺前要設法「再多做一件事」。隨著夜愈來愈深，麗莎愈來愈累，更無法抗拒做每件事所獲得的立即滿足感。

不過，當我們將獲得充足睡眠，重新定義爲一項「我不去做」的意志力挑戰時，局面就反過來了。對麗莎來說，強迫自己早點睡覺並不是眞正的問題所在，問題在於如何讓自己遠離那些讓她不想睡的事物。於是麗莎訂下規矩，每晚十一點鐘後要把電腦和電視關掉，而且不能再著手任何新計畫。這個規矩正是她需要的，這樣才能讓她感受到自己其實有多累，並允許自己在午夜之前上床睡覺。每晚有了七小時的睡眠之後，那些商品資訊廣告和種種的深夜誘惑，都對麗莎失去吸引力了。短短幾週之後，她已重新獲得能量，可以應付下一項意志力挑戰：減少零卡可樂與得來速的速食餐點。

如果你明知自己睡眠不足，卻還是持續在熬夜，就要好好思考你究竟是不敵什麼誘惑，而無法早點就寢。同一套意志力規則，也適用於你一直在逃避或拖延的任何事——如果找不到「我要去做」的意志力，或許你需要的是「我不去做」的意志力。

自制過度的代價

人擁有意志力的本能，是一件很好的事：多虧大腦努力運作，還有身體通力合作，你才能根據長期目標做出正確的選擇，而不是被恐慌和及時享樂的需求所驅使。然而，自制力的代價並不低，所有的心智功能，包括集中注意力、權衡目標孰輕孰重，以及紓解壓力與渴望，這些都需要能量，必須運用身體眞實的能量，正如同人的肌肉需要能量，才能在緊急狀況下抵抗強敵或逃跑一樣。

眾人皆知壓力太大對健康不好。當你長期承受巨大壓力，你的身體會持續將許多能量從消化、生殖、癒合傷口，以及對抗疾病等長期的生理需求轉移出去，才能應付一連串不斷發生的緊急狀況。這就是爲什麼長期壓力會導致心血管疾病、糖尿病、慢性背痛、不孕症，或是讓人動不動就染上感冒。儘管你無法眞的與這些壓力決鬥，也無法跳脫這些日常壓力（面對信用卡債時，你恐怕沒辦法「拔腿逃跑」，也不能把卡債「狠揍一頓」），但只要你的大腦持續認定外部有威脅存在，你的身心就會自動進入高度警戒的狀態，而容易憑衝動行事。

由於自制力會消耗高度能量，有科學家懷疑，長期過度的自制，正如同長期的壓力，都會因爲身體的資源不斷從免疫系統轉出，而增加你生病的機率。**這是本書第一次這麼告訴你：意志力發揮過頭，事實上可能不利於你的健康**。你或許在想：第一章不是一直強調，意志力對健康有多重要嗎？現在怎麼又說，自制力會害我生病？是這樣沒錯。如同一個人必須承受適度壓力，才能創造出幸福而有建設性的人生，適度的自制力也是必要的。然而，也如同活在長期壓力之下並不健康，竭力控制想法、情感和行爲等所有面向，也是一種「有毒」的策略，因爲這會對你的身體造成太大的負擔。

自制力就像壓力反應一樣，會自行發展出一套應付特定挑戰的策略，但當自制力變成一種從不鬆懈的長期壓力時，就會開始產生問題。我們需要時間從自制狀態中恢復過來，因爲有時我們也需要將身心資源用在別處。爲了同時保有健康與幸福，你必須放棄追求「意志力的完美主義」。即使強化了意志力，你還是不可能控制自己思考、感受、說與做的每一件事。你必須明智地選擇，哪些事才是你眞正需要發揮意志力的所在。

意志力實驗

徹底放鬆，才能充電

要從各種壓力，以及日常生活中的自制需求中恢復，最好的一個方法就是好好放鬆。讓自己放鬆，即使只有短短幾分鐘，都能啓動副交感神經系統，並安撫交感神經系統，藉此提高心率變異度。放鬆也能夠讓身體進入修復與癒合傷口的狀態，可提升你的免疫功能，並減少壓力荷爾蒙。研究顯示，每天抽空讓自己徹底放鬆，可以維護健康，同時提高意志力儲存庫。舉例來說，經常練習放鬆技巧的人，對於以下兩項充滿壓力的意志力挑戰，所表現出的生理反應比較健康：一是心智專注力的實驗，二是耐痛性的實驗（讓一隻腳浸在一盆約攝氏三度的冷水中。讀者請不要在家自行實驗）。此外，透過深呼吸放鬆，並讓身體充分休息的運動員，從艱苦訓練中恢復的速度比較快，不但可減少壓力荷爾蒙，也可降低氧化對身體的損傷。

這裡說的可不是看電視時恍神發呆，或把喝杯紅酒、吃頓大餐當做是「放鬆」。能夠提升意志力的放鬆狀態，是讓身心獲得真正的休息，也就是哈佛醫學院心臟學家赫伯．班森（Herbert Benson）所說的「生理放鬆反應」，讓你的心跳速率和呼吸速率減緩，血壓下降，而且肌肉會釋放緊繃的張力。你的大腦要暫時停止規畫未來或分析過去，從中得到充分休息。

要產生這種徹底放鬆的反應，你可以平躺下來，然後在膝蓋下方放一個枕頭，稍微墊高雙腿（也可以自由採取你覺得最舒服的休息姿勢）。不妨閉上雙眼，做幾次深呼吸，讓自己的腹部隨著呼吸而起伏。如果身體仍有緊繃感，你可以刻意擠壓或收縮那塊肌肉，然後把力氣徹底放掉。舉例來說，如果你感覺雙手和手指很緊繃，可以出力握拳，然後再鬆開。如果你感覺額頭或下巴很緊繃，就揉一揉、動一動雙眼和臉部，然後張大嘴巴，最後再徹底放鬆臉部肌肉。維持放鬆狀態約五至十分鐘，好好享受除了呼吸之外什麼事也不做的感覺。如果你擔心會不小心睡著，可以設定鬧鐘。

每天都要固定練習，尤其是在你必須應付巨大壓力，或是特別需要發揮意志力的時候。這一套放鬆技巧會幫助你身體復原，減輕長期壓力或過度自制所造成的生理影響。

壓力是意志力的大敵

談到意志力，許多人有先入爲主的觀念，認爲意志力是一種人格特質、一種美德：**你要不是很有意志力，就是毫無意志力；意志力可能是你在困境下會產生的爆發力。然而，科學對意志力的解讀可說是迥然不同。**意志力是人類演化而來的一種能力，也是每個人都具有的本能——針對大腦和身體當下的情況所做的審愼衡量。不過我們也發現，如果你感到緊繃或憂鬱，大腦和身體很可能就不會相互配合。意志力可能會因爲睡眠不足、飲食不當、久坐不動的生活型態，以及一連串其他的因素而降低，進而吸走了你的能量，或使你的大腦和身體長期處於壓力反應之下。許多醫師、減肥專家或愛嘮叨的另一半往往認爲，意志力只是有沒有下定決心的問題，但研究明確指出事實：心智的確很重要，但身體也必須配合，才能有效發揮意志力。

科學也揭露一項重要發現：壓力是意志力的大敵。人們常以爲，壓力是促使人把事情完成的唯一方法，我們甚至會爲了迫使自己往前進，設法增加壓力，比如等到最後一分鐘才開始動工，或者因一時懶惰或失控而批判自己。我們也會利用壓力來敦促他人，像是在辦公室裡製造壓力，或對家人嚴格要求。短時間內這或許感覺有效，但長期而言，沒有什麼比壓力更容易快速消耗意志力。壓力的生理反應與自制的生理反應，就是完全不相容。「戰或逃」和「停下來計畫」這兩種反應，都是要管理你的身心能量，但兩者將你的能量與注意力重新導向的方式，正好截然不同。「戰或逃」的反應會讓身體充滿能量，依人類的本能行動，並減少供應能量給腦中用來做明智決定的區域。「停下來計畫」的反應則會把能量輸送到大腦——不是腦中的每個區域，而是專門輸送到主掌自制力的中心，也就是前額葉皮質區。壓力會促使你集中於立即、短期的目標和成果，自制力則必須一直提醒你遠大的目標。學習如何妥善管理你所承受的壓力，是提升個人意志力最重要的課題之一。

近年來，有些知名的專家學者宣稱，美國人集體喪失了意志力。如果這是事實，很可能與專家所說「我們喪失了核心的美國價值」無關，而是源自今日社會中節節升高的壓力與恐懼。根據美國心理學會二〇一〇年的全國性調查，全美有七五%的人都承受著高度壓力。這樣的研究結果並不令人意外，畢竟過去十多年來發生了許多重大事件，從恐怖攻擊和流行性疾病蔓延，到環境災難、天然災害、失業，以及金融海嘯。這些全國性的壓力，都會對我們的生理與自制力造成不良影響。耶魯大學醫學院的研究人員發現，二〇〇一年九一一事件後的一週，美國病患的心率變異度大幅下降。由於全美遭受巨大衝擊，喝酒、吸菸、吸毒的比例在九一一恐怖攻擊之後的數個月增高許多，也是意料中的事。同樣的情況，也在二〇〇八及二〇〇九年經濟危機最嚴重的期間重演。爲了應付龐大壓力，美國人變得更愛吃垃圾食物，吸菸者香菸也抽得更凶，並放棄戒菸。

美國人睡眠不足的情況也日趨嚴重。根據美國睡眠基金會二〇〇八年的研究，比起一九六〇年的平均值，目前美國成年人每晚的睡眠平均減少兩小時。這樣的睡眠習慣，很可能造成自制力與專注力普遍不足。有專家認爲，平均睡眠時數減少，也是肥胖比率在同一期間飆高的原因之一。夜間睡眠時數不到六小時的人，肥胖比率遠高於一般人，部分原因在於睡眠不足會干擾大腦和身體運用能量的方式。研究人員同時發現，睡眠過少會使人難以控制衝動和注意力，其表現類似注意力不足過動症（ＡＤＨＤ）的症狀。兒童的睡眠習慣很可能是造成這種病例急遽增加的原因。兒童是需要更多的睡眠，可是他們往往會學父母的睡眠習慣。

如果我們眞的打算好好應付眼前重大的挑戰，就必須正視壓力管理這件事，好好照顧自己。疲累的人在面對挑戰時，處境相當不利，而美國正是一個疲憊不堪的國家。美國人的許多壞習慣，從過度飲食到睡眠不足，不只反映出美國人缺乏自制力。事實上，這些壞習慣會耗損我們的能量，並製造出更多壓力，使自制力變得更加薄弱。

自我檢視時間

壓力是否損耗你的自制力？

請利用本週，測試壓力是自制力大敵的理論。當心中充滿煩惱或工作量過重時，對你的決策有何影響？飢餓或疲憊時，是否會損耗你的意志力？身體病痛時，對意志力的影響又是如何？憤怒、孤獨或悲傷又會有何作用？請留意在一週之中，壓力何時會出現。當壓力出現時，對你的自制力有何影響。你是否會因此更加渴望某事物，或因為壓力大而容易發脾氣，或因此延遲自己明知應該早點完成的事？

最後的提醒

當意志力挑戰把我們淹沒時，我們很容易會將問題歸咎於人性的弱點：軟弱、懶惰、缺乏意志力的軟腳蝦。但事實上，問題出在我們的大腦和身體剛好不是在「對的」自制狀態下。當我們長期處於壓力之下，就會搬出那個最衝動的自我。

爲了戰勝意志力挑戰，我們必須找出身心最佳的狀態，將能量導入自制的模式。也就是說，爲了從壓力中恢復，我們要賦予自己所需的精力，並確保擁有足夠的能量，可以呈現自己最好的狀態。

本章摘要

重點概念：意志力是人的生物本能，就像壓力反應一樣，是歷經多年的演化，這樣才能保護自己不受其他本能的影響。

自我檢視時間

◎什麼事物會對你造成威脅？請針對你的意志力挑戰，找出自己必須克制的「內在」衝動。

◎壓力是否損耗你的自制力？留意一天或一週當中壓力何時會出現，並注意壓力對你的自制力有何影響。壓力較大時，你是否會特別渴求某樣事物，或因壓力大而常發脾氣，或因此一再延後你明知該做的事？

意志力實驗

◎提升自制力的呼吸法。把呼吸減緩至每分鐘四至六次，可以幫助你進入自制的生理狀態。

◎五分鐘強化綠色意志力。讓自己走出戶外，即使只是在住家附近散步，也能減輕壓力、提振心情，並提高動機。

◎讓自己睡得好。短暫補眠或好好睡上一晚，來減輕睡眠不足的負面影響。

◎徹底放鬆，才能充電。躺下來，深呼吸，讓全身放鬆的生理反應幫助你，從自制的需求與日常的壓力中恢復。

第3章 ——

爲什麼人會累到無力抗拒？

意志力是一種有限的資源。無論是要控制脾氣、節制消費，
還是要拒絕降價商品，意志力都來自同一種力量。
意志力會漸漸耗盡，因此努力發揮自制力的結果，
很可能導致你喪失自制力。

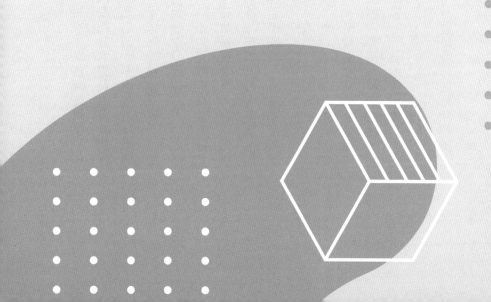

在全美各地的大學校園，經常出現這樣的景象：形容枯槁的學生倒在圖書館桌子和筆電上，他們如遊魂一般蹣跚地走在校園內，四處尋找咖啡因和糖分的慰藉。健身房裡空空如也，宿舍床上也沒人睡覺。史丹佛大學的學生稱之爲「死亡週」，也就是每學期末爲期七天的期末考週。學生的腦中塞滿了各種知識和公式，不惜每晚挑燈夜戰，強迫自己拚命用功，彌補過去十週以來在宿舍派對和飛盤高爾夫上浪費的大把時間。

然而，研究顯示，這些臨時抱佛腳的努力是要付出代價的（不只是夜間披薩外送和義式濃縮咖啡的高昂開銷而已）。期末考期間，許多學生除了死命讀書之外，似乎對別的事物全失去了自制力。他們比平常菸抽得更凶，並從健康的沙拉吧轉而投入薯條的懷抱。他們比較容易情緒失控，腳踏車的車禍也比平日更多。他們不洗澡、不刮鬍子，連換套新衣服都懶。我的天啊，他們吃飯後甚至不剔牙了。

這就是關於自制力的科學研究中，最有力（而且令人擔憂）的發現：**努力發揮意志力的人，似乎會在其他事物上喪失自制力**。舉例來說，二十四小時沒有吸菸的癮君子，狂吃冰淇淋的機率大增。愛喝酒的人如果成功拒絕雞尾酒的誘惑，身體在耐力測試上的表現就比較差。或許最令人不安的是，正在努力節食的人，背著另一半外遇的機率會比一般更高。

難道我們的意志力就只有這麼多，一旦力量耗盡，面對其他誘惑時便毫無招架之力——至少處境相當不利。

這項發現對於你的意志力挑戰，具有很重大的意義。現代生活中，有太多地方需要用上自制力，足以把你的意志力消耗殆盡。

研究人員發現，自制力會在早上達到顚峰，然後在一天之中逐漸下滑。因此，等你要在重要的事情上發揮自制力時，比如下班後去健身房運動、應付大型專案、在小孩把家裡沙發畫得亂七八糟時保持冷靜，或是克制自己不去拿抽屜裡放的「緊急用」香菸，你的意志力很可能已所剩無幾。如果試著同時控制或一次改變太多事情，你可能會把自己累到精疲力盡。在這種情況下挑戰失敗，絕不代表你的人格不夠堅強。這不過是人類意志力的特性罷了。

自制力就像肌肉

第一位以系統化方式觀察並測試意志力極限的科學家，是昆士蘭大學的心理學家羅伊．鮑麥斯特（Roy Baumeister）。他向來以研究各種難解的現象著稱，研究主題曾包括爲什麼冠軍賽在球隊主場舉辦時，球隊的表現反而不佳，以及爲什麼外貌出眾的罪犯，陪審團比較容易判決其無罪。❶他的研究甚至涵蓋邪教儀式虐待行為、性受虐癖，以及幽浮綁架事件，全是會把大多數科學家嚇跑的奇特主題。不過事實上，他最「駭人聽聞」的研究成果，可能與神祕現象沒有太大關聯，而是直指一般人性的弱點。

過去十五年來，鮑麥斯特在實驗室中要求受試者在各種情境下發揮意志力，例如：拒絕餅乾的誘惑、不被外物干擾分心、克制憤怒情緒，或在冰水中持續緊握手臂。在一項又一項的研究中，無論他請受試者執行什麼樣的任務，每個人的自制力都會隨時間而全面下滑。舉例來說，有一項考驗專注力的作業，不只讓受試者的注意力隨時間而降低，還同時耗盡受試者的體力。至於控制情緒的實驗，時間一久也不只會令人情緒失控，還會促使受試者花錢買下他們不需要的商品。另外，抗拒誘人甜點的實驗，也不只引發受試者對巧克力的渴望，竟然還會使人更容易拖延。這樣看來，**我們的每一項意志力似乎都來自同一種力量，因此每當我們在某處成功發揮自制力，對於其他事物的意志力反而更顯薄弱**。

基於以上觀察結果，鮑麥斯特提出了一項有趣的假設：人的自制力就像肌肉一樣，用久了會感到疲累。如果不讓自制力的肌肉充分休息，你可能會耗盡所有意志力，就像運動員運動過度，最終會精疲力竭一樣。這項初步假設成立後，鮑麥斯特的實驗室和其他團隊的研究結論都與其一致，認為人的意志力是一種有限的資源。無論是要努力控制脾氣、在預算內節制消費，還是要拒絕降價商品，所用的意志力都來自同一種力量。意志力無論用在何處都會漸漸耗盡，因此發揮自制力的結果，很可能導致你喪失自制力。也就是說，要求自己不在上班時講八卦，可能會令你更難抗拒自助餐廳裡的甜點。就算你成功拒絕那塊誘人的提拉米蘇，但回到辦公室後，可能就覺得更不容易專心工作。等你開車下班回家時，如果不巧碰到隔壁車道有個白癡開車時偷看手機而差點撞上你，沒錯，這就是你搖下車窗發飆罵人的時刻：「看什麼手機，等著叫一一九吧，渾帳！」

有許多事你本來沒想過需要用上意志力，但其實同樣仰賴並會消耗你有限的自制力。比方說，努力讓約會對象留下好印象；試圖融入與你個人價值觀不符的企業文化；在通勤車陣中辛苦穿梭；或是在一場枯燥會議中虛耗時間。每當你需要抗拒內在的衝動、過濾掉令你分心的事物、權衡不同目標的輕重，或迫使自己從事困難的工作，你就會多消耗一點意志力。這甚至包括一些無關緊要的決定，比如在超市貨架上二十種洗衣

❶ 想知道答案嗎？原因在於運動員參與重大比賽時，在家鄉觀眾面前的自覺性比較強，反而妨礙他們比賽時依本能自動反應的能力。至於陪審團成員則容易假設外貌出眾的人基本上是個「好人」，是外在因素導致他們的行為「失當」，也就是說，他們會以許多看似重要的合理懷疑，來偏袒外貌較佳的人。

精品牌中，選一種買回家。只要你的大腦和身體在行動前必須停下來計畫，就必定會用到你的「自制力肌肉」。

自制力的肌肉模型既令人安心，又令人沮喪。值得欣慰的是，當我們無法有效發揮意志力，不代表自己不能克服人性的弱點；有時正是因為我們太過努力，才會導致意志力用盡。當然，我們不用期望自己樣樣完美，但這項研究同時也指出一些嚴重的問題：如果人的意志力是有限的，那我們是否注定會在最大的目標上慘敗？現代社會中，我們幾乎得隨時發揮自制力，那麼全國人民是否會變成意志力耗盡的行屍走肉，遊走於這個世界，一味尋求及時的滿足和享樂？

所幸，我們還是能透過一些方法來克服意志力耗盡的困境，同時提升個人自制力。因為自制力的肌肉模型，不只能幫助我們了解疲憊時為什麼無法發揮自制力，它也同時指出，我們該如何鍛鍊個人的自制力。首先讓我們來想想，為什麼意志力會消耗殆盡。接著，我們來向「耐力運動員」汲取經驗——這些運動員經常要戰勝精疲力竭的感受，接著再探討各種增強自制力與耐力的訓練策略。

自我檢視時間

意志力也有高低起伏

根據意志力的肌肉模型，我們可以預測自制力會在一天當中逐漸耗盡。本週請你留意自己的意志力何時最強、何時又最容易屈服。你是否早上一覺醒來時意志力最強，然後逐漸耗盡？還是你在一天中的其他時段感覺自己活力充沛、神清氣爽？你可以利用對自我的認識，善加規畫自己一天的行程，並在意志力最低落的時候，盡量避開各種誘惑。

想創業的上班族，如何把精力用在最重要的目標？

蘇珊每天清晨五點半起床後，第一件事就是在家中廚房的桌上查看公司的電子郵件。她習慣喝著咖啡，花四十五分鐘回覆各種郵件，並安排好當天工作的優先順序。然後，她出門上班，經歷一小時的通勤時間，接著展開長達十小時的工作。身爲一家大型商務航運公司的專案主管，她的工作相當繁重，要協調各種衝突、安撫各方意見，並爲突發狀況滅火。到了晚間六點她早已精疲力竭，卻常覺得自己應該留晚一點，有時跟同事一起吃晚餐或喝杯酒。蘇珊想開一家自己的顧問公司，因此正逐步準備資金，並一路累積專業經驗。然而，每到晚上，她往往累壞了，根本無法在創業計畫上有任何進展。她不禁擔心自己永遠都要被困在現在的工作，哪裡也去不了。

當蘇珊分析自己消耗意志力的狀況，顯然她的工作占去了自己百分之百的心力，從清晨開始回覆電子郵件，到夜晚經過漫長的通勤回家。在廚房桌上處理電子郵件，是剛接下這份工作時養成的習慣，當時蘇珊急於超越別人對她的期待。但時至今日，沒有道理不能等到她八點鐘進公司後，再開始處理那些電子郵件。蘇珊決定，一天之中她唯一有心智能量追求創業目標的時間，就是上班前的早晨時光。於是她養成了新的習慣，把一天中的第一個小時投入創業的夢想，而不是忙著解決他人的需求。

對蘇珊來說，這是十分明智的決定，因爲她需要將意志力投入自己眞正的目標。這也指出一項重要的意志力規則：如果你覺得自己永遠沒有時間和精力投入「我要去做」的意志力挑戰，請重新規畫，好好利用自己意志力最強的時段。

自制力爲什麼有限？

在我們手臂的二頭肌下，顯然不是眞有什麼肌肉在掌控著自制力，能幫我們把雙手管好，不去碰觸誘人的甜點或不從皮夾裡掏錢出來亂買。但是在我們的大腦中，的確有一個類似肌肉的自制機制。雖然大腦是一個器官而不是肌肉，卻仍會因爲不斷發揮自制力而感到疲累。神經科學家發現，每當我們發揮一次意志力，大腦中自制系統的活躍程度就會降低。正如長跑選手跑久了雙腿會累，大腦似乎也一樣會氣力用盡，無法再繼續發揮意志力。

馬修・蓋利特（Matthew Gailliot）是一位心理學家，他和鮑麥斯特教授共同進行研究。蓋利特想了解，大腦會疲憊是否源於能量的喪失。對大腦而言，發揮自制力是十分消耗能量的工作，而我們內在的能量供應是有限的——畢竟沒有什麼皮下注射術，可以直接將糖分注入前額葉皮質之中。蓋利特想探究的是：我們的意志力會用盡，是否只是因爲大腦的能量耗盡了呢？

爲了找出答案，他決定進行一項實驗，看看以糖分的形式提供受試者能量，是否能讓用盡的意志力恢復。他請受試者來實驗室，進行各式各樣需要發揮自制力的作業，包括不被外物分心干擾，以及控制情緒等等。在每項作業的前後，他都會測量受試者的血糖值。他發現，進行完一項自制作業後，受試者的血糖降得愈多，下一項作業的表現就會愈差。從這樣的結果看來，每當人發揮自制力時，就會損耗身體的能量，而喪失能量又會使自制力更加薄弱。

接下來，蓋利特給意志力耗盡的受試者一杯檸檬汁。其中，有一半的受試者拿到含有糖分的檸檬汁，可幫助他們恢復血糖值；另一半的受試者則拿到一杯等同於安慰劑的檸檬汁，是以人工代糖的方式增加甜味，無法提供任何可用的能量。神奇的是，讓血糖值升高，眞的能使意志力恢復。喝下了含糖檸檬汁的受試者，自制力眞的獲得提升，而喝下安慰劑檸檬汁的受試者，自制力則繼續下滑。

結果顯示，低血糖值可用來預測各式各樣無法發揮意志力的情況，從放棄某項困難的測試，到氣憤時遷怒旁人。目前在土耳其瑟夫大學擔任教授的蓋利特發現，血糖低的人也比較容易憑藉刻板印象，而且比較不會捐錢給慈善機構或幫助陌生人。看起來，當缺乏能量時，我們的爲人似乎變得比較差。相反地，爲受試者提供含糖的飲料，就可以讓他們變成更好的人，變得更有毅力、比較不會衝動行事，而且更能體貼他人，也較不自私。

不難想像，這是我在自制力課程所說明的實驗結果中，最受學員歡迎的一個。這結果所衍生出來的結論儘管反直觀，但令人愉悅：從現在開始，糖分就是你最好的朋友！

只要吃根糖果棒或喝杯汽水，就能強化你的自制力（至少能幫你恢復自制力）。我的學員不知有多愛這些研究，巴不得立刻爲這個假設親身進行實驗。有位學員靠著不斷吃彩虹果汁糖，讓自己撐過一項艱難的工作。另一位學員在口袋裡放著一盒薄荷糖Altoids（這是眾多薄荷錠品牌中，少數還眞正含糖的產品），在冗長的會議中不停倒出來吃，靠著這個比他的同事撐更久。我讚許學員們將科學化爲親身行動的熱忱，我也很能理解他們愛吃甜食的心理。我甚至承認，多年來我教「心理學概論」時都帶著糖果，希望藉此讓大學部的學生專心上課，不要一直偷上臉書。❷

如果攝取糖分眞的是強化意志力的祕密武器，那我這本書鐵定大賣，還會有一堆企業等著贊助我。不過正當我和學員嘗試著各種恢復意志力的實驗時，一些科學家，包括蓋利特本人，開始提出一些很有道理的問題。比方說，究竟有多少能量是在發揮自制力的過程中用掉的？要恢復那些能量，眞的必須攝取大量的糖分嗎？曾任職於賓州大學的心理學家羅伯．克茲班（Robert Kurzban）主張，大腦發揮自制力所需的能量，每分鐘其

❷ 利用糖果爲學生提振自制力的做法，是否眞的管用？這一點我還不確定，不過學期末學生塡寫教學評鑑表時，倒是都給了高分。

實只需要半顆爽口糖而已。這或許多過大腦用來執行其他心智任務的能量，卻遠遠少於身體在運動時所消耗的能量。因此，假設你的身體足以支持自己在住家附近散步而不會血糖過低暈倒，那麼發揮自制力所需的能量，絕不可能耗盡你全身所儲存的能量，當然你也就不必以熱量高達一百卡的含糖飲料來重新補充能量。那麼又是爲什麼，大腦在發揮自制力時多消耗的能量，似乎會讓意志力迅速耗盡呢？

人體的能量危機

要回答這個問題之前，我們不妨先回顧一下美國銀行業在二〇〇九年所經歷的危機。二〇〇八年發生金融海嘯，各銀行紛紛接受政府的紓困，這些紓困資金的用途是要幫助各家銀行順利周轉，這樣才能重新開始借款給大眾。然而，銀行卻拒絕借錢給小型公司與個人。他們對資金的供給缺乏信心，於是選擇囤積目前擁有的資源。這些銀行眞是小氣的混蛋！

事實上，你的大腦也很可能像一個小氣巴拉的混蛋。人的大腦無論在哪個時間點，所擁有的能量供應都相當少。大腦能夠在腦細胞中儲存一些能量，但大多還是要仰賴循環於體內血流中的葡萄糖來穩定供給能量。專門偵測葡萄糖的腦細胞會不斷監測能量供應的狀況，而每當大腦偵測到可用的能量下降時，大腦就會變得有些緊張。那麼，如果大腦的能量快用完了，會怎麼樣呢？就像銀行一樣，大腦可能會決定停止消耗能量，開始儲存目前擁有的資源。也就是說，大腦會自動緊縮能量的支出預算，不願消耗掉身體所供應的全部能量。那麼第一個犧牲者呢？就是我們的自制力，因爲那是大腦執行的功能中，能量消耗最大的工作之一。爲了保存能量，大腦很可能不會提供你完整的心智資源，來抗拒種種誘惑、集中注意力或控制你的情感。

南達科塔大學的行爲經濟學家王曉田教授（X. T. Wang）和心理學家羅伯·迪佛瑞克（Robert Dvorak），針對人類的自制力提出了「能量預算」的模型。他們主張，大腦配置能量的方式就像用錢一樣。當資源充裕時，大腦就會耗費能量，而一旦資源不足，就會趕緊儲存能量。爲了測試這個論點，這兩位學者請了六十五名成人受試者來到實驗室，年齡自十九歲至五十一歲不等。他們要受試者在兩種賞金方案中做出抉擇，比如明天就能拿走一百二十美元，或一個月後再獲得四百五十美元。其中一種賞金的金額必定低於另一種，但受試者能較快拿到。心理學家將這類選擇視爲自制力的典型實驗，也就是讓受試者選擇，是要立即滿足，還是要費時較久但更有利的結果。實驗結束時，受試者都有機會實際獲得他們所選的那種賞金。這種做法能確保他們有充分的動力根據自己想獲得的賞金，來做出眞實的決定。

在受試者進行抉擇之前，研究人員先測量受試者的血糖值，這樣就能了解自制力可用「資金」的基準狀態。做出第一輪決定後，一部分受試者喝下一杯一般的含糖可樂（以提升血糖值），另一部分受試者則喝一杯零卡可樂。接著，研究人員再次測量受試者的血糖值，並請受試者再做出一系列的抉擇。喝下一般含糖可樂的受試者，血糖值大幅提升，也更傾向選擇延遲享受來獲取金額較高的賞金。相反地，喝下零卡可樂的受試者由於血糖值下降，❸更容易選擇立即滿足，也就是選擇較快拿到但金額較低的賞金。重點是，血糖的絕對值並非預測受試者選擇的關鍵，關鍵在於改變的方向。大腦會先問：「可用的能量正在增加或減少？」然後再決定是要耗費能量，還是把能量儲存起來。

肚子餓，更不該拒絕零食

當身體的能量值下降時，大腦比較無法發揮自制力可能還有第二個原因。人類的大腦是長年演化而來的，但史前時代的環境與今日截然不同，當時的食物供給並不穩定，無法預測（還記得塞倫蓋提大草原的時光之旅嗎？史前人類可是得撿拾羚羊的屍體）。迪佛瑞克和王曉田主張，現代人類的大腦可能仍舊是以血糖值做爲環境中資源充裕或匱乏的指標。樹上是否結滿了莓果，還是空無一物？動物是否碰巧死在我們腳下而成爲今日的晚餐，還是我們必須爲了追逐獵物橫跨原野？食物供給是否充足，還是我們必須與體型更大、速度更快的獵食者與採集者競爭？

遠在人類大腦還在發展成形時，血糖值下降，與能量消耗大的前額葉皮質是否發揮作用來抗拒餅乾誘惑，並沒有太大的關係。血糖值下降，只是單純顯示食物不夠充足。如果人一陣子沒進食，血糖值就會降低。對於持續監測能量值的大腦而言，血糖值就是一大指標，表示如果不趕緊找東西吃，近期內餓肚子的可能性有多高。

當資源稀少時，大腦會主導你的決定，要你選擇立即獲得滿足，而當資源充裕時，大腦就會促使你選擇進行長期投資。在食物來源無法預料的史前時代，大腦的這項機制無疑是人類珍貴的資產。如果晚一步才順從飢餓的本能，或搶奪食物時不夠凶狠，就很可能會面臨最後一根骨頭被搶食一空的窘境。在食物短缺的年代，順從胃口與衝動行動的原始人類，存活下來的機率高得多。願意冒最大風險的人——從開拓新疆域到嘗試新

❸ 很少人知道，零卡可樂反而可能促進飢餓與過食，並使人增重。零卡可樂的甜味，會誘使身體耗用血液中的葡萄糖，因爲身體預期血糖值很快會上升。結果身體的能量降低、自制力也下滑，身體和大腦卻還搞不清楚，原本應該上升的血糖究竟怎麼回事？這或許可以解釋，爲什麼近來的研究指出，喝零卡可樂反而會造成體重上升而不是減輕。

食物與新伴侶——往往是最有機會活下來的人（至少他的基因會存活下來）。現代世界中，看似「喪失」自制力的種種行爲，很可能正源自大腦這種策略性承擔風險的本能。爲了不讓自己餓肚子，大腦會自動轉換到比較願意冒險、比較衝動的狀態。**有研究顯示，現代人在飢餓時，確實比較願意承擔各式各樣的風險**。舉例來說，人在餓肚子的時候容易進行風險較高的投資，在禁食一段時間之後，也比較願意「讓交配策略多元化」（這是演化心理學家的術語，用白話講就是背著另一半搞外遇）。

可惜的是，這樣的本能已不再適用於現代的西方社會。人體內血糖值的變化，已鮮少顯示遭遇飢荒，也不再需要盡快將基因傳承下去，以免自己活不過這個冬天。然而，每當血糖值下降，你的大腦仍會偏好短期利益的想法，並做出衝動的行爲。大腦會以獲得更多能量爲優先考量，而不是確保你做出明智的決定來符合長期目標。也就是說，股票經紀人在吃午餐之前，可能會做出不智的決定而誤買一些股票；節食的人可能更容易以「投資」之名買下一堆樂透彩券；而沒吃早餐的政治人物，則可能覺得他的實習生特別性感誘人。

意志力實驗

強化意志力的飲食法

在緊急狀況下，攝取糖分的確可以暫時為你提升意志力，但長期而言，快速攝取糖分並不是強化自制力的好方法。在壓力大的時候，我們特別容易投向高度加工、高脂肪、高糖分食物的懷抱，藉此尋求某種「慰藉」。然而，這樣做會導致自制力迅速消耗殆盡。長期下來，血糖值不斷飆高，會影響身體和大腦利用糖分的能力。這表示，最後你的血糖可能依然很高，但能量卻始終低落（也就是全美數百萬第二型糖尿病患者的情況）。❹因此，最好的做法是確保身體攝取充分食物，可為你提供持久的能量。大多數心理學家和營養學家都推薦低胰島素飲食法，可幫助血糖值維持穩定。低胰島素的食物包括精益蛋白質、堅果和豆類、高纖穀粒和穀物，以及多數的水果和

❹事實上，第二型糖尿病在所有實際作用上，都等同於慢性低血糖的病症，因爲患者的大腦和身體無法有效率地利用可用的能量。這可能是其中一個原因，造成未受控制的糖尿病患者自制力較差，其前額葉皮質的功能也不足。

蔬菜。原則上就是盡量攝取天然食物，避開含過多人工添加的糖分、脂肪和化學物質。你或許需要發揮一些自制力，才能轉換為這類健康的飲食，但無論採取什麼方式（比如在工作週間每天吃健康營養的早餐，不要省略不吃；或是以堅果類零食取代高糖分零食），對於你為改變飲食所投入的意志力來說，都絕對是值得的。

鍛鍊你的意志力肌肉

人體內的任何肌肉都能透過運動而變得更強壯，無論你是舉啞鈴鍛鍊二頭肌，或是打手機簡訊來訓練大拇指的肌肉。如果自制力是一種肌肉（即使只是一種比喻），那我們應該也可以加以鍛鍊。自制力的肌肉使用，如同身體肌肉的運動，用久了也會感到疲勞，但逐漸地，這一番鍛鍊應可使自制力更加強健。

曾有研究人員將這個構想付諸實驗，設計出一套意志力訓練課程。在此指的不是像新兵受訓一樣的軍事訓練，也不是什麼檸檬汁排毒節食法。這套訓練方法簡單得多：要求受試者控制一件以前不會去控制的小事，藉此來挑戰自制力的肌肉。舉例來說，有一個意志力訓練課程要求受試者自己訂下一個期限，然後努力在期限內達成目標。這個目標可以是任何你一拖再拖的事，比如清理衣櫃。你訂定的期限可能如下：第一週，打開衣櫃門，看看裡面有多亂；第二週，處理任何掛在衣架上的衣物；第三週，將雷根總統執政時期的舊衣物丟掉；第四週，看看慈善機構是否願意接受老舊衣物的捐贈；第五週……你應該知道怎麼做了。意志力受訓者爲自己訂定爲期兩個月的時程表後，不只順利清理了衣櫃、完成了工作，也同時改善了飲食、運動次數變多，甚至減少了香菸、酒精和咖啡因的攝取。這種種改變，就彷彿他們藉此強化了自制力肌肉一般。

另外也有**研究指出，只要在任何小事上持續發揮自制力，包括改善你的姿勢、每天緊握把手直到沒力爲止、少吃甜食，以及記錄支出，都能爲你提升整體的意志力**。儘管這些小小的自制力練習看起來無關緊要，卻能爲你最重要的意志力挑戰帶來助益，包括在工作上專注、維護健康、抗拒種種誘惑，並善加掌控情感。西北大學心理學家的研究團隊曾進行一項研究，探討爲期兩週的意志力訓練能否減少家暴的發生。❺

❺ 同一組團隊還進行過一項有關人際暴力的研究，這是我見過最具創意的研究之一。科學家不能讓受試者在實驗室中對另一半大揮拳腳（還好是這樣），但還是需要觀察施展暴力的行爲，因此研究人員曾要求受試者選擇要伴侶做出什麼不舒服的瑜伽姿勢，以及要維持那個姿勢多久。

他們將四十名成人受試者（年齡自十八歲至四十五歲不等，全都有男女朋友或夫妻伴侶），隨機分配至三個訓練小組中。其中一組要求受試者使用非慣用手來吃飯、刷牙與開門；第二組要求受試者不可說髒話辱罵人，而且不能說「是啊」，要改說「是的」；第三組並沒有收到任何特別的指令。兩週過後，那兩個自制力小組的受試者比較不會因爲一些典型事件，比如爭風吃醋或感覺另一半不夠尊重自己，而對伴侶暴力相向。相反地，第三組的對照組，並沒有任何改變。即使我們本來就不是會使用暴力的人，一定都有過失去冷靜的時候，還會在一氣之下做出日後懊悔不已的事。

在這些研究中，我們所鍛鍊的重要「肌肉」動作，其實並不是那些特定的意志力挑戰，例如：在期限內完成目標、用左手開門，或是不要出口成「髒」。重點在於養成習慣，隨時留意自己準備要做的事，並選擇比較困難而不是最容易的那件事來做。透過上述的每一項意志力練習，大腦會逐漸習慣在行動之前暫停一下。這些看似瑣碎的練習，其實有助於訓練的進展；它們有一定的挑戰性，但不致造成過大的壓力，而且由於這些自我約束的事需要細心留意，因此比較不會引發「被剝奪」的強烈感受。（爲什麼我不能說「是啊」!?我平常就是愛說「是啊」，不行嗎!?）相對上較不重要的意志力挑戰，正好能讓受試者鍛鍊自制力的肌肉，不會因爲心情煩躁不安，使得我們設法改變的許多努力徒勞無功。

意志力實驗

自制力肌肉的鍛鍊法

如果你想接受專屬於自己的意志力訓練課程，不妨利用下列意志力鍛鍊方法，來測試自制力的肌肉模型：

◎強化「我不去做」的意志力：要自己不出口辱罵人（或戒除任何說話的習慣）、坐下時不要蹺二郎腿，或使用非慣用手來進行一項日常事務，比如吃東西或開門。

◎強化「我要去做」的意志力：要自己每天固定做某件事（已經養成的習慣不算），藉此練習建立新習慣，而不要老是找藉口推託。比如每天打電話給媽媽、每天固定進行五分鐘冥想、每天找出一件家裡需要丟掉或回收的東西。

◎強化「自我監測的能力」：確實記錄平常你不會特別留意的細節，比如你的支出、飲食內容，或是上網及看電視的時間長短。你不需要使用任何電子設備，只要拿紙筆記錄下來就行。不過，如果你想尋求一些靈感，不妨上網查詢「量化自我行動」（網址為www.quantifiedself.com），這個網站已把記錄自我的行動，昇華為一種藝術與技術。

上述鍛鍊意志力的練習，你可以選擇與自己的意志力挑戰較有關聯的活動。舉例來說，如果你的個人目標是存錢，你就可以逐項記錄自己的支出。如果你的目標是增加運動的頻率，不妨決定在每天早晨沖澡之前，先做十個仰臥起坐或伏地挺身。不過，即便這項實驗與你最大的目標並不相符，但自制力的肌肉模型仍顯示，每天鍛鍊意志力，即使方法看似好笑或很簡單，都能爲你整體的意志力挑戰增強力量。

嗜吃糖果的人，如何戰勝甜食癮？

吉姆今年三十八歲，是一位在家接案的美術設計師。他自稱嗜吃甜食一輩子，沒有一種雷根糖的口味是他不喜歡的。他對於我在課堂上提及的一項研究十分感興趣：研究發現，將糖果放在醒目的地方，可以提高一個人整體的自制力（前提是這個人經常能成功地抗拒誘惑）。吉姆在家工作，所以經常會在家中的辦公室與其他房間之間來回穿梭。他決定在走廊上放一罐雷根糖，每當他進出家中的辦公室時，都必定會經過。他並沒有禁止自己吃一切甜食，但確實訂定規矩，不准自己從那個糖果罐裡拿糖果，藉此挑戰他的自制力肌肉。

第一天，他不假思索便自動將幾顆雷根糖放進嘴巴裡，而且很難停下來。但一週過後，拒絕誘惑變得愈來愈容易。那些糖果一再提醒吉姆，要爲目標堅持下去，鍛鍊「我不去做」的意志力。實驗如此成功出乎他的意料，他離開書桌的次數甚至變得更頻繁，只爲了額外增加一些「訓練」。雖然吉姆一開始有些擔心，這個醒目的誘惑會消耗掉他的意志力，但他發現訓練的過程令人振奮。每當他成功拒絕糖果罐的誘惑而回到辦公室，他就感覺自己更有動力。吉姆很驚訝，他原以爲自己完全無法控制的嗜好，就在他爲自己設下一項小挑戰並全力達成後，竟可以如此迅速地轉變。

當你試著做出一項重大改變，或是想扭轉根深柢固的習慣時，不妨用一些小練習來鍛鍊自制力。這些練習可以強化你的意志力，又不致將你的意志力消耗殆盡。

自制力眞的有「極限」嗎？

無論你從科學實驗或自己的生活中找證據，顯然人的意志力確實會用盡。但有一點並不明確：究竟是我們的「力量」眞的用完了，還是只是「意志」消耗光了？吸菸者在努力戒菸的同時，是否眞的不可能謹守預算、不亂花錢？努力節食、不吃自己最愛食物的人，在抗拒外遇誘惑時，意志力是否眞的如此薄弱？在「困難但仍可做到」與「不可能做到」之間，永遠存在著一個差距，而自制力的極限究竟反映何者？要回答這個問題，我們得先將「自制力是一種肌肉」的比喻暫放一邊，來深入探討爲什麼眞實的肌肉（例如手臂或雙腿的肌肉）會變得疲勞，而最終放棄目標。

讓自己撐到終點的訣竅

三十歲的凱拉剛剛跑過四二．二公里路跑賽的中間點，這是她生平第一次參加鐵人三項比賽，她感覺好極了。她已經成功征服三．八公里的游泳項目，以及一八〇公里的自行車項目，而剩下的路跑項目正是她的強項。

比賽進行到這個階段，她比自己原先預期的速度還要快一些。接著，她到達了路跑賽程中的折返點，然而體能上的殘酷現實，開始對她的身體造成極大考驗。她的全身上下痠痛不已，從肩膀到腳上的水泡都在發痛。她的雙腿有如千斤重，彷彿再也沒有力氣往前邁進。這感覺就像在她體內有個開關被關掉了，明白告訴她：「到此爲止，再也跑不下去了。」她的樂觀態度頓時洩了氣，心裡開始想著：「這場比賽開頭順利，但結尾可就難了。」然而，儘管她精疲力盡，雙腳好像無法再配合前進，她還是撐了下來。每當她心想「我不行了！」就對自己說：「不行也要跑下去！」她就這樣一步接一步往前跑，直到抵達終點線爲止。

凱拉能成功完成鐵人三項比賽，正是一個絕佳的例子，說明「運動疲勞會矇騙身體」是怎麼一回事。運動生理學家過去一直認爲，當我們的身體感到精疲力竭，就表示身體眞的已經到達極限，無法再前進一步。所謂的疲勞就是肌肉力量衰竭，代表肌肉儲存的能量已經消耗殆盡，就這麼簡單。當肌肉的含氧量不足，無法讓肌肉擁有的能量進行新陳代謝，造成血液的酸鹼值失衡，變得酸性過高或鹼性過高。以上所有解釋，在理論上都說得通，但始終沒有人能眞正證實，這就是造成運動者速度變慢、最終放棄的確切原因。

南非開普敦大學的運動科學教授提摩西．諾克斯（Timothy Noakes），對此提出不同的觀點。諾克斯在體育學界，是以挑戰根深柢固的想法而著稱（舉例來說，他的共同研究證明，在耐久賽中，水喝得過多很可能令運動員致命，因爲水會稀釋人體內生存所需的鹽分）。諾克斯本身就是極限馬拉松賽選手，而他開始對一項少有人知的理論產生研究興趣。這個理論是由榮獲諾貝爾獎的生理學家阿奇博德．希爾（Archibald Hill），於一九二四年所提出。希爾主張，運動所產生的疲勞感可能並非因肌力衰竭所引起，而是源自大腦中一種過度保護的監測機制，這種機制是要預防身體的精力耗盡。當身體費力運動而對心臟造成龐大負擔時，這個監測機制（希爾稱之為「管制員」）就會跳出來，讓運動的速度減緩。希爾並沒有進一步推測，大腦是如何產生這種疲勞的感受，促使運動員放棄目標，不再繼續前進。不過諾克斯倒是對這番理論很感興趣：**體能上的精疲力竭，其實是大腦矇騙身體的一種機制**。如果這是事實，就表示運動員真正的體能極限，其實遠超過身體第一次提示無法繼續前進的時機。

諾克斯與其他幾位研究人員開始檢視各項證據，探討耐力賽運動員在極端情況下，身體有何變化。他們發現運動員的肌力並未眞的衰竭，看起來反倒像是大腦命令肌肉停止運動。當大腦偵知心跳速率增加且能量的供給迅速耗盡，便要求身體踩煞車，不再繼續運動。同時間，大腦也會製造出巨大的疲勞感，但這與肌肉能否繼續前進並沒有太大的關聯。如同諾克斯所說：「我們不該再將運動疲勞視為體能的問題，這應是一種感受或情感。」大多數人都將運動疲勞視為一項客觀的指標，顯示身體已經到達體能極限，無法再繼續前進。但這項理論認為，這只是大腦製造出來的一種疲勞感，藉此促使我們停止運動，就像焦慮感可以預防我們做出危險的舉動，噁心感可防止我們吃下害自己生病的東西。不過，由於這種疲勞感只是早期警告的系統，極限運動員大可經常忽略這種疲勞感。在我們一般人看來，這些運動員似乎能夠一再超越天生的體能極限，但其實是這些運動員了解到，當第一波疲勞感襲來時，並不代表體能已眞正到達極限。只要擁有充足的動力，他們便可超越疲勞感，繼續挑戰下去。

那麼，這和我們最初的問題，也就是大學生在期末考期間腦中塞滿知識的同時，爲什麼嘴巴也塞滿了垃圾食物，又有何關聯呢？還有，節食的人爲什麼較容易背著另一半出軌，還有在辦公室工作時比較容易失去專注力？有些科學家目前認爲，**自制力的極限就和身體的體能極限一樣，在我們感到意志力耗盡之時，其實未必眞正到達極限**。部分原因在於，大腦一直在努力爲我們保存能量。正如同大腦在擔憂體能消耗殆盡時，會促使身體肌肉的運動速度減緩下來，大腦也一樣會對前額葉皮質踩煞車，避免前額葉皮質的運作繼續消耗大量能量。這並不表示意志力已經用盡，我們只是需要重新集結動力，才能繼續發揮意志力。

會選擇放棄，還是繼續向目標挺進，取決於我們自認是否還能繼續發揮意志力。史丹佛大學的心理學家發現，有些人在辛苦自制一段時間之後，並不會因爲心理上的疲勞感而輕易放棄。這些「意志力的運動員」，其自制力不會出現典型的下滑狀況，就像肌肉模型所預測的那樣（至少不是研究人員在實驗室的合理實驗範圍內，所能進行較爲溫和的意志力挑戰）。根據這些研究結果，史丹佛大學的心理學家提出一項主張。如同諾克斯的主張對運動生理學界造成衝擊，這項主張也在自制力研究領域投下震撼彈：科學研究結果普遍觀察到，人的自制力是有限的，但這只是反映自身對於意志力多寡的認定，而不代表身心達到眞正的極限。學界才剛開始針對這項主張進行研究，而這也不代表人的自制能力是完全無上限的。只不過科學家目前傾向認爲，人實際擁有的意志力，往往比自己所認定的更多，而這也提高了一種可能性：我們可以像運動員一樣克服意志力耗盡的疲乏感，全力衝向終點線，達成個人的意志力挑戰。

自我檢視時間

你的疲勞感是真的嗎？

當疲勞感第一次襲來，我們大多會以此為理由而不去運動、對另一半發脾氣、把該做的事拖得更久，或是叫披薩來吃而不自己煮一頓健康的餐點。事實上，生活中的種種需求確實會將我們的意志力消耗殆盡，而一個人絕不應該追求「完美的自制力」。但是，你實際上擁有的意志力，很可能比第一次出現想放棄的衝動時，要來得更多。下一次當你覺得自己「太累」而無法發揮自制力時，請自我挑戰，試著克服第一次出現的疲勞感（不過別忘了，你也有可能真的訓練過度。如果你經常感覺精疲力竭，可能就需要重新思考，你的自制力是否無法應付過多的需求，也真正達到極限了）。

只要有需求，就能生出意志力

當第一次挑戰鐵人三項比賽的凱拉，感覺精疲力盡而無法繼續比賽時，她一直想著自己有多麼渴望完成這場比賽，並想像穿越終點線時群眾為她歡呼的畫面。事實上，意志力這種「肌肉」，只要有適當的因素誘發，一樣可以堅持得更久。紐約州立大學奧爾巴尼分校的心理學家馬克・穆拉文（Mark Muraven）和伊麗莎維塔・斯萊莎瑞法（Elisaveta Slessareva），曾以意志力耗盡的學生為受試者，針對幾項不同的動力進行實驗。結果不出所料，金錢的誘因可幫助這群大學生找回意志力的儲存庫：原本疲乏到無力去做的事，一小段時間後為了獎金就願意去做。（想像有人願意給你一百美元，只要你能拒絕女童軍發送的美味餅乾……要抗拒也不是太難，對吧？）當這群學生被告知，只要盡力完成任務，就能幫助研究人員開發出阿茲海默症的解藥，他們的自制力便驟然提升，這就如同耐力賽的運動員，會為了某病症的療法而努力完成比賽。最後，研究人員向學生承諾，只要不斷練習，便可有效提升他們在一項艱難任務的表現，這也幫助學生克服了意志力耗盡的疲乏感。

儘管這股動力較不顯著，卻是決定人們在現實生活中能否成功做出困難改變的一大因素。你在戒菸的第一天，可能恨不得把自己眼睛挖出來也要抽根菸。如果你認爲，一年後不去吸菸，會與第一天拒絕尼古丁一樣困難，那麼你便很有可能會放棄戒菸。但如果你能想像，有一天自己拒絕尼古丁的誘惑會像呼吸一般自然，就會比較願意熬過這段暫時的痛苦期。

意志力實驗

激發「我真正想做」的意志力

當意志力逐漸下滑，別忘了運用「我真正想做」的意志力，以重新獲得力量。

請針對你個人最大的意志力挑戰，考量以下幾項動力：

1. 如果挑戰成功，你會獲得什麼益處？對你個人來說，成功的酬賞是什麼？是提升了你的健康、快樂、自由、財務安全，還是獲得成功？

2. 如果挑戰成功，還有誰會獲得益處？你身邊必定有人仰賴你，並受到你種種選擇的影響。你的作為是如何影響家人、朋友、同事、員工或老闆，以及整個社群？如果你挑戰成功，對他們會有何助益？

3. 想像這項挑戰對你會逐漸變得更容易，只要你願意克服當前看似困難的事。你能否想像，當自己在這項挑戰上有所進步時，人生會變得怎麼樣？到時候你的感受又會是如何？如果你知道，當前面臨的困難只是進步過程中的過渡階段，你是否會覺得克服這個困難將值回票價？

本週當你面對自己的意志力挑戰時，不妨問自己，目前哪一種動力能爲你帶來最大的力量？如果你是純粹爲了自己，可能無法達成一項困難的目標，但你願意爲他人而努力嘗試嗎？夢想著創造更好的未來，或擔憂自己落入可怕的命運，是否是唯一促使你繼續前進的動力？當你爲自己找到「我眞正想做」的巨大意志力，或是感到軟弱無力時，它便能爲你帶來力量。每當你萌生退意，想要屈服或放棄時，別忘了想想能讓你堅持下去的那股動力。

心力交瘁的母親，如何找到掌控情緒的意志力？

愛芮是一對雙胞胎兄弟的全職媽媽，她的兩個兒子正經歷「任性的兩歲階段」。教養孩子的工作把她累得半死，她也對孩子老愛說「不要」的反應感到疲憊不堪。爲了瑣碎但每日重複上演的管教大戰，她常常覺得自己快要到達情緒爆發的臨界點。她上這門課的意志力挑戰，就是要學習如何在情緒快要失控時，讓自己保持冷靜。

當愛芮開始思考，什麼是她控制住脾氣最大的動力，最明顯的答案似乎是「成爲更好的父母」。然而在深感挫敗之時，這項動力對她並沒有效。儘管心知自己想成爲更好的父母，但這樣想只會讓她更感挫敗！愛芮領悟到，對自己來說更大的動力其實是「享受」爲人父母的感覺，而這一點和單純要成爲更好的父母不盡相同。愛芮之所以深感挫敗而想對孩子大吼，並不全然是因爲兩個兒子做了什麼，而是因爲她在很多方面都感覺到，自己並沒有達成期許中「滿分媽媽」的理想。有一半的時間她是在對自己生氣，但她會把脾氣發在兒子身上。愛芮也討厭被迫離開自己得心應手的職場，待在家裡應付令她感覺很不受控的事。提醒自己不是一位滿分媽媽，對提升自制力毫無助益，只是讓她感覺更糟而已。

爲了找出掌控情緒的意志力，愛芮必須知道，保持冷靜對自己就和對她兒子一樣重要。對孩子大吼大叫並不好玩，而也不喜歡自己情緒失控。愛芮非常希望自己是眞心想做母親。學習如何停下來深呼吸，不讓自己的反應造成過大的壓力，不只能讓她的兒子擁有更好的媽媽，更讓她得以享受與兒子在一起的感覺，並對自己放棄工作、成爲全職媽媽的決定，感到愉快自在。有了這一層領悟，愛芮發現要保持冷靜變得容易多了。不對兒子大吼，其實就等於不對自己大吼，她得以從瑣碎忙碌的生活中，找到爲人母的喜悅。

有時，一個人最強大的動力可能不是我們原本認定的，或我們認為理所當然的。如果你正努力改變自己的行為，以取悅他人或將自己的角色扮演得更好，不妨找找看是否有另一種「我真正想要」的力量，能賦予你更大的意志力。

意志力疲勞的可怕後果

我們已經見到許多證據顯示，日常生活中對自制力的各種需求，可能會令我們的意志力耗盡，因而無法抗拒無所不在的誘惑，比如餅乾或香菸。這當然不是什麼好消息，不過儘管這些誘惑威脅到我們的個人目標，卻都還算是小事。在社會中，如果大多數人的意志力長期消耗殆盡，可是要集體承擔嚴重的後果。關於「意志力疲勞」，曾有一項令人不安的研究，這項研究藉由一套稱爲「森林遊戲」的「公共財」，來衡量自制力。

在一個模擬的經濟情境下，「森林遊戲」參賽者成了一家木材公司的老闆，時間設定爲二十五年。這些人在第一年獲得二〇二公頃的林地，並得知林地每年會以一〇%的速率擴增。無論哪一年，每位老闆最多能砍下四十公頃的森林，而每砍下〇．四公頃的森林，參賽者就能獲得六美分。先別忙著算數學，在這種條件下，讓森林擴增而不是早早把樹砍掉賣錢，所得的利益當然最豐厚（更不用說環保效益有多大）。然而這樣的策略需要耐心，並且願意與別的參賽者合作，才不會有人試圖將整片森林全數砍伐，只爲了讓錢早早落入自己口袋。

在遊戲開始之前，部分參賽者先完成了一項自制力的任務，需要將各種令人分心的事物摒除在外——這是消耗意志力的典型設計。因此，當這些參賽者開始進行遊戲時，其意志力已消耗了許多。遊戲開始之後，這些參賽者爲了獲得短期的金錢利益，果然持續砍伐森林。到了第十年，他們的林地已經從二〇二公頃縮減至二十五公頃。到了第十五年，整座森林已經被完全破壞殆盡，於是這場模擬情境只好提前終止。這些參賽者並沒有相互合作，而是認爲能砍多少就砍多少，免得其他人把森林先賣光。相反地，那些事前沒有執行干擾任務的參賽者，在第二十五年模擬情境結束時，仍保有一座完整的森林。他們不但賺到更多錢，也多保存了幾棵樹。這些人通力合作、成功獲利，還兼顧環保責任。我不知道你怎麼想，但我找來管理我的森林、事業，或治理我的國家的人，絕不能沒有自制力。

「森林遊戲」只是一個模擬的情境，卻令人聯想到復活島上的森林，正是以類似的神祕原因而消失殆盡。這座林木茂盛密集的太平洋島嶼，曾孕育出一個欣欣向榮的文明長達數世紀。然而隨著人口愈來愈多，島上的居民開始砍伐樹木，換取更多土地和木材。到了公元八百年，居民砍伐樹木的速度已超越了森林再生的速度。而到了十六世紀，森林已經被破壞殆盡，居民賴以維生的許多物種也跟著消失，因而造成飢荒蔓延、同類相食。到了十九世紀晚期，島上九七%的人口都已死亡，或離開了這座荒島。

後人一直不解，復活島的居民當時究竟在想什麼，怎麼會將自己的森林和社會親手摧毀？他們難道不知道自己的作爲會造成哪些長遠的後果嗎？我們簡直無法想像，自己也會做出如此明顯短視近利的決定。不過，我們實在不該太有把握。人的天性往往會追求眼前的利益，如果要改變原本的行徑來避免未來發生災難，就需要社會上所有人同時發揮強大的自律。並不是關切某議題就好，改變是需要付諸行動的。在「森林遊戲」的研究中，所有參賽者都表現出互助合作的同等價值觀，並願意共同保護長遠的利益。至於意志力耗盡的參賽者，只是沒有將那些價值觀付諸行動而已。

進行這項研究的心理學家認爲，我們無法仰賴一個意志力耗盡的人來爲社會大眾做出明智的決定。這個主張令人苦惱，因爲我們很清楚，意志力很容易就會用盡，日常生活中又有太多瑣碎的決定都需要發揮意志力。萬一我們的意志力在購買日用品或應付難搞同事的過程中消耗光，又怎能解決全國或全球的危機，例如：經濟成長、醫療、人權，以及氣候變遷等重大議題？

身爲個人，我們可以一步步強化自制力，而這絕對會使我們的人生改頭換面。至於如何強化一個國家有限的自制力，則牽涉到複雜的面向。與其指望全國人民都能培養更強的意志力，來達成我們最大的挑戰，不如讓人盡量不必辛苦發揮自制力——至少將做正確事的自制力需求降低。行爲經濟學家理查．塞勒（Richard Thaler）和法律學者凱斯．桑思坦（Cass Sunstein）曾提出一個頗具說服力的主張，稱爲「選擇設計」系統，藉此幫助人們做出與個人價值觀和目標一致的明智決定。舉例來說，在駕駛人換發駕照或登記投票時，詢問他們是否願意捐贈器官，或是讓醫療保險公司自動爲會員排定年度健康檢查的時程。這些事大多數人都有心想做，但經常一拖再拖，因爲眼前有太多更急迫的事令他們分心了。

事實上，零售業者早已運用「選擇設計」的系統來影響你的購買決定，儘管業者大多是為了賺錢，稱不上有何高尚的目的。但如果提供充分誘因，店家或許願意更積極強打健康或環保的產品；不再將糖果和八卦雜誌等衝動性消費品，排滿整個結帳區，而是利用那塊空間，更方便顧客取得牙線、保險套或新鮮水果。這類簡單的產品擺設，已顯示可大幅提升有利於健康的種種消費。

「選擇設計」的系統畢竟是用來操控人們的決定，因此頗具爭議性。有人認為這套系統限制了個人自由，或令人忽視自身的責任。然而，即便讓人完全進行自由選擇，人們的選擇往往會違背自己長期的利益。有關自制力極限的研究結果顯示，這並不是因為我們天生不理性，或是故意做出「享受當下、不顧明天」的決定。真正的原因很可能只是因為我們太累，所以無力抗拒對自己不利的衝動。如果要強化自制力，我們就得好好思考該如何支持自己，在最疲憊的時刻仍然做出明智的決定，別指望有個理想的自己會出現，將所有事情搞定。

最後的提醒

自制力的極限看似有些矛盾：我們的確無法控制一切，但提高自制力的唯一方法，就是將我們的極限不斷延伸。意志力如同肌肉，如果一直不用就會逐漸退化。如果爲了節省精力而讓意志力一直懈怠、鈍化，我們就會失去原本擁有的力量。不過，如果我們每天都靠意志力長期奮戰，有一天也一樣會全盤潰散。我們所面臨的挑戰就在於，如何像聰明的運動員一樣自我訓練，在不斷挑戰極限的同時，也調節好自己的步調。正如我們在力量薄弱時，還是能在諸多動力中找回意志力，我們當然也能找到方法，幫助疲憊不堪的自己做出明智的選擇。

本章摘要

重點概念：自制力就像肌肉一樣，用多了會感到疲乏，經常鍛鍊則可有效強化。

自我檢視時間

◎意志力也有高低起伏。本週請記錄自己自制力的高低起伏，特別留意何時你的意志力最強，何時最容易屈服或放棄。

◎你的疲勞感是真的嗎？下一次當你覺得自己「太累」而無法發揮自制力時，請試試看能否在疲勞感第一次襲來之時，就督促自己再多前進一步。

意志力實驗

◎強化意志力的飲食法。你一定要攝取適當的飲食，為自己的身體提供持久充足的能量。

◎自制力肌肉的鍛鍊法。本週請找出一件該做的事（「我要去做的意志力」），或不該做的事（「我不去做的意志力」），鍛鍊你的自制力肌肉。也可以針對你平常不太留意的事物，去善加記錄。

◎激發「我真正想做」的意志力。當你為自己找到「我真正想做」的強大動力，它便能在你感到疲乏無力時為自己提供力量。每當想要放棄的時候，別忘了想想這股動力。

第4章 ——

爲什麼善行成了放縱自我的許可證？

人很容易把自我放縱視爲善行的最佳報酬。
「我表現得那麼好，應該享受一下。」
這種「我值得」的感覺，常常成爲墮落的理由，
使我們忘記了眞正的目標，也屈服在誘惑之下。

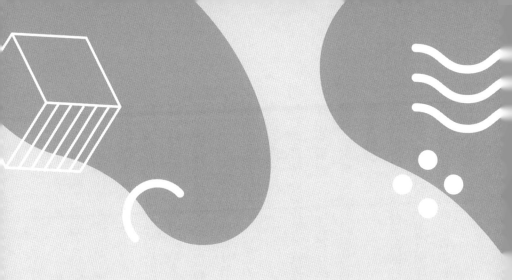

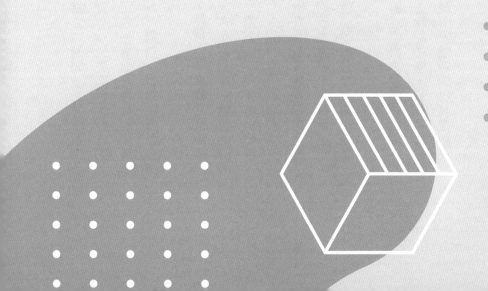

每次我開「意志力科學」這門課，這世界就會貢獻絕佳的意志力醜聞，正好讓我用來說明人爲什麼失控的理論。過往的實例包括嗑藥牧師賀格、買春州長史必哲、外遇的總統候選人愛德華茲，以及性上癮的高爾夫球名將老虎伍茲。這些報導也許現在已屬舊聞，[1]然而，三不五時總有正直人士，包括政治人物、宗教領袖、警察、教師、運動員等，徹底喪失意志力，令全世界譁然。

要說明這些實例，很難不去考慮自制力的限度。畢竟以上每個人都面臨著巨大壓力，他們要配合繁重的工作行程，又得隨時維護自己的公眾形象。想當然耳，他們的自制力肌肉已經無力、意志力枯竭、血糖降低、前額葉皮質萎縮。誰知道，搞不好他們都在節食呢！

要眞是這個答案，就太簡單了（但我相信，被告律師終究會在大陪審團面前用這個理由來辯護）。並非每一次的自制力喪失都是眞正的失控，有時候是我們有意識地做了選擇，選擇臣服於誘惑。想要全面了解爲什麼意志力會衰竭，就必須從心理而非生理層面來解釋。

或許你並未身陷全國注目的性醜聞中，但所有人都可能面臨意志力不堅的「僞善」情境，哪怕只是不遵守新年新計畫而已。要避免步上這些頭條人物的後塵，我們需要重新思考「意志力喪失皆由軟弱所引起」的假設，因爲在某些情況下，成功的自我控制反而會害了自己。我們要好好思考，邁向目標的進度是如何矛盾地破壞自己的動機，樂觀的態度是如何允許我們沉迷放縱，還有，對自己的善行感到滿意時，爲什麼反而會促使我們踏上通往惡行的快速道路。在每個例子中，我們會發現屈服破戒只是人的選擇，而不是無法避免。藉著了解我們如何對自己通融，就可以找到避免偏離常軌的方法。

聖人如何變罪人？

我想先請讀者評估以下言論，選擇「完全反對」「部分反對」「部分同意」或「完全同意」。首先是：「大部分的女人並不是很聰明。」還有這一句：「大部分的女人比

❶已經忘記或從沒聽過這些醜聞的讀者，可參看以下的簡短版：賀格（Ted Haggard）是素有人望的牧師，反對同志權利，卻被發現與男妓發生性行爲、嗑藥。史必哲（Eliot Spitzer）曾任紐約州州長，也擔任過首席檢察官，他毫不留情打擊貪腐，卻是聯邦調查的賣淫集團常客。愛德華茲（John Edwards）是角逐失利的民主黨總統候選人，他高舉重視家庭價值的旗幟，卻一直背著癌症命危的太太偷吃。伍茲（Tiger Woods）是知名高球選手，以自律著稱，卻被揭發有性上癮問題。

較適合在家帶小孩，不適合工作。」

想像你問了普林斯頓大學部學生這些問題。女學生如果沒叫你把這份爛問卷吞下肚子裡，就算你運氣不錯了；就連男學生也會抵制這種性別歧視的言論。不過，要是稍加修改：「有些女人並不是很聰明」，以及「有些女人比較適合在家帶小孩」，要抵制這樣的言論，就沒那麼容易。雖然仍有一點性別歧視的意味，但我們很難去否定「有些」這樣的用詞。

這份問卷見於心理學家貝努瓦‧莫寧（Benoît Monin）和戴爾‧密勒（Dale Miller）的一項研究中，其主要調查刻板印象與決策的制訂。一如你可能預料的，當研究人員請普林斯頓大學的學生評估前兩項言論時，學生立刻加以譴責。然而，學生在評估有限制的「有些女人」的言論時，態度則顯得比較中立。

評估過這些言論之後，研究人員要求學生在假想的面試情境中做決定，任務是要評量幾位應徵者的適用性。這些應徵者男女皆有，而應徵的高階職位是典型以男性為主導的產業，如營造業或金融業。這看起來易如反掌，特別是對那些抵制性別歧視言論的學生來說，他們當然不會歧視資格符合的女性。然而，普林斯頓的研究人員所得到的結果恰恰相反。強烈抵制性別歧視言論的學生，更有可能偏好錄取男性，其可能性要比勉強同意稍有性別歧視言論的學生還來得高。研究人員後來詢問學生有關種族歧視的態度，隨後也讓他們有機會給弱勢種族差別待遇，所得到的結果也是一樣的。

這些研究震驚了許多人。心理學家長久以來都認爲，一旦你表明了某種態度，就可能依循那種態度行事。畢竟，誰想當僞君子呢？然而，這兩位普林斯頓的心理學家揭露出人們未必想言行一致。**說到是非判斷，大部分的人並不會很努力去追求道德上的完美。我們只想要「夠好就好」，但這反而允許我們隨心所欲。**

那些抵制性別或種族歧視言論的學生，覺得已經建立了自己的道德證明。他們已經向自我證明，自己沒有性別或種族歧視，**但這讓他們受到了心理學家所說的「道德許可證」的影響。也就是說，當你做了一件好事，對自己感到滿意時，反而更有可能信任自己的衝動，而這通常代表允許自己使壞。**

在這項研究中，學生對自己抵制性別與種族歧視的言論感到滿意，反而更可能使他們聽從直覺的偏見，也比較不會去考慮所做的決定是否符合公平公正這個大目標。並不是說他們刻意要歧視，他們只是讓先前善行的光輝蒙蔽了自己，而看不到自己決策所帶來的傷害。

「道德許可證」不只是允許我們使壞，也讓我們不必依他人的要求行善。舉例來說，想起過去曾行過善事的人，與沒有想起的人相比之下，前者在慈善活動中會少捐了六〇%。在一個商業模擬情境中，如果工廠的經理最近想起過去的德行，就比較不會花大錢來改善工廠的汙染問題。

道德許可證的效應，也許能解釋爲什麼一些以道德爲標榜的人，比如牧師、強調家庭價値的政治人物、打擊貪腐的首席檢察官，竟能容許自己犯下嚴重的道德失誤。無論是已婚電視布道家與祕書發生性行爲、財政保守主義人士挪用公款改建自宅，還是警察使用極端武力對付無力反抗的罪犯，大多數人在認定自己道德高尙時，便不會去質疑自己的衝動。有些人的職位也永遠都讓他們覺得自己道德高尙。

爲什麼我們突然討論起歧視和性醜聞，不是應該談節食和拖延嗎？其實，意志力挑戰本來就是一場善與惡的戰爭。任何你以道德爲標準來評量的事，都會成爲道德許可證效應影響的對象。如果你運動時會對自己說「好棒」，不運動時會對自己說「差勁」，那麼當你今天認眞運動過了，明天你就有可能不上健身房。如果你努力從事重要專案時會告訴自己「好棒」，拖延時會告訴自己「差勁」，那麼當你上午在工作方面有了進展，到了下午就很可能會偷懶。簡言之，每當我們的欲望有所衝突，表現良善會允許我們使一點壞。

要緊的是，這不只是血糖或意志力不足的問題。當心理學家詢問受試者有關道德許可證的放縱行爲時，受試者表示這確實是出於自己的選擇，並非失控。此外，他們也不覺得有什麼罪惡感，甚至因爲這樣獎賞自己而感到驕傲。他們給的正當理由是：「**我**

表現得這麼好，應該享受一下。」這種「我值得」的感覺，常常成爲人們用來墮落的理由，因爲人很容易把自我放縱視爲做了善行之後的最佳報酬，忘記了原本眞正的目標，也屈服在誘惑之下。

允許自我放縱的邏輯

允許自我放縱的邏輯，嚴格說來並沒有邏輯可言。首先，「好」行爲與我們努力合理化的「壞」行爲之間，很少有任何關聯。比方說，購物者克制自己不去購買誘人的商品，就更有可能回家吃誘人的食物。員工花額外的時間工作，也許就覺得有理由使用公司的信用卡來購買私人物品。

任何使我們感到愉悅的善行，即便只是想著做件好事，都會許可我們跟著衝動走。在一項研究中，研究人員請受試者選擇他們想從事的志願工作：教導收容所的孩童或改善環境。儘管受試者並沒有眞的報名任何志願工作，但光是想像這些選擇，就提高了他們花大錢買名牌牛仔褲的欲望。另一項研究發現，光是考慮捐錢給慈善機構（實際上一毛錢都沒給），就提高了受試者上購物中心犒賞自己的欲望。更慷慨的是，我們甚至會把本來可以做、卻沒有做的事歸功給自己。我們本來可以吃掉整個披薩，但是只吃了三片；我們原本可以買一堆新衣服，但是只買了一件新外套。聽從這種荒唐的邏輯思路，竟可以把任何放縱行爲變成引以爲傲的舉動（對你的信用卡債感到罪惡嗎？嘿，至少你還沒爲了還債去搶銀行！）

這類研究顯示，在人的大腦中並沒有謹慎精明的會計來計算自己的表現有多好、獲得了什麼樣的自我放縱，我們反而是信任感覺，覺得自己表現良善、自己是好人。研究道德推理的心理學家知道，這是人判斷對與錯的最主要方式。人都有直覺反應，只有在被迫說明自己的感覺時，才會去思考邏輯，而且很多時候，我們甚至想不出理由來捍衛自己的判斷。但無論如何，我們都對自己的感覺堅信不移。舉例來說，心理學家常用一個道德爭議的狀況，來研究人如何判定是非。一對成年兄妹（或姊弟）願意與對方發生性行爲，並使用避孕措施，你認爲這在道德上可接受嗎？對大部分人來說，這樣的問題會立刻引起一陣反感。這擺明是錯的。接著，我們會竭盡腦力，解釋爲什麼這絕對是不道德的。

但想到某件事時，如果沒有反感、強烈的罪惡感、劇烈的焦慮感，我們就不會覺得這件事是錯的。回到更普通的意志力挑戰，假設一個行爲，比如想再吃一塊生日蛋糕或用信用卡再多買一樣東西，並未引起「錯誤」這樣的直覺反應，我們就不太會去質疑自己的衝動。這就是滿意過去的善行，如何讓我們把未來的放縱合理化。當你覺得自己是聖人時，就不會覺得自我放縱的想法有錯。你覺得這是對的，彷彿這是自己努力掙來的。假設自制背後的唯一動機是變成更好的人，那麼只要你一對自己感到滿意，就會開始屈服。

道德許可證最大的問題，不只在於其邏輯有問題，最嚴重的是它會誘導人做出對自己不利的行為。它讓我們相信，那些自我破壞的行為，無論是節食破功、花大錢、偷吸菸，都是難得的犒賞。這根本愚蠢到家了，卻是強大的心理詭計，把原本「想要」的念頭變成了「應得」的獎勵。

道德判斷並不如我們文化所認定的這麼激勵人心。我們把成為道德人士的嚮往理想化，許多人也深信，最能激勵他們的是罪惡感與羞恥心。但這是在騙誰？最能激勵我們的，其實就是得到想要的東西、避開不想要的事。把行為道德化，反而可能讓我們對行為產生矛盾感。當你把意志力挑戰界定為做該做的事，以期成為更好的人，你就會自動開始想出一些不用這麼做的理由。這就是人性——為了自己好，我們會抗拒別人加諸自己身上的規定。

如果你以提升道德、自我進步為名，試著把那些規定加諸己身，你心裡那個不願受控的部分很快就會出聲抗議。也就是說，當你告訴自己運動、存錢、戒菸都是「對的事」，而不是幫助你「達成目標的事」，你貫徹實行的可能性反而會因此降低。

爲了避免掉入道德許可證的陷阱，務必要區分眞正的道德困境與一般的難題。逃漏稅或外遇可以說是很清楚的不道德，但節食計畫破戒並非不道德。然而，大多數人都把所有自制力的形式視爲一種道德的考驗。無論是屈服於甜點、睡懶覺、欠卡債，我們往往以此來判定自己的好或壞，然而，這些事情，沒有一件承載了罪惡或美德的重量。當我們從道德的角度來思考意志力挑戰時，往往會在自我判斷中迷失，也看不到這些挑戰能如何幫助自己達成目標。

自我檢視時間

善行與惡行的標籤

本週，請觀察你如何對自己和他人，描述目前在意志力挑戰上的成與敗：

◎意志力挑戰成功時，你會告訴自己表現「良好」嗎？拖延或屈服於誘惑時，你會告訴自己表現「差勁」嗎？

◎你會用你的「好」行為當成做「壞」事的藉口嗎？這是無傷大雅的獎勵，還是會破壞你更大的意志力目標？

準新娘是怎麼變胖的？

雪瑞今年三十五歲，是一名財務顧問，八個月後就要結婚。她想在婚禮之前減重七公斤，而且已經開始每週運動三次。問題在於，她清楚知道，在登階機上運動的每一分鐘會消耗多少熱量。每當她燃燒愈多熱量，她就愈無法克制地去想，努力過後應得的美食獎勵。雖然她想減少熱量攝取，但還是會在運動的那幾天多吃一點。只要她多運動五分鐘，就可以在優格冰淇淋上加一些巧克力豆，或是在晚餐時喝兩杯酒。運動成了她放縱的許可證，結果呢，磅秤是稍微移動了將近二公斤，只是移錯了方向。

雪瑞把運動想成獲得食物的途徑，結果卻破壞了瘦身的目標。爲了跳出這樣的許可陷阱，她必須把運動當成達到目標的必要步驟，至於健康飲食則是另一項次要、獨立的必要步驟。這兩項是不可互換的「好」行爲，而且達成其中一項並不代表另一項就能混水摸魚。

別把支持目標的行動當成最終的目標。只是達成一項與目標有關的事，並不代表你已經成功。留意在誇獎自己的正面行動時，是否會使你忘記真正的目標。

有了進展，人就開始鬆懈

即使你沒有把意志力挑戰當成道德價值來衡量，還是很可能會掉入道德許可證的陷阱。這是因爲大家直覺上把一件事道德化了：不，不是你想的「性」，而是「進步」！進步是好事，而且朝著目標邁進令人感覺良好，好到想要恭喜自己：你，做得太好了！

或許在賞給自己一顆金色星星之前，應該三思一下。**大多數人認爲，邁向目標的進度會鼓勵我們去追求更大的成就，但是心理學家很清楚，人很快會把這些進度當做鬆懈的藉口。**芝加哥大學商學研究所教授艾萊特．費雪巴哈（Ayelet Fishbach）與耶魯管理學院教授拉維．達爾（Ravi Dhar）證實，邁向目標的進度，反而會刺激人從事破壞目標的行爲。在一項研究中，兩位教授提醒成功的節食者，他們朝理想體重已經邁進了多少。接著，節食者收到謝禮，可以選擇蘋果或巧克力棒。恭喜自己的節食者當中，有八五％的人選擇巧克力棒；沒有得到提醒的節食者，只有五八％的人選擇巧克力棒。另一項研究發現，同樣的效應也出現在追求學業目標上：學生如果對自己準備考試所花的時間感到滿意，就更可能花一整晚和朋友玩喝酒遊戲。

邁向目標的進度，會導致我們拋棄一直努力追求的目標，因爲這改變了兩個競爭自我之間的均勢。還記得嗎，意志力挑戰必定涉及兩個相互衝突的目標。你的其中一面自我正想著長期利益（例如：減重），而另一面卻想要立即滿足（巧克力！）。在面對誘惑的那一刻，你需要更高層的自我發出更強大的異議，來蓋過想自我放縱的聲音。然而，成功的自制帶來了一個不在預期內的結果：它短暫滿足也因此蓋住了高層自我的聲音。當你朝著長期目標邁進時，大腦也有一份無形的目標核對清單，關掉了推動你追求長期目標的心理程序。接著，大腦便把注意力轉向還沒獲得滿足的目標，也就是自我放縱的聲音。科學家稱此爲「目標解放」。此時，用自制力一直壓抑著的目標就會顯得愈來愈重要，任何一種誘惑都會變得更加誘人。

從實際面來看，這代表向前一步反而允許你向後退兩步。設定自動退休金投資或許滿足了你想要存錢的那一面自我，卻解放了你想購物的那一面自我。整理檔案或許滿足了你想工作的那一面自我，卻解放了你想要看電視轉播比賽的那一面自我。前一刻你還在聆聽肩膀上天使說的話，但這一刻，惡魔說的話似乎更有說服力。

甚至連最可靠的目標追尋工具「待辦事項清單」也有副作用。你是否曾爲某項計畫擬訂了待辦事項清單，然後因爲感到充實愉快，就自以爲今天的進度都已經完成？不是只有你一個人會這麼想。因爲一旦擬訂清單之後，人都會鬆一口氣，然後把列出待辦事項的滿足感，當成邁向目標眞正要付出的努力。（或正如我一位學員所說，他喜歡參加討論效率的研討會，因爲這會讓他覺得自己非常有效率，儘管什麼事都還沒做。）

著眼於進度，確實會阻礙我們向成功邁進，雖然這聽起來似乎有違我們對追求目標的所有看法。當然並不是說有進度不好，問題在於這些進度帶給我們的感覺。甚至可以說，問題正在於我們是否追隨感覺，而不是堅守目標。進度可以激勵人，甚至能激發未來的自制力，但前提是要把你的行動視爲自己忠於目標的證明。換句話說，你必須先看看自己做了什麼，然後告訴自己：「我是眞正在乎這個目標，甚至願意付出更多來達成目標。」這個觀點不難理解，只是我們平常的心態並非如此，而是經常會因爲有了一點進度就尋找停止努力的理由。

這兩種心態會帶來非常不一樣的結果。積極朝運動、讀書、存錢等目標前進的人，當他們被問到「你覺得自己朝目標已經邁進了多少？」時，比較可能做出違背目標的事，比如隔天不上健身房、和朋友鬼混不念書、買昂貴物品等。相反的，如果被問到「你覺得自己有多忠於目標？」時，就不會受到矛盾行爲的引誘。僅僅只是單純轉移問題的焦點，人對於自己的行爲就有截然不同的解讀──「我這麼做是因爲我想要做」，而不是「我做了，很好，現在就可以做自己眞正想做的！」

意志力實驗

撤銷許可證，記住拒絕誘惑的理由

你該如何堅守目標，而不是著眼於當下的進度？由香港科技大學與芝加哥大學研究人員所做的一項研究，提供了一項策略。研究人員要學生回想自己拒絕誘惑的經驗，結果引發了道德許可證的效應，有七〇％的人隨後找到機會就自我放縱。不過，當研究人員同時要求受試者回想他們當初拒絕誘惑的原因，道德許可證的效應就消失了，有六九％的人成功拒絕了誘惑。像變魔術一般，研究人員發現了一個提升自制力的簡單方式，可以幫助學生做出與大目標一致的決定：回想「為什麼」的方式之所以有效，是因為它改變了你對「自我放縱」這種獎勵的感覺。當所謂的獎勵變得愈來愈像是對目標的威脅，屈服就不是個好選項了。回想做某件事的原因，也可以讓你有更多機會達成自己的目標。

下一次當你用過去的良好行為來為自我放縱辯解時，請停下來，回想一下當初你拒絕誘惑的原因是什麼。

今天放縱，明天再補救？

無論是誇獎自己有所進度，或是回想昨天如何抗拒誘惑，我們都會立刻把過去良好行爲的功勞歸給自己。不過，道德許可證的模糊邏輯，並不限定我們只能回想過去。人也很容易展望未來，把尚在計畫中的好行爲歸功給自己。舉例來說，光是「打算」稍後再運動的人，就比較有可能在晚餐時吃過量。這樣的習慣讓人在今天縱情享受，事後才做彌補——而事後彌補也可能只是說說而已。

看到菜單上有沙拉，就自我感覺良好

想像一下：現在是午餐時間，你在趕時間，最方便買東西的地方是一家速食店。你正在控制體重，想改善健康狀況，因此你的計畫是避開菜單上那些油膩膩的食物。當你排隊時，很高興看到除了令人墮落的食物外，還有新的沙拉餐點。這家店就在公司附近，所以你常常來光顧，只是這對自己的腰圍恐怕不太好。你很興奮，現在可以有不一樣的選擇了，而且不會有罪惡感。你站在隊伍裡，想著該點哪個，是田園沙拉或烤雞沙拉？終於，你來到點餐員面前，卻聽見自己脫口而出說：「雙層吉士堡加薯條」。

這是發生了什麼事？

聽起來就像老習慣發作，或是薯條的香氣征服了你想減重的念頭。但你信不信，菜單上的那些健康食物，實際上正提高你點吉士堡和薯條的可能性？

這項結論見於紐約市立大學柏魯克分校行銷研究人員所做的幾項研究中。研究人員看到報導指出，麥當勞在菜單上增加健康食物後，大麥克的銷售量反而激增，對此他們很感興趣。爲了找出原因，研究人員設計了速食菜單，並架設一家假餐廳。顧客拿到菜單後，必須選擇一項餐點。所有菜單都有標準速食，如薯條、雞塊、附配菜的烤馬鈴薯。其中有一半的受試者拿到包含健康沙拉在內的特別菜單。結果，當菜單上出現沙拉時，選擇最不健康、最油膩食物的顧客百分比增加了。研究人員發現，同樣的結果也出現在販賣機的零食選擇上。當販賣機中除了有標準的垃圾食物，也有低卡餅乾時，顧客反而更可能選擇最不健康的點心（碰巧是裹著巧克力的奧利奧餅乾）。

這怎麼可能？原來這是因爲有時候，**人的心智對於達到目標的「機會」感到太興奮，因而把這個機會當成了眞正達到目標的滿足感**。在選擇健康食物的這個目標達到之後，未滿足的目標，也就是及時享樂，便占了上風。此時你感到壓力減輕，不必眞的去選擇健康飲食，而且有更強烈的欲望想吃那些令人無法自拔的食物。在這些因素的影響下，儘管毫無道理可言，你還是允許自己點了最容易使血管栓塞、讓腰圍肥胖與縮短壽命的食物。這些研究引發了公共衛生政策方面的疑慮，因爲政策原先規定學校餐廳、販賣機，以及連鎖餐廳都至少要供應一項健康食品。除非改變能更徹底，而且所有的食物都做得更健康，否則會適得其反，到頭來人們會比以前做出更糟的選擇。

也許你認爲自己不會這麼容易受影響，也自認絕對會比這些研究中容易上當的傢伙更有自制力！要眞是如此，你麻煩可大了。那些自認有絕佳自制力的受試者，特別是在食物方面，反而最可能在有健康食物選擇的情況下，選擇最不健康的食物。菜單上沒有沙拉時，只有一〇%自認意志力奇佳的人會選擇最不健康的食物，但是當菜單上有沙拉時，竟有五〇%選擇了最不健康的食物。或許這些人就是因爲太相信自己未來一定會點健康食物來吃，就放心地在今天享用薯條。

這顯示了人在思考未來選擇時所犯的根本錯誤。我們錯誤，而且不斷地預期明天做的決定會和今天不一樣。今天就抽這麼一根菸，明天就不抽了；今天不上健身房，但明天一定會去；先把節日的禮品買下，但接下來至少三個月不會血拚。

這種樂觀態度允許我們在今日放縱，特別是知道有機會在未來做不一樣選擇時。舉例來說，耶魯大學的研究人員讓學生選擇優格或巧克力碎片餅乾。學生得知下週仍是同樣的食物時，有八三%的人選擇了餅乾。至於那些認爲只有這週才有餅乾的學生當中，只有五七%的人選擇餅乾。同樣的模式，也出現在學生選擇低俗或高雅的娛樂上（「下週我再當有教養、有學識的人就好」），另外，也出現在學生選擇立即小額的金錢回饋，或是延後卻大筆的金錢回饋上（「我現在就要用錢，但下週我會耐心等待較大筆的錢入帳」）。

事實上，在得知下週也是同樣選擇的學生中，有六七%的人預測他們第二次會做出更好的選擇。然而，當這些人被帶回實驗室做第二次選擇時，只有三六%的人做了與上次不同的選擇。無論如何，當他們認爲可以在稍後彌補時，就不會對一開始選擇的自我放縱有太大的罪惡感。

自我檢視時間

你在向明天借功勞嗎？

當你在做有關意志力挑戰的決定時，請留意是否會想到自己未來一定會做好事。你是否告訴自己，明天會彌補今天的缺失？而這對於你今天的自制力有什麼影響？可以的話，請繼續留意隔天的情況。你是真的做到了自己說過會做的事，還是「今天放縱，明天再來改變」的循環又開始了？

為什麼總覺得「明天就有時間做」？

樂觀的態度不只影響人的選擇，還會讓人以爲，去做自己說過會做的事有多麼容易。心理學家證明，人往往錯誤地預測未來會比今天有更多空閒時間。有兩位行銷學教授的研究最能闡明這種心理詭計，他們是威斯康辛大學麥迪遜分校的羅賓．坦納（Robin Tanner）與杜克大學的科特．卡爾森（Kurt Carlson）。兩人感興趣的是，消費者對於未來使用運動器材所做的錯誤預測。有九成的運動器材是注定被丟在地下室積灰塵。研究者很想知道，人是如何想像自己未來使用槓鈴或健腹器的情況；他們所想像的未來，是否和目前的狀況相似：全是抽不出空完成的事，以及一堆令人分心的事，還有日復一日的疲憊？難道說，他們想像的是另外一個現實？

爲了找出結果，兩位教授請一群受試者預測「下個月（平均）每週會做幾次運動？」他們也問另一群受試者同樣的問題，但是附帶一個重要的前言：「在理想世界中，下個月每週會做幾次運動？」這兩群受試者所做的預測都相同，也就是，就連那些必須回答眞實行爲而非理想行爲的人，也自動回答「在理想世界中」的問題。我們往往展望未來，卻沒有看到今日的挑戰，這讓我們相信，未來自己會有更多時間和精力，去做今天不想做的事。我們覺得今天拖延沒關係，因爲有信心未來的行爲足以彌補今日的行爲。

這種心理傾向難以撼動。儘管實驗者設法要引出更多眞實的自我預測，比如明白指示：「請不要提供理想的預測，請提供最接近眞實行爲的預測。」得到這些指示的人，卻表現得更加樂觀，回報的預測次數最多。實驗者決定把這些樂觀分子在現實中的表現拿來當對照，於是請受試者兩週後回來，回報實際的運動次數。不意外，數字比預期的要低。受試者預測了他們在理想世界中的行爲，兩星期以來卻是活在眞實世界中。

實驗者繼續問同樣一群人，請他們預測接下來兩週會運動幾次。但樂觀就是樂觀，他們的預測竟然比一開始的預測更高，而且比過去兩週來實際的運動次數高出許多。他們似乎認眞看待一開始所做的預測數字，並分配額外的運動給未來的自己，要彌補「不尋常的差勁表現」。他們不把過去兩週當成眞實的生活，也不認爲一開始的預測是不切實際的理想，只把自己過去兩週的表現視爲反常。

這樣的樂觀是可以理解的，畢竟如果一開始就預期達不到每一項設立的目標，那我們可能在開始之前就會放棄。然而，如果我們是利用正面的期待來爲當下的怠惰開脫，那還不如不要設立目標的好。

意志力實驗

明天和今天沒兩樣

行為經濟學家霍華．拉克林（Howard Rachlin）曾提出一項有趣的妙計，來克服總是明天才要改變的問題。當你想改變行為時，應把目標放在減少行為中的「可變性」，而不是行為的本身。他的研究證明，吸菸者被要求每天吸同樣數量的香菸時，竟會逐漸減少整體的吸菸量，儘管他們清楚得知不用試著少吸菸。拉克林認為，這個方法之所以有效，是因為這些吸菸者習慣仰賴的認知被剝奪了。這些吸菸者一向假裝明天會和今天不一樣，但新的要求使他們認知到，今天多抽一根香菸，明天也會多抽一根，後天、大後天也一樣。這使得每一根香菸都變得沉重起來，也令人更難以否認只抽一根菸對健康有害。

本週，請針對你的意志力挑戰，採用拉克林的建議：減少每天行為中的「可變性」。把你所做的每一個決定，都當成對未來所有選擇的承諾。因此別問自己：「我現在要吃這根糖果棒嗎？」而是要問：「明年每天下午吃一根糖果棒的後果，真是我要的嗎？」要是你一直拖延應該做的事，別問自己：「我要今天做，還是明天做？」而是問自己：「我真的想得到老是拖延的後果嗎？」

晚餐以前都吃素的策略

傑夫今年三十歲，是個網路系統分析師，他面臨著吃肉或吃素的衝突。他一直在吸收少吃肉的健康知識，更別說了解加工食品產業的可怕。然而，他又很開心可以吃到牛排捲餅、香腸與義式臘腸披薩、速食漢堡，以及早餐的培根。傑夫明白吃素可以減低道德上的掛慮，但是當一片披薩就在伸手可及之處，那個想要當更好的人的欲望，就在起司融化冒出的陣陣煙霧中消失了。

他曾嘗試少吃肉，結果造成了一些「頗具創意」的道德許可證效應。他發現自己會用一項素食來抵銷一項非素食的「邪惡」，像是吃一份椒類蔬菜，來減輕吃牛排捲餅的罪惡感。再不然，他會用早餐吃了什麼來決定今天日子的好壞；如果早餐吃了培根蛋三明治，今天就是個壞日子，這表示他可以在午餐或晚餐時繼續吃肉。不過明天（至少他這麼告訴自己）一整天都會是好日子，都會吃素。

爲了不讓自己決定日子的好壞（不出預料，壞日子總是比較多），他決定挑戰減少行爲中的「可變性」。他訂定了一項策略：晚餐前一律吃素。每天下午六點前，他只能吃素，但晚餐想吃什麼都可以。依據這項規定，他不可以在午餐時吃漢堡，然後告訴自己晚餐只吃花椰菜。他也不能因爲早餐吃了穀片，就找藉口在午餐時吃雞翅膀。

這是一個好方法，可終結「是否已獲得獎勵」的無止境內心交戰。當傑夫在火腿起司三明治與鷹嘴豆泥兩者之間舉棋不定時，新規定讓他更容易下決定。午餐一律吃素，沒得商量。

訂定每日規則也有助於破解「明天我的選擇會和今天不一樣」的幻想。傑夫明白，根據這項實驗的規定，要是某天他違反規定，就等於當週的每一天都破戒了。儘管火腿起司三明治看來誘人，但他並不想放棄整星期的目標。把三明治看成一項新規定的起點，而不是例外，三明治就變得沒這麼可口了。

有沒有一項你可以遵守的規定，能幫助你終結內心那個阻止你達成目標的爭辯？

道德外衣掩飾罪行的詭計

最後一項必須避免的道德許可證陷阱，和目前我們所認識到的陷阱不同。這與自己的良好行爲無關，但與內心深層的欲望有關。這個欲望努力說服我們，自己渴望的事物並沒有這麼糟糕。你會發現，太急著要給誘惑我們的事物貼上道德證明，結果反而允許自己放縱且毫無罪惡感。

光環效應

想像你在一家雜貨店裡，正選購著週末要使用的物品。你從穀片那一排轉到冷凍食品區，看到了非常不尋常的店內促銷。簡直就和天使一樣的人——是神聖的那一種，不是青少年幻想的金髮尤物——正端著一盤試吃食品。她光環的金色光輝照亮了那盤迷你熱狗。豎琴的音樂彷彿要從她的毛孔流洩而出。「嘗一個看看吧！」天使懇求你。你看著那些胖嘟嘟的開胃食品，腦子裡閃過飽和脂肪、亞硝酸鹽、膽固醇。你知道這些熱狗對節食沒有好處，可是，天使不會帶你走上歧途吧？也許吃一口就好……

恭喜你：你碰到，而且也掉入了「光環效應」中。這種形式的道德許可證，會找尋任何對誘惑說「好」的理由。當我們需要放縱的許可時，就會把任何一種善行的暗示，都當成屈服的合理藉口。光環效應產生時，你的注意力只在當下，未來的事也就不管了。研究顯示，點用標榜健康主菜的人，會同時選擇更讓人墮落的飲料、小菜和甜點。雖然目標是想變得更健康，但結局是比點一般主菜的人吃下更多熱量。節食研究人員稱此爲「健康光環」。由於我們點了健康食物，對自己滿意得不得了，因而對於緊接著的放縱一點都不覺得有罪惡感。❷此外，我們也視良善的選擇爲抵銷放縱的方法，在某些例子中，還眞是如此。研究人員發現，如果以吉士堡搭配沙拉，用餐者就會估計這一餐的熱量，比沒有沙拉的吉士堡要少。這根本不合理，除非你相信放生菜在盤子裡，可以像變魔術一般把熱量變不見（看看大家在電影院和餐廳裡點用的食物，我敢說大多數人也相信低卡汽水有類似的熱量抵銷效果）。

眞實的情況是，沙拉蒙蔽了用餐者的判斷，給他們一種感覺認爲自己正在享用的餐點是優質的。這些帶有光環的生菜在漢堡上灑下了光輝，用餐者也就更有可能低估這一餐所要付出的健康成本。照理來說，節食者應該最了解食物的熱量，卻反而最容易受到光環效應的影響。點了沙拉時，他們預估的熱量就會少算一百卡。

光環效應比比皆是，只要墮落的事物和良善的事物並列時就會發生。比方說，研究也顯示，以慈善名義購買巧克力的人，會吃下更多巧克力來獎勵自己的善行。這種助人的捐贈，其光環的光輝灑在巧克力棒上，自以爲是的好心人就會大啖巧克力棒，且毫無罪惡感。專愛撿便宜的人撿到便宜，便覺得自己實現了省錢的美德，結果反而使他們多買了本來不打算買的東西。送禮的人自覺大方，就促使他們決定自己也應得一份禮物（這或許能解釋，爲什麼在假日購物季剛開始時，女性的衣、鞋總是占了最大比例）。

有魔力的光環字眼

此處的問題在於，每當我們以「善」和「惡」來區分食物或產品時，就會讓滿足感取代了常識。因此，餐廳或商家只要在九九%的罪惡感中，加上一%的道德感，就足以讓我們的自我感覺良好，即使因此破壞了自己的長期目標。由於我們對目標已感到相互矛盾（我要健康！不要，我要享樂！），便樂於成爲這種僞裝的共犯。

一九九二年，斯耐克維爾斯（SnackWells）的餅乾狂潮，就是這種道德許可證的最佳案例。節食者一看到包裝上的「零脂肪！」就抵銷了盒子裡邪惡巧克力餅乾的罪惡。控制體重的人被零脂肪光環的光輝所蒙蔽，瘋狂吃掉一整盒高糖分餅乾（好吧，我承認自己也瘋過這種餅乾）。醫學研究人員把這種認知混淆與之後不小心增加的體重，稱爲「斯耐克維爾斯症候群」。時至今日，「零脂肪」對那些彈性疲乏的節食者來說，效應或許已不如從前，但是我們也沒有變得比較聰明。最近的研究指出，我們只是把過時的

❷研究人員也指出，用餐人士很輕易地就接受了主餐的「健康」宣傳。平均來說，標榜健康的餐點實際上比其他主餐含有更高熱量，但竟然沒有人提出質疑。

魔咒換新而已。標榜「有機」的奧利奧餅乾，讓消費者認爲這比一般的奧利奧餅乾熱量來得少，也讓消費者認爲可以每天吃。姑且把這稱爲「綠色光輝」，吃有機食物不只健康，還能保護地球。餅乾的環保特色，抵銷了任何在營養成分上的罪惡。愈是支持環保的人，愈是低估有機餅乾的熱量，而且贊同每天食用，如同節食者最容易受到沙拉搭配漢堡的健康光環所影響。我們愈在乎某一項善行，愈容易忽略「良善的」放縱是如何威脅到自己的長期目標。

自我檢視時間

你在灑落光環嗎？

你是否允許自己只看事物良善的一面，而毫無節制的享用？是否有任何「魔咒」允許你自我放縱，比如「買一送一」「無添加物」「低脂肪」「公平交易」「有機」或「公益用途」？本週，請看看自己是否會把光環灑落在任何破壞你目標的事物上。

拚命省錢，結果花更多

瑪格麗特是剛退休的藥劑師，也是個折扣購物狂。折扣愈大，帶給她的快感也愈大。推著推車在大賣場的走道間穿梭，從架上抓取一堆又一堆的物品，這麼多優惠，讓她覺得很滿意。衛生紙、早餐穀片、包裝紙，不管什麼東西，只要是特價就好。整家店，從看得見的下殺價格到樸實的擺設，都在吶喊：「你正在省錢，好樣的，購物天才！」然而，當瑪格麗特冷靜下來，查看每週去折扣商店的消費收據，才清楚發現在那家店的開銷遠超過平常去的雜貨店。她已經習慣只看收據底下那一行「你一共省了多少錢！」卻忽視了消費的總額。瑪格麗特了解到，光是踏進折扣商店，就已經掉入那家店的光環效應中，這解放了她，讓她毫無罪惡感地花錢，也一直樂於放縱。爲了脫離陷阱，她重新定義何謂省錢。光是特價並不夠，她必須遵守支出限制，並且用特價買到。她仍然熱愛省錢這件事，但不再讓省錢的光輝把每週的例行購物變成了掃店之旅。

如果光環效應妨礙了你的意志力挑戰，請找尋最具體的衡量數據（比如熱量、支出、使用或浪費的時間），來判斷你的選擇是否有助於達成自己的目標。

響應環保的風險

有多少次，有人請你採取某個簡單的行動來拯救地球，像是改換節能燈泡或攜帶環保袋？甚至有人問你，是否願意購買一種稱爲「碳補償」的東西——基本上，這是以金錢方式爲你所使用及過度消耗的能源贖罪。舉例來說，搭乘頭等艙的旅客對自己所造成的環境影響有罪惡感，就會多給航空公司一點錢，在南美洲種植一棵樹。

以上所有行爲，就本身來看，都對環境有利。但要是這些行爲，會改變我們對自己的看法呢？它們讓我們相信自己眞的關心地球，激勵我們盡量環保？抑或這些良善的選擇成了我們的「環保證明」，不斷提醒自己已善盡了環保責任，結果反過來增加了對環境的傷害？

我看到一份研究探討環保的道德許可證效應，就對此擔心起來。光是瀏覽銷售環保商品的網站，像是充電電池和有機優格，就會令人對自己感到滿意。然而，爲環保盡力的同時，未必表示行爲會良善。此項研究發現，眞正購買了環保商品的人，更可能在有償測驗中作弊：他們每答對一題，就有錢可拿。這些人從信封取錢時，也比較可能多拿一點。不知爲什麼，購買環保商品的善行，竟讓說謊、偷竊這種罪行變得合理了。

即使你不認爲開油電動力混合車會讓自己變成說謊家，❸但這項研究的結果仍令人憂慮。耶魯大學經濟學家馬修・柯臣（Matthew J. Kotchen）引起了以下關注：**小小的「環保」行爲，會同時減輕消費者與商人的罪惡感，因而容許更嚴重的有害行爲**。我們或許關心環境，但要在生活型態上做出重大的改變並不容易。想到氣候變遷的巨大規模、能源短缺問題，以及預防災害等必要措施，都會令人感到力不從心。於是，任何讓自己覺得已經盡力的作爲，我們都會急於接納，然後就覺得可以停止思考這個問題。一旦罪惡感和憂慮消失，我們不再受限，就會繼續平常的揮霍行爲。於是，用環保袋反而會讓你買更多；植樹反倒讓你旅行更多；改用節能燈泡甚至讓你去住更大、更浪費能源的房子。

好消息是，並非所有的環保行爲，都可能刺激顯著的消費，以及毫無罪惡感的能源消耗。澳洲墨爾本大學經濟學家已經發現，當人爲了一項惡行花錢「贖罪」時，最可能產生許可效應。舉例來說，花二・五美元種植一棵樹，來彌補家用電力的碳排放成本。

❸ 但請注意，油電動力混合車可能會讓你變成差勁的駕駛人。二〇一〇年一家汽車保險分析公司的報告顯示，油電動力混合車的駕駛人涉及較多的擦撞事故，接到的交通罰單也比一般車主多出六五％，里程數也多了二五％。這是一個環保光環許可下魯莽駕駛的案例嗎？很難說。不過，當你誇獎自己買了環保汽車時，千萬要多留意一下時速表。

由於消費者在環保方面的罪惡感消除了，反而更容易理直氣壯消耗更多能源。類似的效應也出現在其他出於好意的處罰政策中。舉例來說，幼兒園向家長收取晚接孩子的罰款，結果卻發現，晚接孩子的情況反而增加了。家長花錢買遲到的權利，這消除了他們的罪惡感，而且因爲絕大多數人都情願花一點錢來換得輕鬆，這樣的政策反而允許人推卸責任。

然而，當人有機會花錢購買環保物品，來取代有害行爲時，比方說，根據電費帳單多付一〇%的綠色能源使用費，類似的效應並未產生。爲什麼呢？經濟學家推測，原因在於這種環保行爲不以減輕罪惡感爲主，而是加深消費者對環保的投入感。多付一點錢使用風力或太陽能時，我們會心想，我是那種爲地球做好事的人！然後，爲了體現自己的價値、爲達成自己的目標來尋找更多方式，我們就帶著這種認同感生活。如果想激勵他人響應環保，明智的做法是把重點放在加強個人關心環境的認同感，而不是給人機會購買更多把冰帽融化的權利。

這一點適用於各種類型的正面改變，包括我們如何激勵自己。人的內心有個需求，希望覺得自己是那種「想要」做對事的人，結果使得道德許可證效應造成了一種自我認同的危機。如果我們相信眞正的自己想要做壞事，才會去獎勵自己的善行。從這個觀點來看，每一個自制力的舉動都是一種懲罰，而只有在自我放縱時才是獎勵，但我們非得這樣看待自己嗎？如果想避開道德許可證的陷阱，我們需要了解，眞正的自己是想要做到最好的那個自己，也是依核心價值而活的自己。一旦我們明白這一點，就不會再把那個衝動、懶惰或容易受誘惑的自己，看成是眞正的自己。我們不需要靠收買、哄騙、強迫才會去追尋目標，然後一有什麼努力就給自己獎勵。

自我檢視時間

你到底把自己想成什麼樣的人？

當思考自己的意志力挑戰時，你的哪一面感覺比較像「真正」的你——追尋目標的那一面，還是需要控制的那一面？你比較認同自己的衝動和欲望，還是長期的目標與價值？當思考自身的意志力挑戰時，你是否覺得自己是可以成功的人，還是感覺自己需要從根本上壓抑、改進或改變你的本貌？

最後的提醒

當我們尋求自制力時，不應該從道德層面來看意志力挑戰。人太容易憑藉過去的或只是想像中的善行，來誇讚自己的道德感。同時，人也太擅長將種種屈服合理化。用「對」與「錯」來思考，而不是記住我們眞正的渴望，會造成兩股相斥的衝動，並容許自我破壞的行爲。爲了讓改變持續，我們需要認同目標，而不是認同行善的光環。

本章摘要

重點概念：當我們把意志力挑戰變成道德價值上的衡量時，行善會允許我們使壞。為了培養更好的自制力，請忘記曾有的善行，把重點放在自己的目標與價值上。

自我檢視時間

◎善行與惡行的標籤。你是否在達成意志力挑戰時，告訴自己因為表現「良好」，便允許自己做「壞事」？

◎你在向明天借功勞嗎？你是否會告訴自己，明天可以彌補今天的行為？你確實執行了嗎？

◎你在灑落光環嗎？你是否因為惡行當中有一項好處，就認定那項行為理所當然？（好處包括有折扣、零脂肪、保護環境）？

◎你到底把自己想成什麼樣的人？當你思考自己的意志力挑戰時，你的哪一面感覺比較像「真正」的自己？是想要追求目標的那一面，還是需要控制的那一面？

意志力實驗

◎撤銷許可證，記住拒絕誘惑的理由。下次當你發現自己利用過去的善行來合理化放縱的行為時，請停下來思考自己當初為什麼覺得是「良善」的，卻不會去想這是否值得獎勵。

◎明天和今天沒兩樣。從事意志力挑戰的時候，請把目標放在減少日常行為的「可變性」。

第5章 ——

爲什麼人會錯把渴望當成快樂？

欲望可以是自制力的威脅，卻也是意志力的來源。
大腦透過多巴胺來創造欲望、激發行動，
面臨誘惑的我們，就必須明辨渴望與快樂的差異。

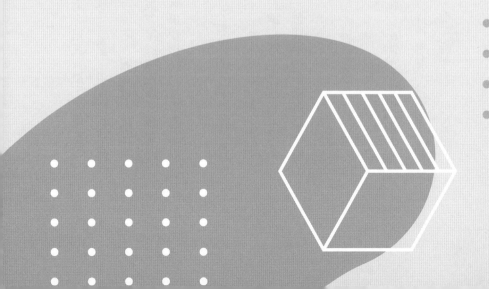

一九五三年，加拿大蒙特婁麥基爾大學的年輕科學家詹姆斯．奧茲（James Olds）和彼得．米爾納（Peter Milner），努力想搞懂一隻令人非常困惑的老鼠。這兩位科學家在老鼠的腦部深處植入電極，藉此傳送電擊來活化之前科學家發現的一塊區域，該區域會促使老鼠產生恐懼反應。根據先前的研究報告，實驗室的老鼠非常討厭電擊，會避開任何與腦部刺激有關的事物。然而奧茲和米爾納的這隻老鼠竟然正好相反，牠不斷回到自己遭電擊的那個角落，似乎是希望再來一次。

這兩位科學家因爲老鼠怪異的行爲而陷入困境，於是他們決定測試這項假設：老鼠希望被電擊。每當老鼠往右移動一點並且遠離原來的角落，科學家就會給予微弱的電擊。老鼠很快就進入狀況，不出幾分鐘，牠已經移到籠子的另一個角落。奧茲和米爾納發現，如果用電擊來獎勵老鼠，牠會願意往任何一個方向移動。很快地，他們可以像操縱控制桿般來操控這隻老鼠。

難道是前人搞錯了刺激老鼠中腦這塊區域的效果嗎？抑或是，這隻老鼠其實是個受虐狂？

其實，他們是誤打誤撞，發現了大腦中一塊未經探索的區域，這都是拜粗心的電極植入過程所賜。奧茲是個社會心理學家，不是神經科學家，所以操作實驗的技巧還不純熟。他把電極植入錯誤的區域，發現腦部這塊區域受到刺激時，似乎能產生不可思議的快樂。老鼠爲了享受電擊而甘願被操縱，不是感到快樂是什麼？奧茲和米爾納把他們發現的這塊區域稱爲「快樂中樞」。

不過，這兩人還不了解他們所觀察到的現象。這隻老鼠其實並不是在體驗極樂的感覺，而是在體驗欲望。神經科學家後來知道了老鼠的體驗，也因此開啓了一扇迷人的窗，讓我們得以一探人類渴望、誘惑與沉迷的體驗。透過這扇窗，我們會發現，快樂這回事不能仰賴大腦來指引正確的方向。我們也要探索神經行銷學，了解這個新領域是如何利用科學來操縱人的大腦並且製造欲望，當然我們也會學習如何抗拒它。

酬賞的承諾，並不等於酬賞

奧茲和米爾納發現老鼠腦部的「快樂中樞」之後，便著手進行研究，想證明刺激腦部的這個區域可以產生狂喜的感覺。首先，他們讓老鼠挨餓二十四小時，接著把牠放進一個短通道中間，兩端放有食物。通常老鼠會跑去其中一端，狼吞虎嚥一番。但是，如果他們在老鼠跑向食物之前予以電擊，老鼠便會就地停下，不再移動。老鼠情願停下來等待另一次可能的電擊，而不願跑向已經準備好的食物。

這兩位科學家也測試老鼠是否會利用機會電擊自己。他們架設了一支控制桿，只要壓下，就會通電刺激老鼠的快樂中樞。一旦老鼠理解控制桿的功用，就會開始每隔五秒鐘電擊自己一次。那些可以自由使用這種自我刺激設施的老鼠，會不厭其煩地按壓控制桿，一直到疲累得不支倒地爲止。只要能獲得這種腦部刺激，老鼠甚至願意自我折磨。奧茲把自我刺激的控制桿架設在一張通電柵的另一端。老鼠願意來回在通電柵上奔跑，讓腳燒焦，直到傷得不能再繼續才停止。奧茲因此更加相信，導致這種行爲的原因就是極樂的感覺。

不久後，杜蘭大學的精神病學家羅伯．希斯（Robert Heath）認爲這項實驗非常適合用於人身上。❶他在病人腦中植入電極，並且發給控制盒，讓他們自我刺激新發現的這個快樂中樞。結果，這些病人的行爲就和奧茲及米爾納的老鼠沒兩樣。這些病人一旦獲准隨時自我刺激後，每分鐘平均會刺激自己四十次。當實驗者送食物來給病人用餐，這些病人都說肚子餓，卻都不願意停下來吃。有一名病人看到實驗者想結束測試、切斷電源，便激烈抗議。另有一名病人，在電流已經關掉後，仍然持續按壓按鈕超過二百次，最後是實驗者強制他停止。❷無論如何，這些結果讓希斯相信，自我刺激大腦是一種可行的治療技術，可用在各種心理疾病上。他覺得不妨把電極留在病人腦中，並發給他們小型攜帶式的自我刺激器，掛在腰帶上，方便隨時使用。

說到這裡，我們應該考量一下這項研究進行當時的背景。當時主流的科學典範是行爲主義。行爲主義學家相信，唯一値得測量的事，無論在動物或人身上，就是行爲，而測量思想、感覺則是在浪費時間。一名客觀的觀察人員無法看見的事物，就不是科學，也就因此不重要。這或許解釋了爲什麼希斯早期的研究報告中，缺少了病人詳細描述自我刺激感的第一手資料。其次，他的看法與奧茲及米爾納相同，認爲受試者不斷自我刺激、情願受電擊而不願進食，就證明他們獲得了極樂的「酬賞」。

沒錯，這些病人都表示電擊的感覺良好。然而他們近乎持續不斷的自我刺激，同時又有電流會被切斷的焦慮，顯示這當中並沒有眞正的滿足，而是另有隱情。有關希斯病

❶ 雖然希斯的研究頗奇怪，但這還不是一九六〇年代心理學實驗室裡最怪異的實驗。哈佛大學的提摩西·李瑞（Timothy Leary）研究迷幻藥和引發幻覺的蕈類在精神上的益處。在布魯克林邁蒙尼德醫療中心，史坦利·克里普納（Stanley Krippner）進行超感覺研究，訓練受試者傳送心電感應訊息給另一房間內正在作夢的人。阿倫紀念醫院的艾文·卡麥隆（Ewen Cameron）參與中情局的心智控制研究，違反當事人意願，想消除家庭主婦的記憶。

❷ 希斯的研究報告相當有趣的一點，是他如何解釋病人在電流關閉後持續按壓按鈕的行爲。希斯認爲這顯示該病人的心理非常不正常，無法勝任受試者。希斯還不夠了解受刺激的大腦區域，因此不明白這種行爲其實是上癮症與強迫症的第一個跡象。

人的想法和感覺，細節的資料很少，而我們發現了看似極樂體驗的另一面。有一名病人患有猝睡症，獲得攜帶式控制盒，用來刺激植入裝置，助他保持清醒。他描述，自我刺激的感覺是極度的沮喪。儘管他「常常，有時候甚至是瘋狂地按壓按鈕」，卻從來沒得到他覺得快降臨的滿足感。自我刺激使他感到焦慮，而非快樂。他的行爲看起來比較像是強迫的舉動，而不是呈現了一個正在體驗快樂的人。

奧茲和米爾納的老鼠自我刺激到精疲力竭爲止，這有沒有可能不是因爲感覺超好而不想停下來？如果腦部這塊受刺激的區域並沒有給予老鼠極樂的酬賞，是否只是承諾快樂的體驗？有沒有可能，老鼠自我刺激是因爲大腦告訴牠們，如果再壓一次控制桿，美好的事就會發生？

奧茲和米爾納所發現的並不是快樂中樞，而是當今神經科學家稱爲「酬賞系統」的區域。他們刺激的這塊區域是大腦最原始的動機系統中的一部分，這個系統是發展來推動人類採取行動與飲食。這就是爲什麼奧茲和米爾納的第一隻老鼠不斷流連於第一次被電擊的角落，也是爲什麼老鼠都情願放棄食物，選擇電擊自己的腳來求取另一次腦部刺激的機會。每次這塊區域一活化，老鼠的大腦就會說：「再來一次！這會讓你好舒服！」每一次刺激都鼓勵老鼠尋求更多刺激，但刺激本身從來不會帶來滿足感。

我們會看到，不只是腦部的電極可以啓動這個系統。在人的世界裡也充斥著刺激

中腦的「酬賞承諾」系統

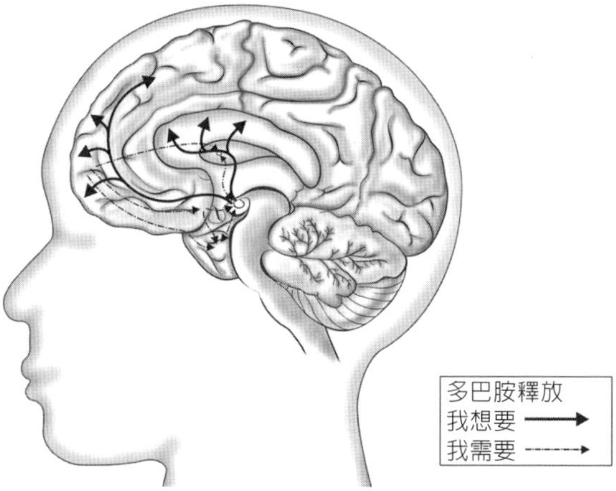

物——餐廳菜單、商品目錄、樂透彩券，以及電視廣告——把我們變成奧茲和米爾納的那隻追求快樂承諾的老鼠。當這種情況發生時，人的大腦便著了魔地說「我要我要」，而難以說出「我不去做」。

激發渴望的神經生物學

酬賞系統是如何驅使我們行動的？當大腦認出酬賞機會，就會釋放神經傳導物質，也就是多巴胺。多巴胺告訴大腦的其他區域要注意什麼，以及要貪心地攫取什麼。多巴胺激升並不會帶來快樂感，反而比較像是帶來覺醒，我們會因此感到警醒和著迷。我們辨認出滿足的可能性，而且願意為了得到那份滿足感而付出努力。

過去幾年，神經科學家給了多巴胺釋放的效果許多名稱，包括尋求、想要、渴望，以及欲望。但有件事很明確：多巴胺的釋放不等於體驗了喜歡、滿足、快樂或眞正的酬賞。研究顯示，你可以消除老鼠腦部的整個多巴胺系統，但是當你餵牠吃糖時，牠的臉上還是會露出傻笑。這種老鼠不會做的是爲了得到糖果而付出努力。老鼠喜歡糖；只是在得到糖果前，牠並不想要糖。

二〇〇一年，史丹佛大學神經科學家布萊恩．克努森（Brian Knutson）發表了最可靠的一項實驗，證明多巴胺的角色在於期待酬賞，而不是體驗酬賞。他的實驗方法是仿照行爲心理學的一項著名研究，也就是巴夫洛夫（Ivan Pavlov）用狗來進行的古典制約反應實驗。一九二七年，巴夫洛夫觀察到，如果在餵食狗之前搖鈴，那麼以後狗只要一聽到鈴聲就會開始分泌唾液，即使食物還沒送到眼前來。狗聽到鈴聲就聯想到晚餐，這讓克努森直覺到，大腦在期待酬賞時，也有類似唾液分泌的情況，而且非常重要的是，這時候大腦的反應與眞正獲得酬賞時的反應並不相同。

克努森把受試者放入腦部掃瞄儀，並且給予心理制約，讓他們一看到螢幕上特別的符號，就期待贏錢的可能。爲了贏錢，受試者必須按壓按鈕。當符號一出現，大腦釋放多巴胺的酬賞中樞就立刻活躍起來，受試者按下按鈕來取得獎賞。然而，當受試者實際贏到錢之後，這個區域反而平靜下來，而贏錢的喜悅則出現在大腦的其他區域。克努森證明了多巴胺的作用是激發行動，而不是提供快樂感。酬賞的承諾能確保受試者不會因缺乏行動而失去獎賞。當酬賞系統活躍時，受試者感受到的是期待，而不是快樂。

任何事物，只要我們認爲馬上會使自己感覺舒服，就會啓動酬賞系統，例如：誘人的食物、煮咖啡的香氣、商店櫥窗裡的半價標示、性感陌生人的微笑、保證讓你致富的廣告節目等。大量釋出的多巴胺，顯示你渴望的新目標對自己的生存至關重大。當多巴胺占據了你的注意力，心智就會執著於獲取刺激多巴胺釋放的事物，或重複執行刺激多巴胺釋放的行動。這是大自然的計謀，爲了保證你不會餓肚子（不然你可能連摘顆梅子都不願意），也確保你不會加速人類滅亡（因爲誘惑可能的交配對象似乎太費事了）。因此，**進化根本不管我們快不快樂，但是會利用這種快樂的承諾，促使我們不斷奮鬥求生**。因此，快樂的承諾，而非快樂的直接體驗，是大腦的計謀，讓你持續打獵、採集、工作，以及求愛。

雖然我們帶著許多原始本能，卻置身於一個與人類大腦進化時期截然不同的環境。舉例來說，只要我們聞到或嘗到高脂肪、高糖分的食物，就會分泌大量多巴胺。多巴胺的釋放確保我們會乖乖地把自己餵飽。如果你身在食物短缺稀少的環境，這是非常重要的本能，但是當你身處在食物隨處可得的環境，而且食物還是特別設計來刺激釋放最大量的多巴胺，那麼隨著每一次多巴胺的激增，就會導致肥胖，而不是長壽。

仔細想想刺激性欲的圖片在酬賞系統中的效應。自有人類以來，大部分的時候，不太會看到一絲不掛的人在你面前搔首弄姿，除非確定要發生魚水之歡。當然，如果想讓基因流傳下去的話，在這種情況下多一點動機作用會是明智的。時至今日，在我們身處的這個世界，網路色情唾手可得，更別提廣告和娛樂活動中屢見不鮮的情色畫面。追求每一個性「機會」的本能，最後將導致人沉迷於成人網站，同時使人成爲以性爲賣點的廣告受害者，而現在以性爲賣點的廣告無所不包，從除臭劑到名牌牛仔褲都有。

多巴胺獎不完！

當原始的動機系統遇上現代科技的及時滿足時，結局就是我們沉浸在幾乎脫離不了的多巴胺傳送裝置。或許有些人還記得以前按下電話答錄機按鈕、聽取是否有新留言所帶來的興奮感。後來，我們用數據機上網，等待電腦告訴我們：「你有新郵件！」如今，我們更有了臉書、推特、電子郵件、簡訊，這些都相當於精神病學家希斯自我刺激裝置的現代版。

得知可能有新的訊息，或是知道下一部上傳至 YouTube 的影片可能會使自己開懷大笑，我們就不斷強迫性地更新頁面、不斷點選連結、查看電子裝置。手機、平板和筆記型電腦，似乎有一條線直接連至我們的大腦，不斷給予多巴胺的刺激。夢想、香菸、毒品對大腦造成的沉迷效應都不及科技，這就是我們的電子裝置如何不斷造成沉迷、不斷使我們想要更多。現代的網路行爲，是酬賞承諾的最佳隱喻：我們搜尋、再搜尋，然後搜尋更多。我們點擊滑鼠，就像籠子裡那隻尋求再多一「擊」的老鼠一樣，尋求那難以捉摸的酬賞，且永不饜足。

或許手機、網路等社交媒介是意外地壓榨了我們的酬賞系統，但電腦和電玩設計家就是有意操縱酬賞系統，讓玩家沉迷。闖關成功或大撈一筆的承諾可能隨時實現，使得遊戲變得難以抗拒，也令人難以割捨。研究顯示，打電玩會導致多巴胺升高，釋放量等同於吸食安非他命，而正是多巴胺激升讓遊戲與毒品一樣令人上癮。不可預測的得分或晉級會讓你的多巴胺神經元持續放電，令你廢寢忘食。你可以說這是創造出了不起的娛樂，也可以說這是毫無道德地壓榨玩家。不是每個人一拿起 Xbox 控制器就會沉迷，但是對於那些易受影響的人來說，電玩就像任何一種毒品一樣容易上癮。二〇〇五年，一名二十八歲的韓國鍋爐修理工，連續玩《星海爭霸》五十小時之後，心血管衰竭猝死。他不願進食、睡覺，只想繼續打電玩。聽到這個消息，我們很難不聯想到奧茲和米爾納的那些老鼠，一隻隻按壓控制桿到精疲力盡爲止。

自我檢視時間

哪些事物讓你的多巴胺神經元持續放電？

你知道刺激自己大腦釋放多巴胺的事物是什麼嗎？食物、酒精、購物、臉書，還是別的東西？本週，請注意攫取你注意力的事物。是什麼造成了酬賞的承諾，強迫你尋求滿足感？是什麼讓你和巴夫洛夫的狗一樣分泌唾液，或是和奧茲與米爾納的老鼠一樣著魔？

多巴胺的角色

或許，接受治療的帕金森氏症患者，最能說明多巴胺在上癮症中的角色。帕金森氏症是一種神經退化性疾病，造成原因是損失製造多巴胺的腦細胞。主要症狀反映了多巴胺在激勵行動方面的角色：動作遲緩或受阻、沮喪、偶爾全身僵直。帕金森氏症的標準治療方式是同時使用兩種藥物：左旋多巴（L-dopa，幫助大腦製造多巴胺），以及多巴胺促進劑（刺激腦部多巴胺受體模仿多巴胺的活動）。當病患接受藥物治療時，大腦中充滿了長久以來未見的多巴胺。這減緩了該疾病的主要症狀，不過也帶來了意想不到的新問題。

在醫學期刊裡的個案研究，記錄了太多這些藥物不經意造成的副作用。一名五十四歲的女性，變得嗜吃餅乾、洋芋片、義大利麵，而且無論怎麼吃都無法滿足，還會熬夜大吃特吃。一名五十二歲的男性出現賭博習慣，在賭場裡連續賭了三十六小時，花光畢生積蓄。❸一名四十九歲的男性，突然食欲大增、嗜酒，妻子抱怨他出現「過強性欲」，必須報警把他帶走。所有的這些病症案例，在病人停用促進多巴胺的藥物後就完全消失。然而，不明就裡的親人和醫師往往先把病人送去做心理治療，不然就是送去匿名戒酒會或戒賭會。他們不了解，新的上癮症狀只是大腦的小故障，而不是頑固的情緒問題需要心理和精神諮詢。

以上這些案例算是極端，但與你沉迷於酬賞承諾時腦中發生的狀況並無不同。帕金森氏症患者使用的藥物只是放大了這些事物（食物、性、酒精、賭博、工作）在酬賞系

❸ 他也完全沉迷使用吹葉機，一次最長使用六小時，只爲了創造完美、沒有一片葉子的庭院。不過，可以理解，對醫師與家人來說，這並不是最緊要的問題。

統中的自然效應。我們受到驅動去追求快樂，但常常因此賠上自己的幸福。多巴胺命令大腦執行尋求酬賞的任務時，我們就變成最不畏風險、最衝動、最失控的另一個自我。

重要的是，即使酬賞永遠不會降臨，酬賞的承諾，加上想到停止追尋而漸增的焦慮感，已經足夠使我們沉迷下去。如果你是一隻實驗室裡的老鼠，就會因此一次又一次地按壓控制桿，直到累倒或餓死。如果你是人類，這會導致自己的皮夾空虛、肚子飽滿——這還是最好的情況。最壞的情況是，你可能會因此陷入沉迷和強迫行爲中。

利用多巴胺的神經行銷學

酬賞的承諾引起多巴胺釋放，使你變得更容易受其他誘惑的影響。例如：色情圖像讓男人更可能從事高風險的金融投資、幻想中樂透會導致飲食過量。空想不可能得到的酬賞會使你陷入麻煩，大量多巴胺強化了立即滿足的誘惑，使你疏於關注長期的後果。

你知道是誰摸清這件事嗎？想賺你錢的那些人。零售市場在許多方面都設計成讓消費者一直想要更多。食品大廠用剛好的糖、鹽、脂肪比例混合製造出產品，使你的多巴胺神經元爲之瘋狂。樂透廣告慫恿你想像自己中頭獎時，要怎麼使用那一百萬美元。

雜貨店也不是省油的燈。他們要讓你在極大量的多巴胺影響下消費，因此把最誘人的商品放在店頭前方和中央。走進我家附近的商店，首先映入眼簾的就是烘焙區的免費試吃品，這可不是偶然。史丹佛大學行銷研究人員證明，試吃的食物或飲料會使消費者更加飢餓、更加口渴，並且使消費者出現尋求酬賞的心態。爲什麼？因爲試吃品兼具兩項最大的酬賞承諾：免費與食物（如果還有一個漂亮或帥氣的推銷員分送試吃品，那麼你還可以加入第三項：美色。然後你的麻煩就眞的大了）。

在一項研究中，試吃甜食的參加者更有可能購買令人墮落的食物，如牛排、蛋糕，以及特價商品。飲食試吃強化了商品的誘惑力，而這股誘惑力通常會活化酬賞系統。（對精打細算的主婦來說，最能啓動她對酬賞承諾的期待，莫過於省錢的機會！）不過，在實用商品方面，如麥片、洗碗精，卻沒有這樣的效應，也就是，儘管有多巴胺刺激，衛生紙並不會變成讓一般消費者難以抗拒的物品。❹

❹試吃甜食也讓參加者對無關購物的酬賞產生興趣，包括到大溪地波拉波拉小島度假、看場浪漫電影、泡泡溫泉，這等於是建議商人，無論販售什麼商品，房地產也好、豪華汽車也好，推銷的同時供應一些餅乾或水果酒，會是聰明的做法。

不過，吃了一口店內的肉桂捲心餡餅新產品，你可能會在自己的推車裡又多放了幾樣原本不打算買的東西。即使抗拒了試吃品的誘惑，你的大腦——已經受多巴胺刺激而興奮不已——也會去尋找可以滿足酬賞承諾的事物。

進行這項研究的史丹佛大學研究人員，請了二十一位食品及營養專家來預測結果。令人震驚的是，八一％的人相信相反的結果，也就是認爲試吃品會降低消費者的飢渴感，並滿足他們的酬賞尋求。但這只顯示了大多數人（包含專家在內）並未清楚意識到影響我們內在欲望與行爲的諸多環境因素。舉例來說，絕大多數人也相信他們對廣告有抵抗力，儘管有充分的證據顯示，電視上的零嘴廣告會使你更有可能去開冰箱，特別是那些想要少吃零嘴的節食者。

大腦的酬賞系統也會對新奇和變化產生反應。多巴胺神經元最終會對熟悉的酬賞產生疲乏，儘管那是你很享受的東西，像是每天一杯摩卡拿鐵或常吃的商業午餐。於是星巴克或速食店等店家不斷推陳出新，服飾店也常推出同款卻不同色的衣服，這都不是巧合。中杯咖啡？喝過了。啊，這是什麼，白巧克力拿鐵？興奮感又回來了！服飾目錄中有麻花針織毛衣？穿膩了。等等，現在有焦糖色和奶油黃色？多巴胺的日子又回來了！

除此之外，還有價格的伎倆，確保讓你大腦裡的原始區域想要儲存稀有資源。只要讓你覺得快撿到便宜，多巴胺的水閘就會準備打開，像是「買一送一！」或是映入眼簾的「下殺四折！」標示。特別有說服力的是折扣商店裡的吊牌，上頭標示高得誇張的「建議售價」，旁邊則是店內的較低價。亞馬遜網站明白這一點，而且毫不保留地利用。你的大腦迅速計算省下來的錢，而且（不合理地）把差價當成撿到的便宜。九九九美元下殺到四四．九九美元？也太便宜了！不知道它是用來幹麼的，先丟進購物車再說！只要看到有時間限制、數量限制的訊息（大特賣中午截止、一日特賣，以及「數量有限，售完為止」），你就會展開狩獵、蒐集，彷彿是在熱帶大草原上找到僅有、逐漸減少的食物來源。

企業也會運用氣味來製造不存在的欲望。一個令人開胃的氣味是引起酬賞承諾最快速的方式，而且一旦香氣中的分子落在你的嗅覺受體上，大腦就會立刻開始搜尋來源。下次當你經過一家速食店，受到薯條和漢堡的味道引誘，你聞到的很可能不是店裡食物的氣味，而是精心調製的開胃香氣，透過特殊的通風管吹送到人行道上。Scent Air 公司是氣味行銷領域中的佼佼者，❺在自家網站上誇耀他們是如何吸引消費者光顧一家飯店樓

❺ 這家公司銷售的氣味（請見 scentair.com）包羅萬象，有「清新亞麻」「生日蛋糕」「槲寄生」等。零售商想把這些誘人的氣味飄散在他們的商品周圍，這不難理解。可是我不禁懷疑，「臭鼬」「恐龍的口臭」和「燒焦的橡膠」這些氣味的目標客戶是誰。

下的冰淇淋店。他們精心架設了香氣傳送系統，釋放糖心餅的氣味到樓梯頂端，釋放甜筒的氣味到樓梯底部。路人會以爲自己聞到眞正的甜點氣味，但其實吸入的是加強過的化學物質，是設計來刺激最強烈的多巴胺放電，同時也讓消費者的錢包一路探底。❻在布魯明黛百貨公司裡，不同部門有不同氣味：在嬰幼館，嬰兒爽身粉引發溫暖舒適的感覺；泳裝館有椰子氣味，激起沙灘雞尾酒的幻想；內睡衣館釋放「令人鎮靜的紫丁香」氣味，在螢光燈照射的三面鏡試衣間內，赤身裸體的婦女大概可因此獲得安撫。你可能根本意識不到這些氣味，但它們還是能影響你的大腦與購物決定。

當然，科學可以用來賺錢，也可以用來造福人群，況且，平心而論，氣味行銷對世界的貢獻絕不只是增加冰淇淋和泳裝的銷售而已。一家位於佛羅里達州的醫院，在磁振造影部門的等候室釋放「椰子沙灘」和「海洋」的香氣，結果減少了臨時取消預約的比例。一點點的酬賞承諾可以是消除焦慮的特效藥，還能幫助人們去做他們本來逃避的事。其他產業或服務業或許也可受益於類似策略，比如牙醫師可以在診間注入「萬聖節糖果」氣味，稅務顧問可以選用「濃烈馬丁尼」氣味。

對多巴胺拉警報

我在課堂上講到神經行銷學與銷售伎倆時，立刻燃起學員求證的興致。他們開始了解，自己在意志力方面的失敗，當中有多少是因爲日常環境中多巴胺刺激物所促成。隔週，學員紛紛分享心得，比方說，他們最喜愛的商店是如何操縱他們，包括廚具用品店裡燃燒的香氛蠟燭，以及購物中心裡發給消費者的折扣刮刮卡。學員也體認到，爲什麼服飾店會在牆上張貼裸體模特兒的照片，以及爲什麼賣家會以特價開放競標。一旦你開始留意，就不可能看不到這諸多陷阱，這些陷阱不但要誘捕你，也要誘捕你的多巴胺神經元，還有金錢。

幾乎所有學員都表示，這些觀察讓他們變得更有力量，而且他們樂於發現那些伎倆。這也有助於解釋一些購物謎團，比如有些商品在店裡看起來令人難以抗拒，買回家後卻令人失望，因爲這時候會蒙蔽判斷力的多巴胺已經消退。一名女同學終於了解爲什

❻ 這樣做或許有點卑鄙，但是和能偵測動作的冰淇淋自動販賣機相比，簡直是小巫見大巫。這款販賣機是由聯合利華公司所研發，當機器偵測到可能的顧客經過時，會呼叫顧客，慫恿他們過來買冰淇淋。

麼當她覺得無聊時就會去美食雜貨店，不爲了食物，只爲了逛一逛、看一看。她的大腦正帶她走向可靠的刺激物，確保多巴胺能大量釋放。另一名學員取消了訂購的商品目錄，因爲她領悟到，自己其實試著從郵購中引發多巴胺釋放，每一張彩頁製造了只有購買那家公司產品才可以滿足的欲望。還有一名學員，在拉斯維加斯參加一場專業研討會時保住了不少錢，因爲他看穿了賭場的策略是如何過度刺激他的多巴胺神經元：幾近赤裸的廣告女郎、吃到飽自助餐，以及不斷發出贏錢訊息的聲光號誌。

雖然我們是身處在設計來刺激渴望的世界，但是只要留意，就可以開始看穿某些伎倆。了解箇中奧妙並不會消除你所有的渴望，但至少會給你抗拒的機會，去鍛鍊「我不去做」的力量。

自我檢視時間

誰在操控你的多巴胺神經元？

尋找商店和商人是如何引起酬賞承諾。當你走進雜貨店或看廣告時，把它當成一場遊戲。

你聞到了什麼？你看到了什麼？你聽到了什麼？了解那些精選來誘惑你的訊號，可以協助自己看清它們的目的，並且加以抗拒。

多巴胺可以爲你效勞

每當我在課堂上討論神經行銷學時，必定會有學員建議，乾脆用法律來規範某些廣告與不公開的零售操縱手法。這樣的意見可以理解，但幾乎確定是不可能的。要創造一個「安全的」環境，需要太多限制，這不只不可行，對絕大多數人來說也不怎麼吸引人。人都想感覺自己的欲望，而且無論好壞，我們樂於活在一個可以不斷展示欲望、讓自己有所夢想的世界。這就是爲什麼大家喜歡逛街、翻看奢侈品雜誌、參觀樣品屋。很難想像一個多巴胺神經元不受青睞的世界會是什麼樣。況且，就算我們「受到保護」，不受多巴胺刺激物的影響，也很可能會開始尋求其他刺激欲望的事物。

既然不可能用法律規範酬賞承諾，不如善加利用。我們可以向神經行銷學專家學習，對不討喜的工作「注入多巴胺」。一項討厭的家事，在提出了酬賞之後，就會比較吸引人。而當酬賞顯得遙不可及時，還可以幻想最後的報酬（和那些樂透廣告有點像），試試從神經元再多擠出一點多巴胺。

有經濟學家提出替「無聊的」事物注入多巴胺，例如：存退休金和準時報稅。舉例來說，想像你的錢存在儲蓄帳戶，受到保護，並且可以隨時提領。但你不願賺取固定的低利息，因此跑去買樂透彩券，以期獲取高額獎金。要是每存一筆錢，就有一次獲得十萬美元的機會，那麼玩樂透卻沒有存款的人，可能會更熱中把錢存進銀行。或是想像，如果準時報稅且誠實申報所有收入與減免額，就有機會贏回這一整年的稅金，這難道不會激勵你，想在報稅截止期限之前完成申報嗎？雖然國稅局大概不會急著實施這樣的提案，但是對企業來說，用這個方法激勵員工準時交報表，倒不是太困難。

酬賞承諾甚至可用來協助人克服上癮症。戒酒或戒毒過程中，有一種最有效的介入策略叫做「魚缸抽籤」。通過藥物測試的病人，就可以從魚缸中抽取一張紙條。大約有一半的紙條上寫著獎金，從一美元到二十美元不等。只有一張紙條寫著大獎一百美元。另外有一半的紙條則沒有獎金，只寫著「有進步，繼續努力」。這表示當你伸手進魚缸，不是獲得金錢獎勵，就是獲得一句善言。這應當不會有鼓勵效果，但確實有。在一項研究中，獲得機會抽取魚缸獎勵的病人，有八三%完成了完整的十二週治療，而沒有酬賞承諾的病人，僅接受標準治療，結果只有二〇%的人完成治療。參加過魚缸抽籤的病人，有八〇%通過了所有的藥物檢測，而接受標準治療的病人中，只有四〇%通過。

介入方式結束之後，參加過抽籤的那一組病人，酒癮、毒癮復發的機率遠低於只接受標準治療的病人，即便這時已經沒有了酬賞的承諾。

令人驚訝的是，魚缸抽籤法的效果，甚至比用獎勵金獎勵通過藥物檢測的病人還要好，儘管病人從魚缸獲得的「獎賞」遠不如獎勵金的金額。這突顯了意料之外的酬賞的力量。對於可能獲得的大筆金錢，酬賞系統所感受到的興奮程度，要比絕對拿得到的小筆金額還高，因此我們得到動機，去做給自己機會贏錢的事。這就是爲什麼人們寧可簽樂透，也不願領取保證拿得到的二%存款利息。這也是爲什麼，就連公司最底層的員工，都應該要相信自己未來有機會當上執行長。

意志力實驗

讓多巴胺助你完成意志力挑戰

我的學員替他們常常拖延之事注入多巴胺，有人用音樂、流行雜誌，有人則利用電視幫助自己完成事情。把討人厭的文書工作帶到最喜愛的咖啡館，配一杯熱巧克力，把工作完成。還有個相當有創意的方法：有人買了一堆刮刮樂彩券，放在家裡被延宕的事項旁邊。也有人想像努力工作後得到的最佳成果，讓遙不可及的酬賞感覺更真實。如果某件事很討厭，使自己再三拖延，你可以想出一件讓多巴胺神經元放電的事，來激勵自己採取行動嗎？

多巴胺如何解救拖延鬼？

自從南西的兒子十年前大學畢業後，她就面臨了空巢問題。不過巢其實沒有空。她把兒子的臥房當成「備用」房間，經年累月竟變成了廢物堆放場。每次一有東西不知該放到哪兒去，她就把它塞進備用房裡。她想打掃清理，把備用房變成客房，而不是一個不能見客的房間。

可是每次一打開門，她就投降了。清理那個房間成了她的意志力挑戰，但是要等到上了酬賞承諾這堂課，南西才找到方法。她的靈感來自一項研究：利用聖誕節音樂與節日的氣息，提升消費者的快樂情緒和留在店裡的欲望。對許多人來說，聖誕老人發出的「响、响、响」笑聲和新鮮冷杉的氣味，會帶給他們最棒的「酬賞承諾」：聖誕節早上醒來，看見成堆的禮物。於是，南西決定找出她的節日音樂和蠟燭（不麻煩，就在那間備用房裡！），來幫助自己完成清理的工作。她計畫分成幾次來進行整理。舉手投降的感覺比眞正的打掃過程還要差，而令人歡樂的多巴胺幫助她找到了邁出第一步的動機。

多巴胺的黑暗面：渴求的壓力

多巴胺可以是很棒的動力，即使它誘惑我們吃甜點或刷爆信用卡，但也很難把這個微小的神經傳導物質當成惡魔來看待。但是，多巴胺確實有黑暗的一面，只要我們仔細留心，就不難發現。如果我們處在渴望的狀態中，停下來注意一下自己大腦與身體的狀況，就會發現酬賞的承諾不只令人覺得愉悅，也同樣令人感受到壓力。欲望未必令我們感到快樂，有時反而會使我們覺得糟糕透頂。這是因爲多巴胺的主要功能是使我們追求快樂，而不是讓我們感到快樂。對多巴胺來說，來點壓力也無妨，儘管這表示在過程中我們會感到不快樂。

酬賞系統爲了激勵你追尋渴望的目標，會使用兩項利器：胡蘿蔔和棍子。第一項利器自然就是酬賞的承諾。釋放多巴胺的神經元，會對你大腦中期待快樂與計畫行動的區域灌迷湯。當這些區域沉浸在多巴胺中，欲望就隨之而來，也就是促使馬匹向前奔跑的胡蘿蔔。至於酬賞系統的第二項利器，則比較像棍子。你的酬賞中樞在釋放多巴胺的同時，也會發送一項訊息至壓力中樞。在大腦這個區域，多巴胺引起壓力荷爾蒙的釋放。結果：當你在期待渴望的目標時，也會感到焦慮。滿足渴望的那股需求似乎成了攸關生死的緊急事件。

已有研究人員在嗜吃巧克力的女性身上，發現有這種混雜著欲望和壓力的內在經驗。這些女性看到巧克力的圖像時，出現了驚嚇的反應——一種與警覺、警醒有關的生理反射動作，彷彿是在荒野中看到正在獵食的猛獸。被問及當下的感覺時，她們表示自己感到既快樂又焦慮，還有失控感。當我們身處在類似狀態下，會把任何一種引發反應的事物當成快樂的來源，然後將還沒擁有的情況當成壓力的來源。我們不明白，其實是渴望的目標引起了預期的快樂和壓力。

自我檢視時間

欲望會帶來壓力

大多數人非常注意感覺快樂的承諾，然而，伴隨多巴胺驅使的欲望，真正的感覺其實是不快樂感，但這種感覺其實甚少受到注意。本週，看看你是否能注意到渴望在何時引起壓力與焦慮。如果你屈服於誘惑，是否覺得自己是在回應酬賞的承諾？還是你在設法減輕焦慮？

撇開焦慮，保留渴求的快樂

每當依凡想開心時，就會去購物中心。她很確定買東西會令自己快樂，因爲每次只要感到無聊或難過時，她想做的事就是買東西。她以前不曾留意購物時伴隨的複雜感覺，但是她開始仔細留意，當做功課來做。她察覺自己最快樂的時刻是前往購物中心的路上。在開車途中，她覺得充滿希望，興奮不已。抵達後，只要她開始逛街，心情就很好。但是一進入商店，感覺卻變了。她感到緊張，店內擁擠時更是如此。她感到迫切的渴望，想要趕快逛完商店，同時也感到時間壓迫。排隊結帳時，她注意到自己急躁又焦慮。如果排在前面的顧客買了太多東西，或是有人退貨，她察覺自己會開始動氣。輪到她結帳時，才會鬆了一口氣，這和買東西前的快樂不一樣。依凡領悟到，開車前往購物中心時所有的希望和興奮，是引誘她前往的胡蘿蔔，焦慮和氣憤則是讓自己排隊等候的棍子。她回家時的心情從不曾像開車前來時那般愉快。

對許多人來說，有了這種領悟後，就會避開沒有獲得滿足的酬賞。嗜吃洋芋片的人會盯著一包洋芋片，內心開始起疑，而熬夜的電視迷會把電視關掉。不過，依凡選用了不同的策略，她利用逛街來得到最大的快樂。身處在購物中心的感覺是她最喜歡的，花錢則帶給她壓力。令人訝異的是，她出發時帶著不買東西的心態，並且把信用卡留在家裡以免花過多。等她回家時，心情要比揮霍時的心情快樂許多。

一旦真正了解所謂的酬賞帶給你何種感受，對於要不要「酬賞」自己、用什麼方式「酬賞」自己，你就最能做出明智的決定。

酬賞的承諾不保證讓人快樂

奧茲和米爾納看著他們的老鼠不理會食物、來來回回在通電柵上奔走，於是錯誤解讀了老鼠的行爲。我們每個人在解釋自己受多巴胺驅使的行爲時，也犯了同樣的錯誤。對於渴望的事物，我們認爲自己極度的專注、不斷尋求、付出努力，甚至爲此受苦，就證明了渴求的目標一定會令我們快樂。我們看著自己不斷吃糖果棒、不斷買新廚具、不斷喝酒。我們也爲了追求新伴侶、更好的工作、最高的股票收益而累壞自己。我們把渴望的體驗當成了快樂的承諾。難怪，奧茲和米爾納看到那些老鼠把自己電擊到精疲力盡，竟認爲牠們是快樂的。我們發現，要區分何者是酬賞的承諾、何者爲自己眞正追求的快樂與報酬，幾乎是不可能的事。

酬賞承諾強大的力量，令人不得不繼續追求不會令自己快樂的事物，並著迷於那些帶來更多痛苦而非滿足的事物。由於追求酬賞是多巴胺的主要目標，因此它絕對不會給你「停止」的信號，即使實際的體驗與承諾不符。康乃爾大學「食物與品牌實驗室」主任布萊恩．汪辛克（Brian Wansink），在費城一家電影院消費者身上進行了一項實驗，證明了此點。

看到、聞到電影院中的爆米花，肯定會讓大多數人的多巴胺神經元手舞足蹈——顧客排著隊，就像巴夫洛夫的狗，舌頭掛在嘴外，淌著口水，期待塞進一口滿滿的爆米花。汪辛克安排電影院的小吃攤販售十四天前製作的爆米花給消費者。他想知道消費者是否會繼續食用，聽信大腦，認爲電影院的爆米花一定美味可口，抑或他們會注意到爆米花眞正的口感，然後拒絕食用。

看完電影，顧客證實這種兩星期前做的爆米花的確很難吃：不新鮮、又濕又軟、幾乎到了噁心的程度。不過，消費者衝到小吃攤前要求退費了嗎？沒有，他們把爆米花吃下肚了，甚至和拿到新鮮爆米花的顧客一樣吃掉六〇％。那些顧客相信多巴胺的神經元，而不是他們的味蕾。

或許我們會搔搔頭，懷疑這怎麼可能發生，但這確實是絕大多數人無法抗拒的。光想想你最大的「我不去做」意志力挑戰，它很可能是你相信一定會使你快樂的事，或理應會使你快樂的事，前提是你獲得足夠享受的話。然而，如果仔細分析這種體驗與它的結果，會發現情況往往相反。破戒頂多只是把酬賞承諾造成的焦慮感消除掉，但你終究會感到沮喪、無法滿足、失望、羞愧、疲倦、厭煩，至少沒有像一開始那樣快樂。

有愈來愈多的證據顯示，當人們仔細注意錯誤酬賞的體驗，魔咒就會逐漸消失。如果你強迫大腦解決對酬賞的期待（快樂、極樂、滿足、消除悲傷與壓力）與實際體驗之間的矛盾，你的大腦最終會調整對酬賞的期待。舉例來說，飲食過量的人放慢速度，眞正品嘗引起嗜吃與狂吃的食物時，通常會注意到食物吃起來並不如看起來、聞起來的美味。即使嘴巴和肚子都塞得滿滿的，大腦還是會乞求更多食物，焦慮感只會在他們吃更多時才出現。有時候，狂吃根本嘗不到食物的味道，因爲吃太快了；他們在暴飲暴食之後，身體和情緒上的感覺比吃東西之前更糟。首先，這可能令人煩惱，畢竟他們一直相信食物是快樂的泉源。然而，研究顯示，帶著覺察意識進食的人會逐漸對食物養成更好的自制力，也比較少出現暴飲暴食。漸漸地，他們不只減重，所感到的壓力、焦慮和沮喪也減少了。當把自己從錯誤的酬賞承諾中解放出來，常會發現我們追求快樂的來源其實是造成痛苦的根源。

意志力實驗

徹底體驗酬賞的承諾

選定一項你平常會放縱享受的事物，也就是大腦告訴你會讓自己快樂的事物，然後來測驗酬賞的承諾。在我的課堂上，最常見的選擇包括：吃零嘴、購物、看電視、上網浪費時間（包括收發電子郵件、玩撲克牌等）。帶著覺察意識地放縱，不要草草結束。留意這項酬賞的承諾感覺起來如何：期待、希望、興奮、焦慮、唾液分泌——只要是你大腦和身體發生的狀況都算。然後允許自己屈服於放縱。體驗和期待比較起來有什麼不同？酬賞承諾的感覺消失了嗎？還是它繼續驅動你吃更多、花更多或享受更久？如果你感到滿足，是何時感到滿足？或者你只是到達一個無法再繼續下去的狀態，因為已經吃飽了、累翻了、感到氣餒了、用完時間了或是用完

「酬賞」了？

做這項練習的人通常會得到兩種結果。有些人在專心體驗放縱之後，才發現自己實際需要的，遠比預期的少很多。也有些人發現這種體驗完全無法令人滿足，他們看清了酬賞承諾與真實體驗之間的鴻溝。這兩種發現，都可以幫助你更能控制原本感覺要失控的行為。

欲望其實也很重要

請醫師開立抑制多巴胺的藥物前，請深思一下酬賞承諾的好處。雖然把渴望當成快樂會帶來麻煩，但解決之道並不是消除渴望。沒有渴望的人生或許不太需要自制力，可是這樣的人生也不值得一活。

失去所有渴望的毒蟲

亞當不是個有自制力的人。他三十三歲，平日要喝十瓶酒、嗑一次古柯鹼，有時還加上快樂丸。他染上毒癮的歷史久遠，九歲開始喝酒、十三歲嗑古柯鹼，成年時，已是大麻、古柯鹼、麻醉藥、快樂丸不離身。這個情況卻在一夕之間改變了：有一次他參加派對，為了不被抓到持有違禁品，一口氣吞下了身上所有的藥物（這不是很聰明的舉動，但話說回來，他當時早就神智不清了），結果被送去急診室。古柯鹼、快樂丸、麻醉藥、鎮定劑混用，導致近乎致命的血壓降低與大腦缺氧。

儘管他撿回一條命，最後也離開了加護病房，但是短暫缺氧造成重大後果。亞當喪失了對毒品、酒精的渴望。原本每天嗑藥，現在卻徹底戒除，往後半年的藥物檢測證實了這個狀況。這個奇蹟改變並非靈性啓發或瀕死經驗使然。根據亞當的說法，他就是完全喪失了使用藥物的欲望。這聽起來或許是好的轉變，但他喪失的不只是對毒品與酒精的欲望。亞當失去了所有的欲望。他想不出有什麼事會令自己快樂。他的體能和專注力消失，而且變得愈來愈孤僻。他失去了期待快樂的能力，失去了希望，陷入重度憂鬱。

是什麼原因造成了欲望喪失？哥倫比亞大學的神經病學家治療亞當，在掃瞄他的大腦時找到了答案。嗑藥過量造成的腦部缺氧，對大腦的酬賞系統造成了損害。

亞當的案例刊登在《美國精神病期刊》中，由於從藥物成癮變成完全喪失「我想要」的急遽改變，讓此案例非比尋常。但是，另外也有許多失去欲望與期待快樂能力的案例，心理學家稱之為「快感缺乏」，顧名思義，就是「沒有快樂」。快感缺乏的人，眼中的生活是一連串習慣而沒有滿足的期待。他們也許照常飲食、購物、社交、性交，卻不期待從中獲得快樂。沒有快樂的可能性，使他們失去動機。當你想不到做什麼事可以使自己開心，就很難振作起來。這種與欲望完全的脫離，使人不再抱有希望，也使生存意志漸漸枯竭。

當酬賞系統沒有反應，結果是完全的無感，而不是滿足。這就是爲什麼帕金森氏症的患者會感到憂鬱，而不是平靜，因爲大腦產生的多巴胺不足。事實上，神經科學家目前懷疑，機能不足的酬賞系統是導致憂鬱症的生理基礎。科學家看過憂鬱症患者的大腦活動，發現酬賞系統無法維持活動，即使面對立即的酬賞也難以持續。雖有短暫的活動，但不足以創造「我想要」或「我願意付出努力」的完整感覺。這導致許多憂鬱症患者喪失欲望與動機。

辨識真正的酬賞

說到這裡，讀者大概和我大部分的學員一樣，正在想結論到底是什麼。酬賞的承諾並不保證帶來快樂，但是沒有酬賞的承諾又令人不快樂。聽從酬賞的承諾，我們會臣服於誘惑。沒有酬賞的承諾，我們卻又毫無動機。

要解決這種兩難局面並非易事。顯然，我們需要酬賞的承諾來使自己對人生保有興趣、願意投入。幸運的話，酬賞系統會持續這樣推動我們，但也希望酬賞系統不會背叛我們。我們生活的世界，充斥著科技、廣告、終日無休的機會，令人不斷渴求，卻鮮少心滿意足。要培養出自制力，必須分辨眞、假酬賞系統，眞的會帶給生命意義，假的只會使我們不斷分心，對事物成癮。學習分辨兩者大概是最好的解決方法。這不容易，但是了解大腦的運作會讓事情變得簡單一點。如果可以記住奧茲和米爾納那隻按壓控制桿的老鼠，也許我們就能在面對誘惑之時，還能保有足夠的清明思緒，不被大腦的謊言所欺騙。

最後的提醒

欲望是大腦激發行動的策略。我們已經了解到，欲望可以是自制力的威脅，卻也是意志力的來源。我們在多巴胺影響下面臨誘惑時，必須明辨渴望與快樂。但我們也可以利用多巴胺與酬賞的承諾來激勵自己與他人。結論是，欲望並無好壞，重要的是，我們要讓欲望帶領自己去哪裡，而且是否有智慧明白何時該聽從欲望。

本章摘要

重點概念：人的大腦會把酬賞的承諾錯當成快樂的保證，我們因此向不會兌現承諾的事物追求滿足感。

自我檢視時間

◎哪些事讓你的多巴胺神經元持續放電，還有引起酬賞的承諾，迫使你追求滿足感？

◎誰在操控你的多巴胺神經元？留意零售業與商人誘發酬賞承諾的方式。

◎欲望會帶來壓力。留意你的渴望何時誘發壓力與焦慮。

意志力實驗

◎讓多巴胺助你完成意志力挑戰。如果你有一再拖延的事情，請想一件讓多巴胺神經元放電的事來激勵自己。

◎徹底體驗酬賞的承諾。用心放縱，享受一件大腦說會讓你快樂，但從未令你感到滿足的事（例如：吃零嘴、購物、電視、浪費時間的網路活動）。現實是否與大腦的承諾相符合？

第6章 ——

為什麼壞心情
會導致我們向誘惑投降？

大腦在我們心情差的時候，最容易受到誘惑的影響。
這其實是大腦的救援任務。無論何時你有了壓力，
大腦就會指引你走向它認為會使你快樂的事物，
而此時任何你遇到的誘惑都會變得更加誘人。

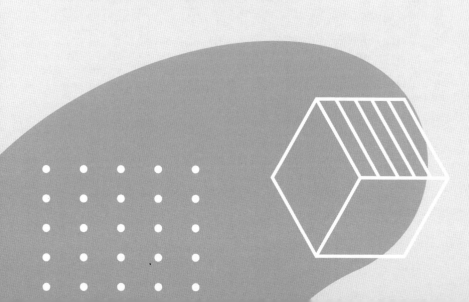

當你情緒低落時，會做什麼事讓自己心情變好？如果你和大部分人一樣，就會投向酬賞承諾的懷抱。根據美國心理學會的研究，人們應付壓力最常使用的策略，就是那些會啓動大腦酬賞系統的方式：吃、喝、買東西、看電視、上網、打電動。有何不可？有了多巴胺，心情很快就會變好啊！我們想要好心情時，自然會轉向最能刺激多巴胺的事物，姑且稱之爲「紓壓的承諾」。

想讓心情變好是健康的生存機制，這是人性固有的避開危險本能，但是用什麼方式紓壓很重要。我們已經了解到，酬賞承諾未必能帶來好心情，甚至往往適得其反。美國心理學會針對壓力進行全國性調查，發現最常使用的策略經過使用者評比，卻也是非常無效的方式。比方說，以吃來紓壓的人，只有一六％表示眞的有效。另一項研究顯示，女性感到焦慮或憂鬱時，最可能吃巧克力，但是吃巧克力之後唯一的心情變化竟是罪惡感加重。當我們想吃最愛的安慰食物時，罪惡感顯然不是自己想要的結果。

當我們探索自制力方面的壓力、焦慮、罪惡感等效應，才發現心情差會導致屈服於誘惑，而且常是令人意想不到的方式投降。嚇阻的香菸警語會促使吸菸者更想來一根菸、經濟危機會令人更想買東西，而夜間新聞會使觀眾發胖。沒錯，這毫無理性可言，這完全是人性。如果想避免壓力引起的意志力屈服，我們就要設法讓心情變好，同時不會因此屈服於誘惑。不過，我們也要拋開讓心情更差的自制力策略，比如罪惡感和自我批判。

壓力會增強人的渴望

經過證明，大腦在我們心情差的時候，最容易受到誘惑的影響。科學家想出了許多巧妙方式，把實驗室裡的受試者弄到壓力重重，所得到的結果都一樣。當吸菸者想像要去看牙醫時，會經歷到破表的菸癮；暴食者得知要公開演講時，便嗜吃高脂甜食；用突如其來的電擊讓實驗室老鼠感受壓力（電擊身體，而不是電擊大腦的酬賞中樞！）會讓老鼠衝向糖、酒精、海洛英，或是任何放在籠子裡的獎賞。在實驗室之外，現實壓力增加了吸菸者、戒酒人士、毒癮者與節食者破戒的危險。

為什麼壓力會導致渴望？這其實是大腦的救援任務。我們在前文已經認識到，壓力會引起「戰或逃」的反應，這是體內一連串經過協調的改變同時發生，使你能夠在面對危險時自我防衛。但是大腦不只是受到刺激來保護你的性命，它同時也要保護你的心情。因此無論何時你有了壓力，大腦就會指引你走向它認為會使你快樂的事物。神經科學家已經證明，壓力，包括負面情緒，如生氣、悲傷、自我懷疑、焦慮，會讓大腦進入尋求酬賞的狀態。結果是，任何物質或活動，只要讓大腦聯想到酬賞承諾，你就會對它們產生渴望，而且相信那個「酬賞」是唯一能讓心情變好的方式。

舉例來說，一名古柯鹼上癮的人想起某次與家人爭吵或是在工作上遭受批評，他大腦的酬賞系統就會活化，導致他出現強烈的古柯鹼癮頭。「戰或逃」反應出現時所釋放的壓力荷爾蒙，也會增加多巴胺神經元的興奮度。這代表當處在壓力下的時候，任何你遇到的誘惑都會變得更加誘人。舉例來說，一項研究比較了巧克力蛋糕的吸引力，差別在於是否要求參加者想起個人的失敗經歷，使他們心情變差。心情不好會讓蛋糕在每個人眼中看起來更可口，甚至連完全不喜歡巧克力蛋糕的人，也會突然預期蛋糕能讓他們開心起來。

遠離壓力時，我們或許很清楚食物無法眞正令自己開心，可是當我們感到壓力沉重，大腦的酬賞系統便吶喊著：「冰箱裡有一桶冰淇淋！」這時候，理智早已飛出了窗外。壓力指引錯誤的方向，使我們遠離清明的智慧，聽命於最沒用的本能。這就是壓力與多巴胺接連衝擊的力量：我們一次又一次被拉回，去採取無效的應變策略，可是我們原始的大腦竟然一直相信那些方式是通往極樂的途徑。

酬賞承諾加上紓壓承諾，會導致各種不合常理的行爲。舉例來說，一項經濟研究發現，擔心財務狀況的女性會利用購物來紓解焦慮和憂鬱。是的，你沒看錯：購物。這沒有道理，這只會增加卡債，只會讓她們未來的情緒更加低落。但是對於只想立刻開心的大腦來說，這合情合理。如果你多少相信購物會讓心情變好，就會買東西來紓解債務引起的壓力。暴食者對體重感到羞愧，但又無法控制食量，於是就……吃更多食物來改變心情（不然還能怎樣？）。拖延事情的人因爲一項專案嚴重落後而面臨壓力，結果是把專案拖延得更久，以免想到它。在以上的每個例子中，讓心情變好的目標勝過了運用自制力的目標。

自我檢視時間

你會用放棄自制來紓壓嗎？

當你面臨壓力、感到焦慮或心情不好時，會用什麼方法來紓解？當你心情低落時，會比較容易受到誘惑的影響嗎？你會變得更容易分心或更可能拖延事情嗎？壞心情是如何影響你的意志力挑戰？

意志力實驗

採用有效的紓壓策略

雖然許多最常用的紓壓方法無法令我們開心，但是有一些策略真的有效。美國心理學會指出，最有效的紓壓策略包括運動或打球、與親友相聚、按摩、出外散步、冥想、瑜伽、從事需要創意的嗜好（最無效的策略則是賭博、購物、吸菸、喝酒、吃東西、打電動、上網，以及看電視、電影超過兩小時）。

有效與無效的策略最主要的差別在哪裡？真正的紓壓方式不會刺激多巴胺釋放，也不會依賴酬賞承諾，而是增加提升心情的大腦化學物質，如血清素、伽瑪－胺基丁酸（GABA）與好心情荷爾蒙催產素，同時也有助關掉大腦的壓力反應、減少體內的壓力荷爾蒙，並引起有療癒功用的放鬆反應。由於真正的紓壓方式不像多巴胺刺激物那樣令人興奮，所以我們常「低估」它們提振心情的效用。也因此會忘記這些策略，但並非它們無效，而是當有壓力時，大腦不斷錯估令我們快樂的事物。這意味著我們會常常說服自己，不要去做那些會真正令自己開心的事。

下次感覺壓力大到快要投向紓壓承諾的懷抱時，請考慮試試更有效的壓力紓解方式。

記住對你有效的紓壓策略

丹妮絲在一家新創的高科技公司負責新專案。每當辛苦工作之後，她就會喝一瓶酒，瀏覽最喜歡的房地產網站來犒賞自己。她瀏覽數不清又沒什麼趣味的照片，比如客廳、廚房、後院，而且她不只瀏覽鄰近地區，還會瀏覽遠在他方的城市，看看波特蘭、羅利、邁阿密的銷售標的。就這樣過了一小時，她已經不再覺得放鬆，而是有一點麻木（更別提還有一點沮喪，想想自己家裡的坪數和非花崗岩的料理檯）。

幾年前，丹妮絲有一份不是這麼繁重的工作，她喜歡下班後去上瑜伽課。瑜伽令她身心放鬆、神清氣爽。她明白瑜伽比酒精刺激的房產窺視癖還要能令她開心。可是每次一想到上課，她就覺得太麻煩，不如回家開瓶酒。後來，在課堂上，丹妮絲承諾每週至少會去上一次瑜伽課。上課之後，她的心情比自己想像的還要好，她不敢相信自己竟然放棄瑜伽將近三年。她明白自己可能又會忘記、回到老習慣，所以某一天晚上，她在手機中錄製語音備忘錄，說做完瑜伽後心情變得多好。每當她想蹺課時，就聽這段備忘錄來提醒自己。她明白，在有壓力的時候，不可以相信自己的衝動。

壓力大的時候，有沒有方法提醒你真正能令自己開心的紓壓方式？壓力出現之前，你可以先做什麼來鼓舞自己？

人是怎樣向壓力投降的？

昨晚，我不應該看夜間新聞。新聞一開始，播報一樁在美國境內失敗的恐怖炸彈陰謀，接下來是海外飛彈攻擊事件，以及逮捕到一名謀殺前女友的年輕人。進廣告前，主播表示等一下會告訴觀眾：「你想不到每天吃的一樣東西可能會致癌。」接著就進了廣告。

以前我很納悶：為什麼商人會在這種令人沮喪的節目時段打廣告？他們眞的想要觀眾把自家的產品和夜間新聞的恐怖事件聯想在一起嗎？看完殘暴的謀殺案件、恐怖攻擊的威脅，誰還有心情去百貨公司血拚？結果是，我可能有這個心情，而且你也可能有，這都是一種稱為「恐懼管理」的心理現象所造成。

根據恐懼管理的理論，人類在想到自己的死亡時會自然地感到害怕。死亡是我們可以試著避免卻永遠躲避不了的威脅。只要有任何事提醒到自身的死亡（好比夜間新聞每二十九秒就會提醒我們一次），就會觸動大腦中的恐慌反應。我們未必覺察得到，因爲焦慮可能隱而不發，只是製造莫名的不安感。即使還沒覺察到恐懼，但恐懼就已經令我們感到立即的需求，要做出反應來對抗無能爲力的感覺。我們會去抓取讓自己有安全感的毛毯，或任何能讓自身感到安全、有力量或安心的事物（歐巴馬總統在二〇〇八年指出這點，惹了一身腥；他告訴舊金山群眾，在不確定的時代，人們會「緊握槍枝與宗教」）。撇開政治不談，恐懼管理理論可以教我們許多與意志力喪失有關的事。當我們害怕時，不只是會抓緊槍枝和上帝而已，有許多人也會緊握信用卡、杯子蛋糕、香菸。研究顯示，**當我們被提醒到自身的死亡，就會在承諾酬賞與紓壓的事物中，尋找希望與安全感，此時我們會更容易受各種誘惑的影響**。

舉例來說，一項有關雜貨購買者的研究顯示，當人們依照要求想到自己的死亡時，會列出較長的購物清單，會願意花更多錢購買安撫人心的食物，吃更多的巧克力和餅乾（我現在可以想像零售業能用一個策略了：超市請殯葬業者在購物車旁發放廣告小冊子）。另一項研究顯示，新聞中的死亡事件報導，會讓觀眾對於象徵身分地位的產品廣告有更正面的回應，如豪華轎車、勞力士名錶。這並不是因爲我們認爲勞力士錶可以保護自己不受飛彈攻擊，而是這些商品支撐我們的自我形象，讓我們覺得有力量。對許多人來說，購物是讓自己感覺樂觀、有控制力的捷徑。這絕對可以解釋二〇〇一年九一一恐怖攻擊事件後，美國人會如此接納布希總統的請求：「內人和我要鼓勵美國人民外出購物。」

按下我們內在的恐懼按鈕，是不需要飛機撞大樓的。事實上，甚至根本不需要眞正的死亡來刺激我們花錢，電視劇和電影就有同樣的效果。一項研究顯示，看了一九七九年催淚電影《天涯赤子心》中的一幕死亡場景之後，人們願意花三倍的錢來買自己不需要的東西（但事後又後悔）。重要的是，參與這項研究的人完全沒注意到，是看電影影響了他們花錢的意願。有機會購買保溫瓶時，他們只認爲自己想要那個水瓶（相反的，觀看國家地理頻道大堡礁特別節目的人，完全不受水瓶影響，也會守住自己的荷包）。不用懷疑，這就是爲什麼我們家裡有一半的東西是買回來堆在那裡，而且增加了信用卡帳單。心情不太好時，碰上了買東西的機會，一個小小的聲音出現了——好啦，其實就是多巴胺神經元——在腦袋裡對我們說：「買下來吧，一定用得到的！」

恐懼管理的策略也許會讓我們忘卻無法逃避的死亡，但是屈服於誘惑求得安慰時，卻可能不小心加速踏進墳墓。有個很好的例子：香菸外包裝上的警語會增加吸菸者吸菸的衝動。一項二〇〇九年的研究顯示，死亡的警告標語會引發吸菸者的壓力與恐懼——這完全是公共衛生官員所樂見的。但偏偏，這種焦慮反而引起吸菸者預設的紓壓策略：吸菸。糟糕。這不合理，但是根據我們所知道壓力影響大腦的方式，這就變得非常合理。壓力引發渴望，並且讓多巴胺神經元在面對眼前任何誘惑時變得更加興奮。吸菸者看到警語時，當然也正盯著一包香菸，這種情況實在沒有幫助。所以即使吸菸者的大腦已經輸入「警告：吸菸致癌」，並且跟自己的死亡意識扭打，他大腦的另一部分卻開始吶喊：「別擔心，抽一根菸會使你心情變好！」

各國有這樣的趨勢，在香菸警語之外加入更多寫實且令人不安的腫瘤或屍體圖片。根據恐懼管理理論，圖片愈可怕，愈能刺激吸菸者以吸菸來紓解焦慮。然而，這些圖像或許能有效防止人們養成吸菸習慣，或是加強吸菸者戒菸的意圖。這些新的警告是否會降低吸菸的欲望，效果還不明確，但我們應該要注意，這可能會帶來意料之外的後果。❶

自我檢視時間

什麼事令你擔驚受怕？

本週，留意哪些事可能會啓動你內心的恐懼管理。你在媒體或網路上看到或聽

❶ 我們也應該三思，是否該在保險套外盒加註威脅性命的性病警語，因爲當男性想到死亡，會更有興趣濫交，使用保險套的可能性也會因此降低。

見什麼？是什麼新的噬肉菌在你家附近的遊樂場蠢蠢欲動？這一次殺人蜂是從哪裡來的？什麼建築物爆炸了、致命車禍在哪裡發生、是誰被發現在自家中身亡？（可能的話，請進一步留意跟著恐怖訊息出現的廣告商品有哪些。它們跟你的意志力挑戰有關係嗎？）哪些你接觸過的恐怖訊息或驚嚇警告，可能會引發求取安慰的渴望？

有時，恐懼管理不一定使我們屈服於誘惑，而是使我們拖延事情。許多被拖延的事都會讓人嗅到一股死亡氣息：跟醫生預約看診時間、憑處方拿藥並按時服用、處理法律文件如遺囑、退休存款，甚至是丟掉再也用不到的東西、再也穿不下的衣服。如果你有事情一延再延，而且一直「忘記」去做，有沒有可能是你正設法避免面對自己的弱點？如果真是如此，看清恐懼能幫助你做出理性的選擇，從自己能理解的動機著手，會比改變你看不到的事情來得容易。

深夜少看電視，能幫你戒掉零食

薇樂莉常在晚上把客廳的電視開一、二個小時，伴著她一邊打掃或準備隔天孩子們需要的活動用品。她常看的電視新聞台專門播報失蹤人口、未解的神祕事件和眞實犯罪。故事引人入勝，即使有時她後悔看到犯罪圖片，卻仍離不開電視。當我在課堂上談到恐懼理論時，她第一次認眞思考，成天收看一堆恐怖故事的效應是什麼。她開始懷疑自己晚上嗜吃又甜又鹹的零嘴（她的一項意志力挑戰），是否與被綁架的女孩和被謀殺的妻子有關。

薇樂莉開始留意新聞播報這段時間她的感受如何，而且特別留意與兒童有關的慘劇。隔週在課堂上，她回報說：「很糟糕，我覺得很緊張，可是好像非得看下去不可似的。感覺很緊迫，可是那和我一點關係都沒有。」她決定關掉讓自己不舒服的頻道，尋找比較不會帶來她壓力的事物。不到一週，她覺得晚上做完事後，似乎有片烏雲消失。更棒的是，她改成收聽或收看令人開心的節目後，就不再吃掉整包原本要給孩子中午吃的綜合堅果巧克力。

用一天的時間，不要接觸那些利用你的恐懼賺錢的電視新聞、收音機、雜誌或網站。如果這世界不會因為你沒有目睹每一則大小危機的進展而結束（預言：不會的），就考慮停止漫不經心地收看、收聽這些媒體。

「管他的效應」：爲什麼罪惡感對意志力沒幫助？

一名四十歲男子拿出行動裝置，然後向酒保點了一杯啤酒。第一杯，晚上九點〇四分。他打算喝幾杯？兩杯啤酒是上限。幾公里之外，一名妙齡女子來到男生聯誼會所。十分鐘後，她在行動裝置輸入：喝了一杯伏特加。派對才剛開始！

這些飲酒人士參與了一項研究。紐約州立大學和匹茲堡大學的心理學家與上癮研究人員，找來一百四十四名成人參加，年齡介於十八至五十歲之間。每個人拿到一部行動裝置，用來追蹤他們的飲酒狀況。每天早上八點，參加者登入裝置，回報對前一晚喝酒的感受。研究人員想了解：當飲酒人士喝了比預計多的時候，會發生什麼事？

不意外，前一晚喝太多的參加者，到了早上感覺比較糟，感覺頭痛、噁心、疲勞。不過，悲慘的狀況不止於宿醉，當中許多人也有罪惡感與羞愧。但令人不安的是這個：對於前一晚飲酒量感覺愈差的人，當天晚上與隔天晚上會喝得愈多。罪惡感驅使他們喝得更多。

歡迎認識這世上意志力的最大威脅之一：「管他的效應」。這一詞是由珍妮特・波利維（Janet Polivy）和彼得・赫曼（Peter Herman）所創，用來描述放縱、後悔、更放縱的循環。研究人員注意到，許多節食者對一時的破戒都感覺很糟，哪怕只是吃了一片披薩、咬了一口蛋糕，❷他們都覺得整個節食計畫搞砸了。但是，他們並不會停止進食，把傷害降到最低，而是會說：「管他的，反正計畫已經搞砸了，乾脆全部吃掉。」

在節食者身上發生的「管他的效應」，不只是因爲吃錯東西而引發。吃的比他人多也會帶來同樣的罪惡感，導致節食者吃更多（或私底下暴食）。任何挫敗都會導致同樣的惡化狀況。在一項不太可愛的研究中，波利維和赫曼把磅秤動了手腳，好讓節食者以爲自己胖了一公斤。節食者因此感到憂鬱、罪惡，而且對自己失望。然而，節食者並沒有因此決定減重，反而迅速投向食物的懷抱來改變自己的心情。

受到「管他的效應」影響的，不只是節食者。這種循環會在任何一種意志力挑戰中發生。試著戒菸的菸槍、試著戒酒的酒鬼、控制預算的購物狂，甚至是試圖控制性衝動、專門騷擾兒童的變態，在他們身上都會出現這種效應。無論意志力挑戰是哪一種，模式都相同。向誘惑屈服會使你對自己感到不滿，結果會刺激你想做些什麼事使心情變好。使心情變好最容易、快速的方法是什麼？往往就是去做那些令你心情變壞的事。這

❷ 哪一種食物吃了以後最令人感到後悔？根據一項二〇〇九年刊登於《食欲》雜誌上的研究，最會引發罪惡感的食物是：一、糖果和冰淇淋；二、洋芋片；三、蛋糕；四、麵包糕點；五、速食。

也是爲什麼一開始只是吃幾片洋芋片，最後卻演變成在吃得精光的油膩袋子中尋找碎片；這也是爲什麼在賭場輸了一百美元會引發後續的狂賭。你對自己說：「反正已經破戒了，管他的，乾脆好好享受一下。」**關鍵是，導致後來大失控的並非第一次破戒本身，而是隨著第一次破戒產生的羞恥心、罪惡感、失控、失去希望**。一旦你困在這個循環中，似乎沒有別的出路，只能繼續走下去。接下來，你因爲自己（再次）屈服而（再次）苛責自己，這時又導致更嚴重的意志力喪失。但是你藉以尋求慰藉的事物卻停止不了這個循環，因爲它只會製造更多的罪惡感。

自我檢視時間

破戒時，你怎麼看待自己？

本週，特別留意你是如何處理意志力喪失的狀況。你是否批判自己、告訴自己永遠改變不了？你是否覺得這次挫敗暴露了自己的問題——你是個懶惰、愚蠢、貪婪或無能的人？你是否感到絕望、罪惡、羞愧、氣憤或不知所措？你是否用這次挫敗當成進一步放縱的藉口？

打破「管他的」惡性循環

路易斯安那州立大學的克萊爾．亞當斯（Claire Adams）和杜克大學的馬克．李瑞（Mark Leary）設計了一項研究，用來引發「管他的效應」。這兩位心理學家請想減重的年輕女子到實驗室來，用科學的名義鼓勵她們吃甜甜圈和糖果。研究人員對於如何打破「管他的效應」有個非常有趣的假設。他們認爲如果罪惡感會破壞自制力，那麼也許罪惡感的反面會有助於保持自制力。他們採取了不可能的策略：讓半數參與研究的節食者對屈服有好一點的感覺。

這些女子要參與兩項獨立的研究：一個是研究食物對心情的影響，另一個是糖果口味測試。在第一項研究中，研究人員要求所有女子選吃糖霜或巧克力甜甜圈，並且要在四分鐘內吃光。她們也必須喝下一整杯水——這是研究人員的伎倆，確保參與者出現不舒服的飽足感（褲帶變緊，容易引起罪惡感）。接著，讓這些女子填寫問卷，表達自己的感受。

在糖果口味測試之前，半數的參與者收到特別的訊息，用來減輕她們的罪惡感。實驗者對她們提及，參與者有時會對吃下整個甜甜圈有罪惡感。接著實驗者鼓勵這些參與者不要對自己太嚴厲，而且要記得每個人有時都會放縱一下。至於另一半參與者則沒有收到這份訊息。

接下來是測驗自我寬恕能否打斷「管他的」循環。實驗者給每位節食者三大碗糖果，分別是花生奶油巧克力糖、彩虹果汁糖和薄荷巧克力糖，這些都是特別選來引誘愛吃甜食的人。參與者必須試吃每種糖果並給予評比，而且可以隨意吃多吃少。如果參與者仍舊對吃了甜甜圈懷有罪惡感，應該會對自己說：「反正已經破戒了，把糖果吃個夠有什麼關係？」

口味測試後，實驗者把糖果碗秤重，記錄每位參與者吃下的量。自我寬恕的提醒顯然奏效：得到特別訊息的參與者只吃了二十八公克的糖果，沒有被鼓勵寬恕自己的參與者則吃了將近七十公克（這裡提供一個參考值：一顆賀喜水滴巧克力重四．五公克）。

大多數人都對這個實驗的結果感到訝異。許多人認爲，「每個人有時都會放縱一下，別對自己太嚴厲」，這樣的訊息只會允許節食者吃更多，但是消除罪惡感竟然幫助這些女子在口味測試中避免過度放縱。我們或許一直認爲罪惡感會激勵自己修正錯誤，然而這只是另一個壞心情導致屈服的方式。

絕對不可原諒自己？

每當我在課堂上提到自我寬恕，就會立刻引起學員們的一陣反駁。聽起來你會以爲我剛告訴學員，提升意志力的祕訣是把小貓朝加速的公車丟去。「要是我不對自己嚴厲，肯定一事無成。」「要是我原諒自己，一定會再犯。」「我的問題不在於對自己太嚴厲，而是批判自己批判得不夠！」對許多人來說，原諒自己聽起來像在找藉口，只會導致更嚴重的自我放縱。學員通常反駁的一點是，如果他們寬以待己——也就是，不理會自己的失敗、沒有符合個人的高標準時不批判自己、沒有進步時不用可怕的下場威脅自己——他們就會變得懶散。他們認爲自己需要一個嚴厲的聲音在大腦中控制自身的食欲、本能、弱點。他們害怕，如果放棄內心的指揮官和批判家，自己就會完全失控。

大多數人在某個程度上都相信這一點，畢竟，我們小時候最早學習到自我控制，就是透過父母的命令與懲罰。這種方式在孩提時期是必要的，說白一點，小孩就和野獸沒兩樣。大腦的自制力系統要等到我們成年後不久才發育完全，兒童的前額葉皮質在發育階段時，需要外部的支持。然而，不少人長大之後還把自己當成小孩子。老實說，他們的行爲舉止更像是施虐的父母而非給予支持的照顧者。只要他們屈服於誘惑或自認失敗，就會批判自己：「你好懶惰！你是怎麼了？」每次失敗就告訴自己，需要對自己更嚴格。「你說你會做的事，沒有一件做得到。」

如果你認為提升意志力的關鍵在於嚴格對待自己，那麼你不是唯一這麼想的人。但是你眞的錯了。太多研究顯示，自我批判一直與動機、自制力不足有關。這也是一種明顯的憂鬱預報器，同時讓「我要去做」，以及「我眞正想做」的力量枯竭。相對來說，自我疼惜——支持自己、善待自己，特別是面臨壓力與失敗之際——則與足夠動機及較佳的自制力有關。加拿大渥太華卡爾頓大學有一項研究，研究人員用一整個學期追蹤學生的拖延情況。許多學生在第一次考試時拖延準備，但不是每個學生都養成這種習慣。苛責自己拖延的學生，比原諒自己的學生更可能在後來的考試拖延準備。第一次考試拖延準備的學生愈是苛責自己，下次考試拖延準備的時間更長！幫助學生回歸常軌的，是原諒而不是罪惡感。

這些結果違反我們的直覺。我們許多人強烈的直覺是「怎麼可能」，自我批判應該是自制力的基石，自我疼惜則是通往一發不可收拾的自我放縱。要不是因為上一次拖延使心情鬱卒，又會是什麼激勵這些學生？要不是因為屈服而有罪惡感，又會是什麼防止我們失控？

令人訝異的是，是寬恕，而非罪惡感，能增加責任感。研究人員發現，比起使用自我批判的觀點，以自我疼惜的觀點來看待個人失敗，人會更有可能負起失敗的個人責任，而且也比較願意接受別人的意見、比較可能從經驗中學習。

寬恕會讓人從錯誤走出來，其中一個理由是寬恕帶走了失敗引起的羞愧與痛苦。「管他的效應」是企圖逃避失敗後產生的低落情緒。一旦少了罪惡感與自我批判，就沒什麼需要逃避的了。這代表人更容易反思造成失敗的原因，也比較不容易重蹈覆轍。

另一方面，如果你用失敗來認定自己是個無可救藥的輸家、只會把事情搞砸，那麼想著自己的失敗等於是一項悲慘的自我怨恨練習。這時你最迫切的目標就會是安撫那些情緒，而不是從經驗中汲取教訓。這就是爲什麼自我批判無法用來培養自制力。自我批判如同其他形式的壓力，會促使你直接尋求安慰，這很可能會讓你跑去最近的酒吧淹沒悲傷，或是靠瘋狂刷卡來提振精神。

意志力實驗

失敗的時候，原諒自己

每個人都會犯錯，都會失敗。如何面對失敗，要比失敗本身更重要。以下是心理學家建議的練習，幫助大家用更為自我疼惜的方式面對失敗。研究顯示，採取這樣的觀點可降低罪惡感，並增加個人的責任感——這是挑戰意志力時，使你回歸常軌的最佳組合。回想某次屈服於誘惑或是拖延事情的經驗，試著用以下三種觀點來看待那次失敗。當你遭遇失敗的時候，可以利用這些觀點來幫助自己避免背負愈來愈沉重的罪惡感、羞愧感，同時也有助於避免再次屈服。

1. 你的感覺如何？當你想到那次失敗時，花一點時間注意並描述自己的感覺。你出現什麼情緒？身體感覺如何？是否記得對失敗的直接感受是什麼？你會如何形容那種感受？注意是否出現自我批判，若真的出現，你對自己說了什麼。這項用心留意的觀點，能使你明白自己感受，而不是匆忙逃避。

2. 你只是個人。每個人都在和意志力挑戰奮鬥，也都有失控的時候。這只是人的其中一種狀態，而失敗並不代表你有問題。想一想這幾句話的真實性。你可以想到一些自己尊敬、關心的人，也經歷過類似的奮戰與失敗嗎？這個觀點可以軟化自我批判與自我懷疑的聲音。

3. 你會如何對朋友說？想一想你要如何安慰經歷了同樣失敗的好友。你會向對方說些什麼來表達支持？你會如何鼓勵他們繼續追求目標？這個觀點能指引你回到常軌。

批判自我的作家

班是一名二十四歲的中學社會科老師，有文學抱負。他設定了目標，打算在暑假結束前完成第一本小說。如果要在期限內完成，他必須每天寫十頁，每一天都要寫。實際上，他一天寫了二至三頁後，就因爲嚴重落後進度而感到力不從心，以致隔天完全沒有新的進度。他明白自己不可能在學年度開始前寫完小說，因此覺得自己很差勁。如果不趁現在有空努力寫作，等到學期開始之後要批改學生作業、又要備課，怎麼可能有進展？既然無法依設想的進度寫作，班開始懷疑是否要繼續追求這個目標。「眞正的作家能夠寫出那些頁數，」他對自己說：「眞正的作家絕不會打電玩、不寫作。」有了這樣的心態，他開始批判自己的寫作，讓自己相信他的作品跟垃圾一樣。

班在那年秋天來上我的課時，已放棄了目標。他來上課是爲了學習如何激勵學生，但是當我們討論自我批判的時候，他察覺自己有這個問題。他以放棄的小說做爲自我寬恕的練習，注意到放棄背後的恐懼與自我懷疑。沒有完成每天寫十頁的小目標，使他害怕自己沒有天分或不夠投入以實現成爲小說家的大目標。後來他放寬心，接受這樣的失敗不過是人之常情，不能證明他永遠不能成功。他想起自己讀過其他作家的故事，有些人在寫作之初也不是這麼順利。爲了找到更慈悲的方式來對待自己，他想像自己會如何開導想要放棄目標的學生。班了解到，如果目標重要的話，他會鼓勵學生繼續追求。他會對學生說，任何現在所做的努力都會帶領人朝目標接近。他絕對不會對學生說：「你在騙誰？你的作品和垃圾一樣。」

班從這個練習中找回寫作的新能量，並回頭創作中斷的作品。他承諾每週寫一次，這個目標更適合在學年中追求，同時也使他感到自在，能夠盡責完成。

人都很容易相信自我懷疑與自我批判的聲音，但是聽從這種聲音永遠不會帶領我們朝目標前進。試著從良師、益友的觀點出發——他們相信你、替你做最好的打算，而且會在你挫敗時鼓勵你。

決心保持心情愉快

到目前為止，我們已經認識了許多壞心情導致屈服的方式。壓力導致渴望出現，使人的大腦更容易受到誘惑的吸引。提醒自己的死亡會促使人去尋找食物、購物、香菸的慰藉。罪惡感與自我批判呢？這會令人快速屈服於「管他的，不如再多放縱一下」。

然而，有時候，心情差會將人推往截然不同的方向。被罪惡感、焦慮、壓力包圍得喘不過氣時，我們會去做眞能令人開心的事：決心改變。多倫多大學心理學家波利維和赫曼（最先發現「管他的效應」的學者）發現我們最可能決定改頭換面的時機，就是在最低潮之時：對暴飲暴食有罪惡感、雙眼盯著信用卡帳單、從宿醉中醒來、擔心自己的健康。下定決心改變，使人立即感到如釋重負，也馬上有了控制感。我們不用相信自己是犯了錯的那個人。我們可以徹底改頭換面。

誓言改變使人充滿希望。我們喜歡想像改頭換面會如何改變人生，也喜歡幻想自己改頭換面後的樣子。研究顯示，下定決心要節食會令人感到更強壯，計畫運動會讓人感覺變高了（沒人說這些幻想是眞的）。我們告訴自己，別人將會對我們另眼相看，每件事都會變得不同。目標愈宏大，希望也就愈大，因此當我們決定改變時，很容易給自己設定龐大的任務。設定遠大目標會使人心情更好，那麼何必訂定小目標呢？夢可以做很大時，又何必從小處開始呢？

可惜的是，改變的承諾，如同酬賞的承諾與紓壓的承諾，很少會讓我們的期待成眞。不切實際的樂觀或許能暫時令我們開心，卻會在稍後讓自己的心情更差。改變的決定是立即滿足的最佳代表——任何事都沒完成前，你的心情就已經好得不得了。但是，實際去改變的挑戰可能是一記當頭棒喝，而且起初的酬賞並不像最希望的幻想那樣是徹底的轉變（我減了二公斤，但工作還是很爛！）。當我們面對第一次挫敗時，最初誓言改變的那股快樂感，會被失望和挫折感取代了。無法滿足期待引發了同樣的罪惡感、沮喪與自我懷疑，而誓言改變的好心情就此煙消雲散。在這個節骨眼上，大多數人會完全放棄努力。只有在我們覺得就要失控，需要另一次希望來提振精神時，才會再次發誓要改變，結果又從頭開始循環。

波利維和赫曼稱此循環爲「錯誤願望症候群」（false hope syndrome），用這種方式來改變，無效。因爲它從來就不是改變的策略，而只是讓心情變好的策略，這兩者是不一樣的。如果你只在乎充滿希望的感覺，這並非不合理的策略。對大多數人來說，下定決心改頭換面是改變過程中最棒的部分。接著就每況愈下：必須發揮自制力，想屈服時得拒絕、想拒絕時必須行動。從令人感到快樂的程度來看，眞正用在改變的努力，比不上想像你會改變的那一陣念頭。因此，盡可能利用改變的承諾，而不用面對執行的麻煩，不但比較輕鬆、也比較有趣。這就是爲什麼這麼多人放棄又重新開始時比較快樂，而且一次又一次的循環，卻不是找出方法做永久的改變。想像自己徹頭徹尾大改造的快感，是個難以戒除的癮頭。

錯誤願望症候群最狡猾之處是它僞裝成自制力。其實，它非常善於捉弄我們，我打賭你在讀這一節時，花了一點時間才明白我眞正討論的是另一種意志力陷阱，而不是改善心情的轉機。這正是爲什麼改變的承諾值得我們一探究竟。改變所需要的動機與破壞目標的不切實際樂觀，這兩者之間只有一線之隔。我們需要相信改變是可能的，因爲如果沒有希望，我們就會接受現狀。但我們必須避免這種常見的陷阱：利用改變的承諾來改善心情，而不是改正行爲。否則，我們會把看似發揮意志力的時機，變成另一個老鼠按壓控制桿的版本，巴望著這一次終於可以得到獎賞。

自我檢視時間

決心讓自己心情愉快

花一點時間想想自己改變的動機與期待。你是否只有在心情差時才有動機改變？設定目標最棒的部分，是不是一股想像成功後生活改變的愉悅感？你是否藉由幻想改頭換面的自己來改善目前的心情，而不是採取具體步驟改正自己的行為？

意志力實驗

樂觀中帶點悲觀，有助於成功

樂觀能激勵人，但是一點點的悲觀仍有助於我們的成功。研究顯示，預測自己如何與何時可能受到誘惑，能提高保持決心的機會。

在你自己的意志力挑戰中，自問：「什麼時候我最可能受到誘惑而屈服？」「在什麼情況下，我最有可能對目標分心？」「我會說什麼來允許自己拖延事情？」想像自己處在屈服、破戒的情況下，想像那會有什麼感覺。讓自己了解意志力通常是如何喪失的。

接著把這個想像的挫敗轉變為成功。思考有什麼特殊的行動可以使你堅守決心。你是否需要記住自己的動機？讓自己遠離誘惑？打電話給朋友求助？運用其他的意志力策略？當你想出特定策略的時候，想像自己正在執行它。想像那會有什麼感覺。假想你成功了。讓這個自我的想像帶給你信心，使自己去做有助達成目標的任何事。

用這種方式計畫挫敗，是一種自我疼惜的行為，而不是自我懷疑。一旦有可能喪失意志力時，你就會準備好執行計畫。

最後的提醒

如果要避免壓力導致意志力喪失，我們必須找到眞正令自己開心的事。那不是虛幻的酬賞承諾，也不是空泛的改變承諾。我們必須允許自己去做這些事，保護自己不受與自身生活無關的壓力所影響。當眞正經歷挫敗時——遲早會的——我們需要忘記這些挫敗，而不是把失敗當做屈服或破戒的藉口。提升自制力，自我疼惜的效果遠比痛擊自己一頓來得好。

本章摘要

重點概念：壞心情會導致屈服，放下罪惡感能使你更強壯。

自我檢視時間

◎你會用放棄自制來紓壓嗎？面臨壓力、焦慮或心情不好的時候，你會尋求什麼樣的慰藉？

◎什麼事令你擔驚受怕？注意在媒體、網路或其他來源閱聽到的訊息，所帶給你的壓力。

◎破戒時，你怎麼看待自己？在面對意志力喪失的時候，你是否帶著罪惡感與自我批判？

◎決心讓自己心情愉快。你是否會藉由幻想改頭換面的自己來改善目前的心情，而不是採取具體步驟來改正行為？

意志力實驗

◎採用有效的紓壓策略。下次面臨沉重壓力時，試著使用真正有效的紓壓策略，比如運動、打球、禱告、參加宗教儀式、閱讀、聽音樂、與親友相聚、按摩、出外走走、冥想、瑜伽，或是從事需要創意的嗜好。

◎失敗的時候，原諒自己。用更為慈悲的觀點來看待挫敗，藉此避免導致再次屈服的罪惡感。

◎樂觀中帶點悲觀，有助於成功。預測你如何與何時可能會受到誘惑，並想好特別的計畫來防止自己屈服。

第7章——

爲什麼人會爲了眼前滿足而出賣未來？

你是否認爲，未來的自己一定比現在更有時間、意志更堅定，
所以現在令人卻步的健康檢查、複雜的難題，
統統留給未來的自己去做最適合？
這是人類普遍的錯誤心態：我們把未來的自己當成了陌生人。

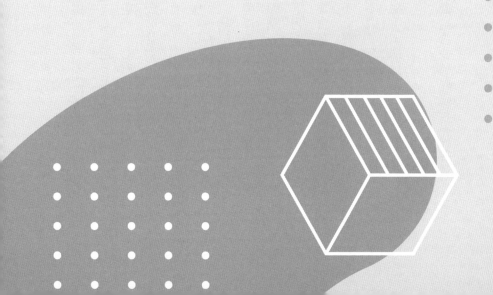

這場競賽難得一見，是由十九隻黑猩猩對上四十個人類。這些人並非泛泛之輩，而是美國哈佛大學和德國萊比錫的馬克斯普朗克研究所（Max Planck Institute）的學生。至於這群黑猩猩也同樣系出名門，是萊比錫沃夫岡庫勒靈長類研究中心的黑猩猩。畢竟要與哈佛及馬克斯普朗克的學生對抗，可不能隨便挑幾隻馬戲團的老黑猩猩上陣。

挑戰的內容爲：延後享用眼前的點心，就可以得到更多的食物。用來誘惑黑猩猩的點心是葡萄，而給人類的點心則是葡萄乾、花生、M&M's巧克力、小金魚香脆餅乾和爆米花。一開始，所有參賽者可自由選擇拿兩顆或六顆自己最愛的食物。這項選擇很簡單，人和黑猩猩都一致認爲拿六顆比拿兩顆好。接著，研究員提高選擇的難度：每位參賽者可以選擇馬上吃掉兩顆點心，或是等兩分鐘之後就可以拿到六顆點心。研究員已經知道所有參賽者都認爲六顆比兩顆好，但是這些參賽者是否願意等待呢？

這項研究於二〇〇七年發表，是首次直接比較黑猩猩和人類自制力的研究。然而，研究結果不但顯示人類的天性，也說明耐性的演化基礎。如果不必等待，猩猩和人都認爲六顆點心比兩顆好，可是一旦必須等待，雙方的選擇就截然不同。有高達七二%的黑猩猩選擇等待，以換取更多獎賞，但是哈佛與馬克斯普朗克的學生，卻只有一九%的人願意等待。

耐心絕佳的靈長類動物大勝人類，這點應該做何解釋？我們是否要就此認定黑猩猩天生的自制力比較強？抑或是人類在演化的過程中，已經喪失了等待兩分鐘來換取更多花生的能力？

當然不是。當人類表現良好時，克制衝動的能力可以使其他物種相形見絀。不過人類複雜的大腦往往不是做出最有利的決定，反而是允許自己做出較不理性的舉動。這是因爲人類龐大的前額葉皮質不僅掌管自制力，也會將不好的決定合理化，說服自己相信下次會做得更好。那些黑猩猩想必不會告訴自己：「我這次先吃掉兩顆葡萄。下次再來忍耐，等六顆葡萄。」至於人的思想則會耍各種花招，說服自己明天再來抗拒誘惑，於是有龐大前額葉皮質的我們，竟一再屈服於立即滿足的誘惑之下。

無論從經濟學、心理學或神經科學的角度解釋，誘惑和拖延的種種問題多半可以導向人類的一個問題，那就是人對未來的想法。哈佛心理學家丹尼爾．吉伯特（Daniel Gilbert）大膽表示，人類是唯一會刻意思考未來的物種。雖然這項思考能力對世界有各種絕妙的貢獻，比如通靈熱線和體育賽事賭博等，但也讓現在的自我惹上麻煩。問題不在於我們能否預見未來，而在於我們並無法清楚預知未來。

把自己的未來打折出賣？

前述人猩大賽的結果，可以從多個面向來解讀，其中一個面向就是經濟學。黑猩猩的大腦體積雖然只有人類的三分之一，但行爲比較理性。牠們表現出偏好（也就是認爲六顆比兩顆好），並依據這樣的偏好行事，也因此能以微不足道的個人犧牲（只等待一百二十秒），來換取最大的收穫。另一方面，人類的選擇比較不理性。在比賽開始之前，受試者明確表示自己認爲六顆比兩顆好，然而，一旦必須等待兩分鐘才能讓點心數量增至三倍，有超過八〇％的人都做出相反的決定。他們放棄自己眞正想要的東西，選擇立即滿足眼前的欲望。

經濟學家將這種行爲稱爲「延遲折現」（delay discounting），意思是等待報酬的時間愈長，該報酬對個人的價值就愈低。即使是短暫的延遲，也可能大幅降低個人所認定的價值。區區兩分鐘的等待，便讓六顆 M&M's 巧克力的價值低於眼前可得的兩顆。每一顆巧克力的價值都因等待而縮水了。

延遲折現不僅可以用來說明大學生爲什麼選擇兩顆巧克力而非六顆，也能解釋人爲什麼犧牲未來的幸福以換取眼前的滿足。正因爲這樣，我們拖延繳稅，選擇目前暫時逃避，卻得面對報稅截止日前一天的慌亂或後一天的滯納罰款。也因爲這樣，我們現在消耗石油，不顧未來的能源危機。我們現在不停累積刷卡金額，卻不管將來驚人的利息。我們滿足了眼前的欲望，把現在不願面對的一切推遲到未來。

自我檢視時間

你把未來的報酬打幾折？

在你的意志力挑戰中，請思考自己每次屈服於誘惑或拖延時，出賣了哪些未來的報酬。屈服所換取的立即報酬是什麼？長期的代價是什麼？這項交易是否公平？如果你在理性思考後認為：「不，這項交易爛透了！」請回想當初自己做出相反決定的那一刻。當時你有什麼想法和感覺，導致自己出賣了未來？

被眼前的報酬沖昏頭

自制力競賽一開始時，人類認爲六顆點心的價值大於兩顆，但是當研究人員將兩顆點心放在桌上，告訴他們：「你想現在就拿這兩顆，還是要等？」時，八〇％的哈佛與馬克斯普朗克學生都改變主意了。他們並不是數學不好，而是被眼前的報酬沖昏了頭。行爲經濟學家將這個問題稱爲「有限理性」，意思是人的理性只能維持一定限度。空談理論時，我們可以十分理性，可是一旦誘惑眞實呈現在眼前，大腦就轉換爲尋求報酬的模式，確保我們不會錯失利益。

行爲經濟學權威喬治・安斯立（George Ainslie）表示，多數人喪失自制力，包括酗酒、上癮、發福、債台高築，都是受到這種想法逆轉的行爲模式所影響。許多人內心深處想抗拒誘惑，想做出適當的選擇來追求長遠的幸福。比方說，不想喝酒，想維持清醒；不想吃油炸甜甜圈，想擁有緊實的臀部；不想買高級的新玩具，想謹愼理財。可是一旦短暫、立即的報酬近在眼前，我們就變得貪圖近利，而且這股欲望變得難以克制。這導致「有限意志力」，也就是當我們眞正需要自制力時，自制力反而潰散了。

人之所以容易屈服於眼前的誘惑，原因之一在於大腦的獎勵系統並未進化，無法回應未來的報酬。食物是該獎勵系統的原始目標，因此人類仍然極易受到美食的氣味或畫面所影響。在多巴胺對人腦的作用趨於成熟後，那些無法立即取得的報酬（無論是在九十公里之外，還是必須等待六天的東西），都對日常生存沒幫助。以往人類所需要的獎勵系統，是必須確保人可以立即取得眼前的報酬。人最多只需要動機讓自己追求眼前的報酬，比如爬樹或渡河才能拿到的果實。至於必須努力五年、十年或二十年後才能取得的報酬、距離現在遙不可及的大學學位、奧運金牌和退休金等類型的延遲滿足，我們根本毫不考慮。爲了明天而存錢或許還辦得到，但爲了一萬天後的將來而存錢，誘因就小了許多。

當人在衡量眼前與未來的報酬時，大腦對於這兩種選擇的處理方式是截然不同的。眼前的報酬會觸發較早期、更原始的獎勵系統，以及由多巴胺所引發的欲望。但未來的報酬並不會啓動這個獎勵系統，因爲其價值是由較晚近才發展而成的前額葉皮質所解析的。要延遲滿足，前額葉皮質必須克制眼前報酬所帶來的刺激。這一點並非難如登天，畢竟這就是前額葉皮質存在的目的，但是它仍然必須抗拒衝動，這種衝動足以促使老鼠爬過電網，或者使人將畢生積蓄投入吃角子老虎機器。換句話說，要克制這種欲望並不容易。

所幸，誘惑往往一閃即逝。要讓前額葉皮質的克制能力完全喪失，報酬必須立即可得，而且要讓誘惑的影響達到極限，就必須讓報酬近在眼前。一旦人與誘惑之間存有距離，大腦的自制系統就會再度占上風。舉例來說，哈佛和馬克斯普朗克的學生看到眼前的兩顆M&M's巧克力，自制力便完全瓦解。在另一個版本的實驗中，研究人員請學生做選擇時，並未將報酬放在桌上，這一次學生就傾向於選擇延遲，藉此換取較大的報酬。

由於報酬不在眼前，選擇變得比較抽象，對大腦獎勵系統的刺激也比較輕微。學生因此能依據理智判斷而非聽從原始情感，最後做出理性的選擇。

對於想延遲滿足的人來說，這點不啻爲一項福音。只要能與誘惑保持距離，就比較容易抗拒誘惑。舉例來說，有研究顯示，將糖果罐收在抽屜裡而不放在桌上，員工的糖果消耗量就可減少三分之一。拉開抽屜並不會比伸手越過桌面費事，但收起糖果就可以降低欲望的持續刺激。了解哪些物品會誘發自己的欲望後，就可將該物品收起來，以免繼續遭受誘惑。

意志力實驗

要求自己等待十分鐘

等十分鐘才能得到自己想要的東西，神經科學家發現，這十分鐘會大幅改變大腦看待報酬的方式。如果必須等十分鐘才能取得報酬，大腦就會將該報酬視為未來的報酬，酬賞承諾系統會變得較不活躍，因此就能壓抑想立即滿足的生理衝動。如果是十分鐘後才能吃的餅乾，與一份長久之後才能獲得的報酬（比如減重），大腦在衡量時，就不再是一面倒地偏好較快獲得的報酬。大腦之所以會做出與減重目標相反的決定，主要是受到立即滿足的「立即」特性所影響。

為了讓大腦保持冷靜，你可以規定自己在面對誘惑時，必須等待十分鐘。如果十分鐘後欲望仍未消除，才可向誘惑屈服，但在這十分鐘內請提醒自己，抗拒眼前的誘惑能得到哪些長遠的報酬，同時盡量與誘惑保持實質（或視覺上）的距離。

如果你的意志力挑戰需要的是「我要去做」的意志力，你也可以利用這項十分鐘原則來克制誘惑、延遲滿足。做法是將這項原則改為「做十分鐘後再放棄」。等十分鐘過了之後，允許自己停手；不過你可能會發現，一旦開始做了，就會想繼續做下去。

「十分鐘原則」如何讓吸菸者減少吸菸

奇斯在將近二十年前抽了第一根菸，當時他還是個大一新鮮人，自此之後他就一直希望自己能戒菸。有時他會覺得如今戒菸已經沒意義，畢竟他是多年的老菸槍，想必傷害早已造成。不過後來他看到有則報導指出，即使是數十年來每天一包菸的老菸槍，戒菸後心臟和肺部的損害仍可望恢復。奇斯並不打算立刻斷絕吸菸；雖然他想戒菸，但根本無法想像自己完全不吸菸，於是他決定先從減量著手。

十分鐘原則正適合奇斯。他其實明白自己遲早會向誘惑低頭，但是等待十分鐘有助於他練習克制吸菸的衝動，強迫自己回想降低心血管疾病與癌症風險的期望。有時奇斯能撐完整整十分鐘才吸菸，有時卻十分鐘還不到就點菸，但這種延遲滿足的練習可以增強他戒菸的決心。他察覺「等十分鐘再吸菸」可以減輕直接抗拒吸菸衝動所造成的恐慌和壓力，這讓等待變得更容易，有時他甚至分心去做別的事，完全忘了吸菸的衝動。

經過了幾週的練習，奇斯進一步提高挑戰的難度，盡可能利用十分鐘的等待時間走去禁菸場所，比如同事的辦公室或商店裡。這使他有更多時間冷靜下來，或至少更難向欲望屈服。有時候，他也會打電話給妻子尋求精神上的支持。最後他決定延長十分鐘的等待時間：「既然我能撐過第一個十分鐘，就能再等十分鐘，到時候如果眞的還想吸菸，再來點菸吧。」不久後，他已經將吸菸量減爲每兩天一包。更重要的是，他開始覺得自己是可以戒菸的，同時也不斷增強戒菸所需的自制力。

如果「再也不做」的意志力挑戰難度過高，可以先採取等待十分鐘的原則來加強自制力。

你的折現率是高還是低？

貶低未來報酬的價值，是人的天性，但折現率的高低是因人而異。有些人的折現率極低，就像是精品商店，絕對不會將店內最好的商品降價出售。這些人能夠時時牢記最大的報酬，願意耐心等待。

另一方面，有些人的折現率極高，完全無法抗拒眼前報酬的誘惑，就像是清倉大拍賣，爲了求現而將商品打一折賣出。個人折現率的高低，是決定自己長期健康狀況與成就的關鍵。

有一項名爲「棉花糖實驗」的知名心理學實驗，首次探討個人折現率的長期影響。一九六〇年代後期，史丹佛大學心理學家沃爾特·米歇爾（Walter Mischel）找來一群四歲兒童，讓他們選擇馬上吃一顆糖，或是等待十五分鐘後得到兩顆糖。

實驗者向受試兒童說明選項之後，便讓兒童單獨待在房裡，桌上放著兩顆糖和一個搖鈴。如果兒童能等到實驗者回來，便可以得到兩顆糖，但如果不願意等待，可以隨時搖鈴，馬上能吃掉一顆糖。

這群四歲兒童大多緊盯著報酬，想像糖果的滋味，如今你我皆知這種延遲滿足的策略效果最差。果然，如此做的兒童不到幾秒鐘便屈服了。至於能夠成功等待的四歲兒童則是移開視線，不去看即將得到的報酬。這些兒童在等待時掙扎的畫面十分有趣，觀賞這些畫面也使人意外地學到自制的妙方。比如有個小女孩用頭髮遮住臉，讓自己看不到糖果；有個男孩雖然緊盯著糖果，但是將搖鈴推到遠處，讓自己搆不著。還有一個男孩採取折衷辦法，開始舔起糖果，但沒有完全吃掉，這孩子未來在政壇想必前途無量。

這項實驗讓研究人員明白，四歲兒童如何延遲滿足，但這同時也是預測兒童未來成就的理想方法。四歲兒童在棉花糖實驗中的等待時間，可用來預測他們十年後的學業成績與人際關係。等待時間最長的兒童，長大後的人際關係較佳、學業平均成績較高、抗壓性較好、學力測驗分數較高，甚至在前額葉皮質功能的神經心理學測驗中表現也較佳。測試兒童能否等待十五分鐘以換取兩顆棉花糖，也是評量其他更重要能力的理想指標，包括他們能否克服眼前難關來達成長期目標，以及能否轉移注意力，不被即將取得的報酬所誘惑。

像這樣的個別差異（無論是在幼年時期或長大後評估），深深影響了未來人生的發展。行為經濟學家和心理學家提出了複雜的公式，用來計算個人的折現率。簡單來說，就是目前與未來的幸福對個人而言的價值差異。未來報酬折現率較高的人，比較容易有各種自制力問題。他們吸菸和酗酒的可能性較高，吸毒、賭博及染上其他惡習的風險也比較高。這些人比較不會存退休金，較有可能酒後駕車或有不安全的性行為，較容易拖延，甚至戴手錶的比例也比較低——彷彿他們太過專注於現在，時間本身已經不重要。而且如果現在比未來重要，又何必延遲滿足？爲了擺脫這種心態，我們必須設法提升未來的重要性。

意志力實驗

別把未來報酬大打折

所幸，個人的折現率並非亙古不變的物理法則。只要我們改變自己對各種選項的看法，便可以降低折現率。

假設我給你一張九十天後才能兌現的一百美元支票，接著和你商量：你願不願意用這張支票，換一張今天就能兌現的五十美元支票？多數人都不願意。然而，如果我一開始先給的是那張五十美元支票，然後才詢問是否願意交換一百美元的延遲報酬，多數人也都會斷然拒絕。人通常會想保留自己一開始所得到的報酬。

原因之一在於，多數人都不喜歡損失，也就是，我們不喜歡失去已經擁有的東西。失去五十美元所造成的不快樂感，大於得到五十美元所帶來的快樂。如果先想到未來有較多的報酬，再考慮以其換取眼前可得的較少報酬，大腦會將這項交易判定為損失。然而，如果先取得眼前的較少報酬（也就是手裡的五十美元支票），再考慮延遲滿足之後可以換取的更多報酬，大腦也會認為這是損失。

經濟學家發現，人們會用各種理由來為自己先擁有的報酬作辯解。考慮「為什麼我要留著這張五十美元支票」的人，會想出更多的理由來支持立即滿足的決定（「我可以用上這筆錢」「誰知道那張一百美元的支票在九十天後能不能兌現？」）。至於考慮「為什麼我要留著這張一百美元支票」的人，則會想出更多的理由來支持延遲滿足的決定（「這樣能買的東西就多了一倍」「九十天後我也會需要錢」）。換句話說，如果人們先考慮的是未來的報酬，那麼未來報酬的價值就不會大打折扣。

無論面對何種誘惑，你都能運用這種奇特的決策原理來對抗立即滿足的衝動：

1. 當你受到誘惑，想做出不利於長遠利益的決定時，請想像自己為了換取眼前的報酬，必須放棄未來可能獲得的最佳報酬。
2. 想像自己已經獲得未來的報酬，未來的自己正在享受自制所帶來的成果。
3. 接著問自己是否真的為了換取眼前短暫的快樂，想放棄未來的報酬？

沒有任何網站值得你犧牲夢想

艾米娜是史丹佛大學二年級學生，主修人類生物學，她已經立定志向，將來要進入醫學院攻讀學位。不過她承認自己玩臉書成癮，連上課時間都捨不得離線，因此常漏聽許多重要的上課內容。她也常犧牲念書的時間，花好幾個小時玩臉書。在臉書網站上實在有太多事可以做：看朋友的動態更新、看相簿、開啓其他連結等，誘惑總是不斷出現。這個網站不可能爲了她而停擺，因此她必須設法讓自己戒掉這個習慣。

爲了讓自己抗拒上網所帶來的立即滿足感，艾米娜將上網視爲對人生終極目標（當醫生）的威脅。每當她想花時間玩臉書，便自問：「這值得我放棄當醫生嗎？」一旦這麼想，她便不再否認自己玩臉書浪費了多少時間。艾米娜甚至用圖片編輯軟體，將自己的頭像拼貼到外科醫師的身體上，用這張合成照片當做筆電桌面。不時看這張照片，能提醒自己未來報酬的重要性，或讓自己相信有朝一日一定能獲得這份報酬。

破釜沉舟，預先承諾的價值

一五一九年，西班牙征服者荷南．科爾特斯（Hernán Cortés）爲了尋找黃金和白銀，帶領遠征隊從古巴前往墨西哥東南方的尤加敦半島。他一共率領了十一艘船、五百名士兵和三百名百姓，打算深入內陸，征服原住民，占領該地並搜括所有的黃金和白銀。

然而，當地的原住民並不打算乖乖就範。當時墨西哥中部的原住民是阿茲特克人，國王蒙提祖馬在族人眼中彷彿是萬能的神明，而且該族有活人獻祭的習俗。科爾特斯的手下只帶了幾匹馬和幾尊火炮，算不上是軍容壯盛的部隊。他們在墨西哥海岸登陸之後，曾猶豫是否該深入內陸。他們不想離開海邊，認爲待在岸邊比較安全，一旦有任何危險便可上船逃跑。科爾特斯心知，如果他的手下認定有機會乘船逃跑，一旦開戰就會想撤退。根據傳說，科爾特斯下令軍官放火燒船。這些西班牙大帆船和小帆船完全是以木材建造，再用易燃的松脂做了防水處理。科爾特斯帶頭放了第一把火，他的手下接著將船隻燒燬，船身被大火直燒到吃水線，接著沉入海中。

這是史上強迫未來的自己做出預定行爲的知名案例。科爾特斯燒燬了自己的船艦，這種舉動顯示出對人性的重要洞察。雖然人在冒險之初可能有源源不絕的勇氣和精力，但接下來很可能因恐懼或疲憊而出現預期以外的行爲。科爾特斯燒燬船艦，藉此確保手下不會因恐懼而改變初衷，使他們無論現在或未來都別無選擇，只能向前邁進。

有一派行爲經濟學家經常援引上述事例，主張破釜沉舟基本上是最佳的自制之道。湯瑪斯．謝林（Thomas Shelling）是率先提倡這項論點的行爲經濟學家，他曾提出核武制衡論，於二〇〇五年獲得諾貝爾經濟學獎。謝林主張，爲了達到目標，必須限制選項，他稱之爲「預先承諾」。這個概念是來自他的「核武威懾理論」。比如某國預先提出承諾，宣告一旦自己遭受核武攻擊，就一定會立即採取大規模的報復行動。那麼比起不表態採取報復行動的國家，該國的威脅宣告更具嚇阻性。謝林認爲，理性的自我與受誘惑的自我經常處於天人交戰的局面，兩方各有不同的目標。理性的自我會訂出一套行爲準則，但受誘惑的自我就常在最後一刻突然改變主意。如果任由受誘惑的自我爲所欲爲，隨時改變主意，最後的結果就是自毀前程。

由此可知，受誘惑的自我是難以預料又不可信的敵人。正如行爲經濟學家安斯立所言，我們必須「將受誘惑的自我視爲他人，加以預測及控制」。我們必須了解自己的弱點，設法加以約束。知名作家強納森．法蘭岑（Jonathan Franzen）曾說明他讓自己持續寫作的破釜沉舟之道。他和許多作家及企業員工一樣，容易受電玩遊戲和網路的誘惑而分心。他曾向《時代》雜誌記者說明自己如何拆解筆電，以免受到誘惑而再三拖延寫作進度。他刪除了硬碟中所有浪費時間的軟體（包括所有作家的大敵：接龍遊戲）、移除電腦的無線網卡，並破壞乙太網路連接埠。法蘭岑表示：「你要做的，就是把網路線接頭塗上強力膠再插進電腦裡，然後把露在外頭的那一小部分接頭鋸掉。」

你或許並不想用如此激烈的手段破壞電腦，但還是能善用科技讓自己按部就班完成計畫。舉例來說，有個名爲「自由」（macfreedom.com）的程式，可以在預設期間內關閉電腦的上網功能，另一個程式「反社交」（anti-social.cc）則可單獨關閉社群網站和電子郵件功能。我個人愛用的程式是「捐獻拖延」（procrasdonate.com），這個程式會依據你在休閒網站上浪費的小時數計費，替你捐錢給慈善機構。如果你面對的是較實質的誘惑，例如巧克力或香菸，可以試用「禁錮約束」（CapturedDiscipline）等產品；這是一種堅固的金屬手提保險箱，上鎖時間可以設定在兩分鐘至九十九小時之間。舉例來說，如果你向女童軍買了一盒餅乾，卻不希望自己一口氣吃光，就可以將餅乾鎖在裡面。如果你暫時不希望刷卡消費，也可以把信用卡鎖進去，如此一來，即使將來受到誘惑，你唯有把保險箱炸開才能拿到信用卡。如果你的目標是要做某件事，可以事先針對目標投入資金。比方說，如果想逼自己運動，不妨先花一大筆錢購買健身房的全年課程，讓自己做出預先承諾。❶正如謝林所主張，這種方法就像國家投入大筆經費開發核武。如此一來，未來當你受到誘惑時，會知道自己先前的承諾是認眞的，因此在做出有違自己理性目標的決定之前，你就會三思。

意志力實驗

對未來的自己預先承諾

準備好克制未來受誘惑的自我了嗎？本週請以清晰的思緒替自己訂立目標。請從下列方法挑選一種，用來面對意志力挑戰。

1. 訂立新目標。趁自己還沒被誘惑蒙蔽時，以清晰的思緒預先做好安排。比方說，在自己飢腸轆轆、對著外帶菜單流口水之前，先準備好健康的午餐便當。從個人體適能訓練課程到看牙醫，都可以事先排定、預付款項。請思考，該如何針對你的意志力挑戰，讓未來的自己更輕鬆地依照理性排定的計畫行事？

2. 增加改變心意的難度。請效法科爾特斯破釜沉舟的精神，設法去除最容易使

❶ 有些健身房對於時常偷懶不來的會員，收費甚至會高於按時來運動的會員。若加入這種健身房，就能在想偷懶時多一個強迫自己出門運動的理由。

自己意志動搖的條件。例如：消除家中或辦公室裡的誘惑物；購物時不帶信用卡，只依預算帶足夠的現金出門；將鬧鐘放在房間的另一頭，逼自己非得下床才能關掉鬧鈴。這些舉動雖然無法阻止你改變心意，但至少大幅增加了改變心意的難度。請想想，有哪些辦法能延後或阻礙自己向誘惑屈服？

3. 激勵未來的自己。利用賞罰等方法促使自己追求長遠的健康和幸福，這種行為並不可恥。這是耶魯大學經濟學家伊恩·艾爾斯（Ian Ayres）的主張，他架設了一個創新的網站stickk.com，幫助人們改變自我。該網站主要採取處罰的方式，也就是在你破戒之時，讓及時的滿足變得比較痛苦。無論是打賭你會發福（艾瑞斯會用這種方法，效果十分顯著），或是要求未達預定目標的人捐錢，都會使眼前的及時滿足多付出一分「代價」（艾爾斯甚至建議人們選用「反慈善」的處罰方法，也就是破戒者要捐錢給自己不支持的慈善機構）。及時滿足的價值雖然不變，但破戒所要付出的代價提高，便可以降低及時滿足的吸引力。

如何替受誘惑的自己守住財富？

對戒毒者來說，守住錢財是一項極大的挑戰。許多戒毒者並沒有銀行帳戶，因此只能在支票兌現處兌現薪水支票或社會救濟金支票。這筆現金放在口袋裡根本留不住，這些人很可能一夜之間就花掉半個月的收入，導致他們沒錢吃飯、付房租或支付子女的撫育金。耶魯大學醫學院精神科醫師馬克·羅森（Marc Rosen）與羅伯·羅森亥克（Robert Rosenheck），替這些人設計了一套財富管理制度，想必科爾特斯和謝林都會深表贊同。這套制度稱爲ATM，也就是指導員（Advisor）、出納員（Teller）、財富管理者（Money Manager）的共同干預制度。該制度同時運用獎勵和預先承諾的方法，鼓勵人謹慎用錢，並提高胡亂揮霍的難度。

加入該制度的戒癮者會有一位財富管理者。這些戒癮者同意把錢存入銀行帳戶中，只有財富管理者能領錢，並將支票簿和提款卡都交由該管理者保管。財富管理者會陪同每位「客戶」訂立目標，協助他們了解自己用錢的目的，以及如何藉由存錢達成長遠目標。他們一起訂立每月預算，決定餐費、房租等開銷的金額，並開立支票支付帳單。此外，他們也依據客戶的長期目標，訂立每週開銷計畫。

財富管理者依據每位客戶的開銷計畫，發給他們足夠的現金。客戶如果有計畫之外的開銷，必須先與財富管理者會面，填妥正式的申請書。如果申請書內容不符合該客戶訂立的目標和預算，或是財富管理者懷疑該客戶已經喝醉或吸毒，可以將申請書扣留四十八小時。如此一來，該客戶便能守住自己的理性計畫，無法順從誘惑而衝動行事。如果客戶採取行動幫助自己復原，比如找工作、參加戒酒或戒毒等聚會，或通過每週的藥物測試，管理者也可以「獎勵」他們，讓他們可以提領一些自己的錢。

這項干預制度已證實不僅有助於戒癮者管理財富，也使他們減少藥物濫用的情形。更重要的是，不僅預先承諾的方法發揮了效用，該制度也改變戒癮者對時間和報酬的看法。研究顯示，這個制度能降低戒癮者的折現率，提高他們對未來報酬所認定的價值。折現率降幅最大的戒癮者，未來再度上癮的機率也最低。

這項干預制度之所以有效，原因之一在於有人照管受試者，並協助他們達成目標。你能否將自己的目標告訴某個人，並在覺得受到誘惑時，向這個人尋求協助？

見見未來的自己

我想向你介紹兩個人，你想必和他們相處融洽。第一個人是你，你做事常拖拖拉拉，難以控制衝動，不愛運動、寫報告或洗衣服。第二個人也是你，爲了便於區別，我們就稱他爲「二號你」吧。二號你沒有推拖的問題，因爲他總有無窮的精力，無論是多無聊或困難的工作，都能確實完成。二號你也有絕佳的自制力，即使面對洋芋片、購物網站及豔遇，也能面不改色，斷然拒絕。

你和二號你究竟是誰？你就是正在看這一章的人，或許因爲睡眠不足加上今天還有一堆事還沒做完，忙得喘不過氣，因此覺得又累又煩。二號你則是未來的你。但並不是看完本書的最後一頁，你就能神奇地變身成二號你。未來的你是你在考慮今天整理衣櫃、還是明天再做時，所想像出的那個人。未來的你會遠比現在的你更喜歡運動，未來的你會在速食店點最健康的餐點，因此現在的你可以盡情享用導致動脈栓塞的不健康漢堡，嚴重到必須先簽免責聲明才能點這道菜。❷

❷ 這是眞的。我寫這本書的期間，在德州夫里斯科的肯尼漢堡店，你必須先簽署免責聲明，才能購買重逾三公斤、熱量七千大卡的主廚巨無霸漢堡。

未來的你一定比現在更有時間、更有精力、意志更堅定。至少在我們的想像中，未來的自己是這樣。未來的你總是沉著冷靜，忍痛的功力比現在更好，因此大腸鏡檢查由他們去做最適合。未來的你比現在更有條理、有衝勁，因此把難題留給他們來處理才是合理的決定。

這是人類十分費解卻又極易預料的錯誤心態：我們把未來的自己想成是截然不同的人。我們常將他們理想化，期望未來的自己能做到現在辦不到的事。有時我們會虧待他們，將現在種種決定的後果交由他們去承擔。有時我們會誤解，不明白他們的想法和感受其實與現在相同。無論我們對未來的自己有何想像，都極少體認到他們其實就是現在的我們。

普林斯頓大學心理學家艾蜜莉．普羅尼（Emily Pronin）表示，這種錯誤想像導致我們將未來的自己當成陌生人。在她的實驗中，學生要做一連串的自制力選擇。有些人必須決定今天要做的事；有些人必須決定未來要做的事；另一群人則可決定另一個人，也就是下一個參與實驗的學生，必須要做的事。

你可能以為，現在的我們和未來的我們必然會站在同一陣線，但是結果顯示，我們常常把輕鬆的工作留給現在的自己，但會把重擔交給未來的自己，就如同我們會把麻煩丟給陌生人一樣。

在一項實驗裡，研究人員要學生喝下番茄醬與醬油調成的噁心綜合汁。受試的學生可以決定他們願意爲了科學研究喝下多少液體。他們喝得愈多，對研究人員的幫助就愈大——這完全是「我要去做」的意志力挑戰。有些學生被告知幾分鐘後就要開始喝，有些學生被告知是下學期才要喝。後者雖然現在逃過一劫，但未來的他們才是必須強忍眼淚，呑下綜合汁的人。同樣的，有另一批學生負責決定下一名受試者必須喝下多少番茄醬綜合汁。

如果是你，會願意喝多少？未來的你會喝多少？你會讓陌生人喝多少？

如果你和多數人一樣，那麼未來的你會比現在的你更具科學精神（也喝下更多醬油）。學生決定讓未來的自己和下一名受試者喝下的噁心液體量（將近半杯），比他們現在自己願意喝的量（兩大匙）多出一倍。如果將實驗條件換成犧牲個人時間做好事，學生所做的決定，偏差情形也和第一個實驗相當。他們決定讓未來的自己在下學期幫同學補習八十五分鐘。在決定其他學生要犧牲的時間時，受試學生的態度甚至更大方，願意他們幫同學補習兩小時。但是如果要在本學期做這件事，他們現在的自我就只願意貢獻二十七分鐘。

在第三項實驗中，學生可以選擇立即獲得一小筆錢，或是之後獲得更多錢。他們在爲現在的自我做決定的時候，選擇的是立即獲得報酬，卻期望未來的自己及其他學生延遲滿足。

如果未來的我們眞的有如此高尚的情操，那麼對未來的自己寄予厚望當然無所謂。然而，通常等我們到了未來，那個完美的自己卻不見蹤影，只得讓原本的自己去面對。即使我們現在處於自制力天人交戰的情況，仍會愚蠢地以爲未來的自己不會遇到這種衝突。未來的自己現身的時間不斷延後，就像在戲劇中幫忙解圍的神明，[3]總是要到最後一幕才會出現，解救我們脫離現在的自己。我們不斷拖延該做的事，總是等著有人能挺身而出，使自己能輕易改變。

自我檢視時間

你在等待自己脫胎換骨嗎？

你是否不斷拖延著某項重要的改變或工作，寄望未來的自己會有更堅強的意志力來完成這件事？你是否樂觀地讓自己承擔太多責任，後來才發現自己根本無力達成要求？你是否說服自己，今天暫時偷懶，明天再來做會更有衝勁？

不再等待喜歡看牙的自己出現

保羅今年四十五歲，他已經有將近十年沒看過牙醫。最近他的牙齦變得十分敏感，牙痛也反覆發生。他太太一直要他去看牙醫，但他總是說等工作比較不忙的時候再去。其實，他是怕知道自己牙齒的狀況，也不敢接受必須做的牙科手術。

保羅在思考未來自我的問題時，發覺他一直相信自己遲早會克服恐懼，到時候再和牙醫約診就好。但他察覺到這個想法實際上竟然維持了將近十年。而在這段期間，他牙齒和牙齦的狀況想必因爲自己拒看牙醫而惡化。他一直等著未來無懼的自己出現，這個心態反而讓他確信，一定會有眞正可怕的事發生。

保羅承認自己絕對不可能想去看牙醫之後，便下定決心，要設法讓恐懼看牙的自己去牙科診所報到。保羅的同事向他推薦一位牙醫，專門爲恐懼看牙的患者看診，甚至在檢查和治療時，還會爲患者提供鎭定劑。

❸ 希臘悲劇常見的劇情，神明總是突然出現（通常是乘著機械吊臂降落在舞台上），替劇中人物解決看似無解的問題。如果我們的人生中也能有這麼方便的方法解決衝突就好了。

以前保羅一定會覺得去看這種牙醫太難爲情，但如今他知道，唯有如此才能讓現在眞實的自己照顧好未來自我的健康。

為什麼我們總覺得未來會不一樣？

爲什麼我們總是把未來的自己當成別人？原因之一在於我們無法事先得知自己在未來的想法和感受。當我們思及未來的自己，未來的需求和情緒並不會像現下的欲望這樣眞實而迫切。人的想法和感受往往是受到當前時機的促發之後，才影響自己的決策。當學生在決定下學期要喝多少番茄醬與醬油綜合汁時，並不會立刻產生噁心的感覺。當他們在替未來的自己決定該犧牲多少時間時，也不用煩惱這會不會影響本週末的重要比賽或下星期的期中考。少了這些內在的噁心感或焦慮感，便導致我們誤判未來願意做的事。

大腦想像實驗顯示，人在思考現在和未來的自己時，用的甚至是不同的大腦區塊。想像自己在享受未來的某種經驗時，思考自我所應活躍的腦部區塊居然毫無反應，彷彿我們是在想像他人欣賞夕陽或享用大餐。同樣的，當人們被要求思考某些特徵是否符合現在或未來的自己時，腦部區塊的活躍情形也與上述實驗結果相同：當人在思考未來的自己時，人腦區塊的活躍情形就與思考他人特徵時的活躍情況完全相同，[4]彷彿我們是在旁觀他人，而不是看自己。**大腦習慣將「未來的自己」視爲他人，這對自制力的影響極大。**研究顯示，思考未來的自己時，大腦自我反思系統的活躍度愈低，就表示愈有可能爲了眼前的滿足而犧牲未來的自己。

募款時，如何善用人們對未來的樂觀預期？

人類總是認爲未來的自己會比現在的自己具有更高尚的情操。曾任職於亞利桑那大學的經濟學家安娜．布雷曼（Anna Breman）於是開始研究，非營利組織能否善用這項特性。勸募人能否利用人對未來自我的偏見，邀請人們讓未來的自己捐錢，而不必現在就捐？她與瑞典一家名爲「服務」（Diakonia）的慈善機構合作，該機構主要在開發中國家協助推行永續計畫。布雷曼在這項研究中，比較兩種不同的募款方案。在「現在樂捐」的募款方案中，勸募人要求現行捐款人增加每月自動扣款的金額，而且是從下一次

❹在這項實驗中，研究人員請受試者想像的第三人是娜塔莉．波曼與麥特．戴蒙，因爲初步調查顯示，這兩人是全球最知名且最不具爭議性的名人。

捐款時就開始生效。至於在「以後再捐」的募款方案中，勸募人同樣要求現行捐款人增加每月自動扣款的金額，但兩個月後才生效。結果顯示，「以後再捐」組的捐款額，比「現在樂捐」組的捐款額多出了三二%。在自制力這件事上，我們實在應該對未來的自己抱持謹慎合理的期望，但是在要求他人奉獻金錢、時間或精力時，則可利用上述對未來自我的偏見，讓人預先承諾投入更多。

把未來的自己當成陌生人，難怪不關心！

人對自我利益的關心程度，總是高於對陌生人的關心，這是人的天性。那麼，我們把現在的欲望看得比未來的幸福更重要，也是很自然的。何必為了陌生人（未來的自己）的未來費心，特別是還得犧牲自己眼前的報酬？

紐約大學心理學家哈爾．厄斯納赫什菲爾德（Hal Ersner-Hershfield）主張，這種自私心態是日前人口老化社會所面臨的一大問題。人類壽命延長但退休年齡不變，多數人卻並未因平均壽命延長而多存退休金。據估計，美國的戰後嬰兒潮世代有三分之二的人退休之後，其積蓄不足以維持原本的生活水準。事實上，二〇一〇年一項調查顯示，有三四%的美國人完全沒有存退休金，其中三十三歲以下的人占五三%，六十五歲以上的人占二二%。厄斯納赫什菲爾德認爲（他本身是個年輕人，當時存款也十分有限），大家之所以沒有替未來的自己存錢，或許是因爲這感覺起來像是在替陌生人存錢。

爲了探究這一點，他設計了一套「未來自我關聯性」的評量法，測量個人認爲「未來自我與現在自我基本上爲同一人」的認同度。並不是每個人都將未來的自我完全視爲陌生人，有些人對未來自我的認同度與關聯性極高。下頁圖顯示個人與未來自我的關聯程度（請從圖中選取最符合你自己情況的圓圈組，再繼續往下閱讀）。厄斯納赫什菲爾德發現，未來自我關聯性高的人，也就是兩個圓圈重疊部分較大的人，儲蓄金額普遍較高而且信用卡債較少，未來的自己所享有的財務狀況顯著較佳。

如果與未來的自己關係疏離，會導致個人在財務上做出短視近利的決定，那麼了解未來的自己是否就能讓人存下更多錢？厄斯納赫什菲爾德決定讓大學生認識退休時的自己，藉此測試上述假設是否成立。他與電腦動畫專家合作，運用增齡軟體，爲受試者創造虛擬立體人像，模擬他們在退休時的長相。❺厄斯納赫什菲爾德的目標，是讓這些年

❺有趣的是，厄斯納赫什菲爾德在向女朋友求婚之前，曾把自己年老時的虛擬人像給她看過。此外，他也告訴我，他正在努力存退休金。）

每個人的情況會隨時間而異。
哪一組圓圈，最能代表現在與二十年後的你之間的關聯？

輕受試者認同眼前增齡後的這張臉孔就是自己，而不是某位親戚（多數學生的反應是：「看起來好像我舅舅（或阿姨）！」）或是恐怖片裡的角色。爲了讓這群學生了解未來的自己，他們在虛擬實境的場景中，與虛擬的「老年自我」互動。受試者坐在鏡子前，但鏡中反射的影像是未來的自己。受試者轉頭，未來的自己也會跟著轉頭；受試者側身，未來的自己也跟著側身。研究人員在受試者看著鏡中的未來自我時，問他們各種問題，像是「你叫什麼名字？」「你從哪裡來？」，以及「你最熱愛的事情是什麼？」受試者回答時，鏡中未來的自己也會跟著說話。

受試者與未來的自己相處一段時間之後，就離開虛擬實境實驗室，開始進行假設性的預算分配實驗。研究人員分給每位受試者一千美元，要他們把這筆錢分配到目前的開銷、揮霍享樂、支票帳戶，以及退休金帳戶。比起只看著眞正鏡子裡年輕自我的對照組學生，那些曾經與未來自我互動過的學生，分配到退休金帳戶的金額多出了一倍以上。認識未來的自己，確實讓學生願意對「他們」投入更多——說穿了，就是對自己投入更多。

雖然這項科技尚未普及，但你可以想像有一天，每家公司的人事部都會要求新進員工先和未來的自己互動，再加入公司的退休金計畫。除此之外，也有其他方式可以認識未來的自己（請參照以下「意志力實驗：設法認識未來的自己」）。提升自己與未來自我的關聯性，不僅可讓人增加儲蓄，也有助於應付各種意志力挑戰。未來自我關聯性高，似乎會促使人現在展露出最好的一面。比方說，厄斯納赫什菲爾德發現，未來自我關聯性高的人，比較會準時參加實驗；而未來自我關連性低的人，則比較可能失約，必須重新安排時間接受實驗。有了這項意外發現之後，他開始探討未來自我關聯性對道德相關決策的影響。他的最新研究顯示，未來自我關聯性低的人，在職場角色扮演中表現出的道德感也比較低。他們比較可能侵占辦公室財物，也比較容易洩露資訊危及他人的工作。在說謊贏錢的遊戲中，他們說謊的次數比較多。看起來，與未來的自己脫鉤似乎會使人忽略自己行爲的後果。相較之下，未來自我關聯性較高的人則會保護自己，避免最差勁的衝動行爲。

意志力實驗

設法認識未來的自己

你可以把自己送到未來（但不需要動用跑車時光機），❻幫自己做出更明智的決定。以下三個方法能使你更實際感受未來，認識未來的自己。請挑選你認為最理想的方法，在本週試驗一下。

1. 創造未來的記憶。德國漢堡艾本德醫學院醫療中心的神經科學家曾表示，想像未來有助於延遲滿足。你甚至不需要去想像延遲滿足所能獲得的報酬，單是想像未來似乎就有效果。舉例來說，假設你正猶豫要現在展開專案計畫或延後進行，不妨想像自己下週去購物，或想像自己在開預定會議的情況。當你想像未來時，大腦會立即開始更具體地思考現在的選擇會造成什麼樣的結果。對未來的感覺愈逼真，我們就愈能做出未來不會後悔的決定。

2. 寫信給未來的自己。FutureMe.org網站的創辦人想出了一個辦法，讓人寫電子郵件給未來的自己。該網站自二○○三年起，開始替人保存寫給自己的電子郵件，並依據每個人選定的未來日期寄送信件。何不利用這個機會，想想未來的自己會做什麼，他對於你現在所做的決定會有什麼想法？請向未來的自己說明，你現在要如何達成長期目標、對未來的自己有何期許，以及你認為自己將來會是什麼樣子。你也可以想像未來的自己正在回顧現在的你，他會感激你現在所做的哪些努力？心理學家厄斯納赫什菲爾德表示，即使你只是略為思考這種信件的內容，也會覺得和未來的自己關係變得更緊密。

3. 想像未來的自己。研究顯示，想像未來的自己能提升現在的意志力。一項實驗要求平常懶得運動的人，想像期望中未來的自己；這個自己會規律運動，而且身體健康、朝氣蓬勃。他們也可以想像自己擔心的未來，那個未來的自己毫無生氣、渾身病痛。這兩種想像都能讓人動起來，而且兩個月之後他們運動的頻率也高於沒有想像未來自我的對照組。請針對你的意志力挑戰，想像期望中未來的自己：這個你因為力求改變而正在享受改變所帶來的種種好處；或是因為不改變而正在承受苦果。盡可能想像各種逼真的細節，想像自己未來會有何感受和想法，對自己過去的決定，你會覺得驕傲、感激，還是後悔？

❻ 我實在不太想解釋這個名詞的出處。如果你聽不懂，可以去看一九八五年的經典電影《回到未來》。未來的你一定會感激你的。

有時該延遲酬賞，有時該立即滿足

我們總以爲延遲滿足一定比較好，但眞是如此嗎？

哥倫比亞大學的行銷研究人員藍恩．吉維茲（Ran Kivetz）發現，有些人很難爲了眼前的快樂而放棄未來的報酬。他們不斷爲了工作、美德或是未來的幸福而延遲享樂，最後卻對這樣的決定感到後悔。吉維茲將這種情況稱爲「遠視」，也就是只看未來。多數人正如我們所知，都屬於短視近利一族，一旦報酬近在眼前，就無法忽略近利，因而難以了解延遲滿足的價值。然而，有遠視問題的人則是長期只著眼於未來，無法體會在當下接受誘惑的價值。遠視的問題和短視一樣嚴重，因爲兩者到最後都會導致失望和不快樂。

對於無法向誘惑屈服的人來說，要他們破戒就像要一般人拒絕誘惑一樣，都需要極大的自制力。他們必須將本章介紹的各種方法反過來使用。遠視的人與一般短視的大眾不同，他們必須努力放縱自己。舉例來說，這些人在使用信用卡紅利點數時，可能必須選擇兌換禮劵而非現金，如此一來，他們才會眞的購物消費，奢侈一下，而不是把現金存起來（不過，他們也必須留意，別將禮劵一直收在廚房抽屜裡，似乎總覺得還不到揮霍的時機，因此遲遲未用）。這些人也可以藉由想像，幫自己做出更好的決定，就好像一般人要避免自己屈服於眼前誘惑時所採用的方法。只不過，遠視的人採用此方法時，著眼點並不在於放縱的代價，反而要把這個代價當成投資。你應該思考的是，這項投資長期將爲你帶來多少快樂，或說服自己，適時的放縱才能重振工作精神（行銷人員十分了解這項需求，也樂於以這種論調定位自家的奢侈品，藉以減輕消費者的罪惡感）。在你想到自己現在的決定會影響未來的幸福時，必須想像如果現在不肯適時放縱，未來會多麼後悔。

我承認自己有一點遠視的傾向。當我必須提醒自己適時放縱時，就會回想自己曾經收藏了五年的一瓶香檳。那是在我申請到獎學金，準備去念研究所時，我老闆送的賀禮。她把香檳送給我時，還附上一張祝賀的字條。不過當時我覺得開瓶的時機還沒到，因爲我不確定自己能否順利念完研究所。對我來說，取得入學許可只是跨過第一道障礙而已。我告訴自己，等到了史丹佛，適應了之後再來喝這瓶香檳。於是，這瓶香檳跟著我一起遠赴他鄉，從波士頓來到北加州。接著我在心理學系安頓下來，但總覺得時機未到，因爲我還沒有值得慶祝的功績。或許等第一學年結束，或許等我發表第一篇論文，再來開香檳。

總之，後來那瓶香檳又跟著我搬了四次家。每次打包時我都心想：等我跨過下一道障礙，就可以開香檳慶祝了。最後等我提交博士論文，拿到學位之後，才終於拿出這瓶香檳。然而這時候，香檳早就不能喝了。我把香檳倒掉，發誓再也不要浪費任何一瓶香檳，或平白放過任何一個值得慶祝的機會。

自我檢視時間

你是否總把快樂推遲到未來？

你是否因為事情老是接踵而至，因此不肯休息？是否一花錢就萌生罪惡感或覺得焦慮，導致自己除了必需品，其他東西一概買不下手？你是否曾回顧過去自己對時間和金錢的運用方式，好希望當時能多著眼於眼前的快樂，而非總是延遲滿足？如果這就是你的生活寫照，請將本章意志力實驗中提出的策略，調整為讓自己放縱的方法。（這件事請盡量不要拖延，好嗎？）

最後的提醒

每當我們思及未來，想像中的未來總是與實際大有落差，而這是不難預料的。由於未來的報酬看起來沒那麼誘人，因此我們總是選擇了近在眼前的誘惑。我們不能預測自己何時會受誘惑或分心，因此無法事先防範來避免自己放棄目標。

爲了做出更明智的決定，我們應該了解及支持未來的自己，也必須明白，現在的種種行爲，其後果都會由未來的自己承擔，而未來的自己其實就是我們。如果現在肯努力，未來的自己就會由衷感激。

本章摘要

重點概念：我們無法準確預測未來，導致我們容易受到誘惑和拖延。

自我檢視時間

◎你把未來的報酬打幾折？請針對你的意志力挑戰，思考自己每次向誘惑屈服或拖延時，出賣了哪些未來的報酬？

◎你在等待自己脫胎換骨嗎？你是否一再拖延，只希望意志力更堅強的未來自我會出現？

◎你是否總把快樂推遲到未來？你是否覺得放縱自己比抗拒誘惑更困難？

意志力實驗

◎要求自己等待十分鐘。規定自己對任何誘惑都必須先等待十分鐘。在這十分鐘之內，請思考抗拒誘惑可以換取哪些長期報酬。

◎別把未來報酬大打折扣。當你受到誘惑，想做出不利於長期利益的行動時，請想像自己放棄的是抗拒誘惑所能得到的最佳長期報酬。

◎對未來的自己預先承諾。訂立新目標、增加改變心意的難度，或是以獎勵或威脅的方式激勵未來的自己。

◎設法認識未來的自己。給未來的自己寫封信，或單純想像未來的自己。

第8章 ——

爲什麼意志力會互相感染？

我們都自認懂得獨立思考，
但總是無法完全摒除想和大家一樣的本能。
這種感染是雙向的，我們會感染到自制力，也會感染到自我放縱，
只不過我們似乎特別容易感染到誘惑。

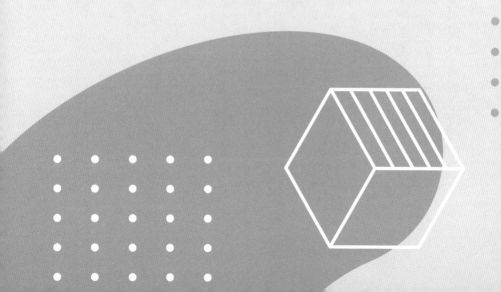

約翰今年十八歲，高中剛畢業，現在他正從科羅拉多州厄爾巴索郡空軍官校的巴士走下來。他只帶了一個背包，裡頭裝著新生能帶的幾樣物品，包括一個小鬧鐘、一件外套、郵票和信封信紙，以及一部繪圖型工程計算機。除此之外，他身上還帶了另一樣東西，但是和他分到同一中隊的另外二十九名新生卻看不到這樣東西。未來一整年，這群新生將一起生活、一起吃飯、一起念書。約翰身上帶的這樣東西，將逐漸感染同一中隊的其他新生，威脅到他們的健康與空軍職涯。

約翰帶來的災禍究竟是什麼？不是天花病毒、結核菌或性病，而是無形的東西。雖然我們很難相信體能具有感染力，但二〇一〇年美國國家經濟研究局的一份研究報告指出，體能不佳就像傳染病一樣，在美國空軍官校蔓延。該研究共追蹤了三四八七名新生長達四年，記錄他們從高中體能測驗到軍校定期體能檢測的成績。在這段期間，中隊裡體能最差的新生，竟逐漸拉低其他新生的體能水準。事實上，新生至軍校報到之後，預測其體能表現的最佳指標，是該新生中隊裡體能最差的新生，而不是個人進入軍校前的體能水準。

這項研究只是其中一例，顯示人以為由自我控制的行為，其實也深受社會影響。我們總以為自己的決定不會受他人影響，也為自己個性獨立、擁有自由意志而自豪，但心理學、行銷學及醫學等領域的研究均顯示，個人的選擇深受他人的想法、欲望及行為所影響——除此之外，還包括我們自認爲他人對我們的期望。你會發現，這種社會影響常導致我們惹上麻煩，不過另一方面這也有助於我們達到意志力目標。意志不堅或許會感染，但你也可能感染到他人的自制力。

意志力會傳染

一般人只知道，美國疾病防治中心負責追蹤H1N1等病毒的擴散，以及愛滋病早期傳播的情形，殊不知他們也追蹤美國人健康的長期變化，包括全國各州的肥胖人口占比。一九九〇年，美國各州的肥胖率均未達一五%。至一九九九年，已有十八州的肥胖率達二〇%至二四%，但各州的肥胖率仍維持在二五%以下。到了二〇〇九年，只有一州（科羅拉多州）和哥倫比亞特區的肥胖率低於二〇%，其他有三十三州的肥胖率均達二五%以上。

政府衛生機關及媒體形容這種趨勢是「肥胖流行病」，這個措辭引發兩位科學家的研究動機，分別是曾任職於哈佛醫學院的古樂朋（Nicholas Christakis）及加州大學聖地牙哥分校的詹姆斯．佛勒（James Fowler）。他們想知道，體重增加是否會像流感等傳染病一樣人傳人。為了找出真相，他們獲准取用「佛明罕心臟研究」的資料庫。該研究一共追蹤麻州佛明罕市逾一萬兩千人，期間長達三十二年。這項研究從一九四八年開始，當時受試者為五千兩百人，後來分別在一九七一年及二〇〇二年增加新一代的受試者。該地區的居民，數十年間持續詳細回報個人的生活狀況，包括體重變化，以及與其他受試者的來往情況。

古樂朋和佛勒研究受試者的體重長期變化後，發現情況真的與流行病類似。肥胖確實具有感染力，會在家人和朋友之間傳染。一旦有肥胖的朋友，個人未來肥胖的風險就會提高一七一％。女性如果有肥胖的姊妹，將來肥胖的風險會升高六七％；男性如果有肥胖的兄弟，未來肥胖的風險會增加四五％。

肥胖並不是佛明罕這個地區唯一的問題。一旦有人開始多喝酒，酒吧賒帳和宿醉的情況也會開始在整個社群中蔓延。不過他們也發現，自制力同樣具有感染力。一旦有人開始戒菸，他的朋友與家人跟著戒菸的機率也會提高。古樂朋和佛勒在其他社群中也發現有同樣的感染模式，各種意志力問題在人與人之間傳染，包括吸毒、睡眠不足和憂鬱。這種情形雖然令人不安，但隱含的意義也十分明確，那就是壞習慣和正面的改變都像細菌一樣會人傳人，沒有人能完全免疫。

自我檢視時間

檢視你的社交網絡

並不是每個意志力問題都是由社會「感染」所導致，但多數的問題確實都具有社會影響力。請針對你自己的意志力挑戰，思考以下問題：

◎在你的社交網絡中，是否也有人面臨與你相同的意志力問題？

◎回想過去，這個習慣是不是從朋友或家人身上學來的？

◎你和某些人在一起的時候，是否比較容易放縱？

◎在你的社交網絡中，最近是否也有人想改善這個意志力問題？

人天生會互相模仿

談到自制力，我們已經知道人腦中並非只有單一的自我，而是有多個自我在互相爭奪掌控權。有的自我想立即滿足欲望，有的自我會謹記更長遠的目標；還有現在的自我，這個自我可能與未來的自我相同，但也可能截然不同。除此之外，彷彿還不夠擁擠似的，在你的腦中還有其他人存在。我指的並非人格分裂的多重性格，而是你的父母、配偶、子女、朋友、上司，以及生活中常接觸的他人。

人天生就是要與人互動，人的大腦也經過巧妙進化，確保我們能與人來往。我們有特殊的腦細胞，稱爲「鏡像神經元」，這種細胞唯一的功用，就是了解他人的想法、情感和行爲。這些鏡像神經元遍布於大腦，使我們能理解他人的各種經驗。

舉例來說，假使你我都在廚房裡，你看到我伸出右手要拿刀，你的大腦會自動開始解析這個動作，接著你右手與該動作及感知相關的鏡像神經元就會啓動。如此一來，你的大腦就會開始在腦中重現我的動作。鏡像神經元會複製這個動作，就像偵探還原犯罪現場一樣，這樣才能解讀眼前的情況及背後的理由。你因此能夠推測我伸手拿刀的原因，以及接下來可能發生的情形。我是否打算攻擊你？還是我打算攻擊的對象，其實是流理檯上的胡蘿蔔蛋糕？

假使我拿刀的時候不小心劃傷了右手拇指，好痛！你看到這一幕時，大腦中疼痛感應區塊的鏡像神經元就會予以回應，你會縮一下，立刻知道我的感覺。這個疼痛的經驗對大腦來說十分眞實，甚至連你的脊椎神經，都準備好抑制即將從你右手傳來的疼痛訊號，彷彿你眞的割傷自己的手指一樣！這就是移情反射作用，可以讓我們理解並回應他人的感受。

等我包紮好手指，替自己切了一塊蛋糕，你大腦中獎勵系統的鏡像神經元就會啓動。即使你不愛吃胡蘿蔔蛋糕，但如果你知道那是我的最愛（這是眞的），你的大腦就會開始期待獎勵。鏡像神經元解讀他人即將獲得的獎勵後，我們本身也會開始渴望獲得獎勵。

受人影響，動搖意志

在上述單純的情景中，已經有三種情況會導致我們社會化的大腦受到感染，進而動搖意志。第一種情況是無意識的模仿。鏡像神經元偵測到他人的動作後，會使你的身體做出相同的動作。你看到我伸手拿刀，可能會下意識地伸出手想幫忙。許多時候，我們會自動模仿他人的姿勢或行動。如果你多留意肢體語言，不難發現交談中的兩個人會開始模仿彼此的姿勢。如果其中一人兩手交叉抱胸，不一會兒，他的談話對象也會跟著兩手交叉抱胸。如果其中一人向後靠，很快地對方也會跟著向後靠。這種無意識的模仿動作，似乎有助於雙方進一步了解對方，也會產生一種親近的感覺（業務員、主管和政治人物都知道，此舉能讓他們更輕易影響自己所模仿的對象）。

我們會下意識模仿他人的行爲。看到別人伸手拿點心、飲料或信用卡時，你可能也會模仿對方的行爲，因此動搖自己的意志。舉例來說，近來有一項研究，探討癮君子看到電影中的角色吸菸時，大腦會有何反應。他們腦中指揮手部動作的區塊會跟著活躍起來，彷彿癮君子的大腦正準備指揮手，拿出香菸來點。光是看到螢幕上有人吸菸，就會啓動下意識點菸的衝動，導致癮君子的大腦更難克制這股衝動。

第二種情況是，我們社會化的大腦可能感染情緒，導致我們迷失。我們知道自己的鏡像神經元會對他人的疼痛產生反應，但這些神經元也會對情緒產生反應。因此，同事心情不好會導致你心情變差，進而使我們覺得自己才是需要喝一杯的那個人！這也是電視喜劇採用罐頭笑聲的原因：希望其他人大笑的聲音能逗你發笑。這種自動感染情緒的機制，正好能說明人際網絡研究人員古樂朋和佛勒的發現：快樂與寂寞會在朋友和家人之間散布。爲什麼這會導致我們意志動搖？因爲一旦我們感染到壞情緒，就會以自己常用的方法來轉換心情。這可能表示，你很快就會去瘋狂購物或狂吃巧克力。

最後，當我們看到他人臣服於誘惑時，大腦甚至會感染到誘惑。**看到別人在做你極力克制的事情時，會讓你想加入他們。當想像他人欲望的時候，他們的欲望會觸發我們的欲望，他們的食欲會引發我們的食欲。**因此，當我們和他人一起吃飯的時候，食量會比自己單獨用餐時來得大；賭客看到別人贏大錢時，會提高賭注；和朋友一起購物時，會花更多錢。

自我檢視時間

你知道自己在模仿誰嗎？

本週請你留意自己是否會模仿別人的行為，特別是與自己意志力挑戰相關的行為。一起放縱享樂，是不是你維繫人際關係的關鍵？看到身邊的人都在做同一件事，你是否會跟著加入？

社交壓力下的癮君子

馬克最近找到新工作，在一家咖啡廳當服務生。店內的所有員工每工作四小時會休息十分鐘。不久後馬克發現，多數員工休息時都會在後巷吸菸。大家下班後也常會到後巷吸菸聊天，然後才各自回家。馬克不常吸菸，只是偶爾在派對上抽一、兩根菸。但他發現，如果他休息時正好有員工在後巷吸菸，自己就會跟著吸菸，有時他下班後也會留下來和同事一起吸菸。

當我們上課談到社交壓力對行爲的影響時，馬克立即承認。他獨自一個人的時候從來不吸菸，但上班時吸菸似乎比不吸菸來得容易，因爲大家都這麼做，甚至連店長都會休息去吸根菸。馬克沒有仔細想過這種社交習慣會發展到什麼程度，但他絕對不想和那些完全上癮的員工一樣，一心只等著休息時去吸菸。他決定不再向同事討香菸，而他們也十分樂意不必再把香菸分給他。馬克仍然和大家打成一片，只是他不再因此而吸菸。

目標也有感染力

人天生就會揣測他人的心思。我們在觀察他人行爲的同時，也會運用社會化的大腦猜測他人的目標。那個女人爲什麼要對那個男人大吼？服務生爲什麼要向我搭訕？這種猜謎遊戲能讓我們預測他人的行爲，避免我們在社交場合中出糗失態。我們必須避免自己和他人在社交場合面臨威脅（大吼的女人危險，還是被吼的男人危險？在那種情況下，誰需要幫助？），也必須在曖昧不明的情況下，做出最合宜的反應（服務生搭訕可能是想多拿一點小費，而不是要我到廁所和他幽會）。

不過，這種自動揣測他人心思的行爲，也會產生自制力方面的副作用，導致我們開始追求與對方相同的目標。心理學家稱這種現象爲「目標感染」。研究顯示，人類極容易感染他人的目標，進而改變自己的行爲。舉例來說，在一項實驗中，學生只是看到另一名學生在春假打工的故事，便感染到賺錢的目標。這些學生後來在實驗室打工時，都更認眞、迅速地工作賺錢。年輕男性看到男人在酒吧泡妞的報導，就感染到一夜情的目標，變得更願意「幫助」打斷實驗的年輕美女（經研究人員確認，這些年輕男性認爲，幫助女生會提高她與自己上床的意願。這個假設或許有道理，但我敢說效果値一定小於多數年輕男性的期望）。其他研究則顯示，大學生想到抽大麻的朋友，會增強他們自己抽大麻的欲望，而想到不抽大麻的朋友，則會降低他們的興趣。

這對你的自制力有何影響？慶幸的是，感染的目標僅限於你在某種程度上已經有的目標。這和感染病毒不同，不會因爲短暫的接觸就導致你感染全新的目標。舉例來說，不吸菸的人不會因爲朋友拿出香菸，便突然受到感染，開始渴求尼古丁。但某人的行爲可能會啓動你心智中已經存在但尚未取得主導地位的某個目標。正如前文提過，意志力挑戰中一定會有兩個目標互相衝突。你想現在享樂，又想事後維持健康；你想對上司發飆，又想保住工作；你想大肆揮霍，又不想負債。在你左右爲難之際，如果看到有人在追求和你一樣的某個目標，就會使你的想法跟著偏向該目標。

目標感染是雙向的，你會感染到自制力，也會感染到自我放縱，只不過我們似乎特別容易感染到誘惑。如果和你一起吃午餐的人點了甜點，她追求立即滿足的目標可能會和你追求立即滿足的目標結合，因而推翻你原本想要減重的目標。看到別人大肆採購聖誕節禮物，可能會加深你想在聖誕節早上讓孩子開心的欲望，導致你暫時忘記自己省錢的目標。

意志力實驗

提升你的自制免疫力

我們不一定會感染到別人的目標。有時看到別人破戒，反而會加強我們的自制力。如果你堅持追求某個目標（例如：減重），但是察覺自己另有相衝突的目標（例如：享用厚片披薩），那麼看到別人的行為與你的主要目標相衝突時，會使你的大腦警鈴大作。這反而會促使你更堅決追求主要目標，並設法讓自己堅持下去。心理學家將這種反應稱為「反制控制」，你也可以想像這是對抗自制力威脅的免疫反應。

要提升自己對他人目標的免疫力，最好的方法就是每天一早花幾分鐘想想自己的目標，以及哪些誘惑可能會導致你放棄目標。這就像注射疫苗可以預防感染他人的病菌，思考你的目標也會加強意志力，避免你感染他人的目標。

近墨者黑，喪失自制力

有時我們感染的並非明確的目標，像是吃點心、花錢、勾搭陌生人等，而是較籠統的目標，也就是要自己順從衝動。荷蘭格羅寧根大學的研究人員在各種實際場合中，將不疑有他的路人當成實驗對象，證實了上述論點。他們先埋下行爲不良的「證據」，比如在旁邊醒目標示著「禁止停放腳踏車」的柵欄上鍊上腳踏車，或是在明訂「請將購物車推回店內」的商家，故意將購物車留在停車場中。這些研究顯示，違規的行爲具有感染力。路人一旦掉進研究人員所設的陷阱，就會接收到他人行爲的暗示，跟著忽略告示牌的指示，把腳踏車鍊在柵欄上，或將購物車留在停車場。

但是影響不止於此。一旦人們看到禁止停放腳踏車的柵欄上鍊著腳踏車，很可能就會違法抄捷徑，隨意跨越這道柵欄。一旦人們看到購物車留在停車場，很可能就會開始把垃圾隨意丟在停車場。人們感染到的目標不僅是「違反某項規定」而已，而是「隨心所欲，不再做自己該做的事」。

當我們目睹他人無視於規定、臣服於衝動的證據，很可能也會開始臣服於自己的任何衝動。這表示，只要我們看到有人行爲不檢，自己的自制力就會跟著減弱（這對於喜歡看實境節目的觀眾來說是個壞消息，因爲這類節目博取高收視率的三大鐵則就是：酗酒、打架，以及勾搭別人的男友）。聽到別人逃漏稅，可能會讓你覺得自己減肥時偷吃無妨；看到有駕駛人超速，可能導致你花錢超支。儘管我們的意志力薄弱之處原本和別人不一樣，卻可能因此受到別人感染而開始動搖。重點是，即使我們沒親眼看到他人的行爲，但只要看到他人行爲留下的證據，就會感染到這項行爲。

意志力實驗

近朱者赤，感染自制力

研究顯示，心裡想著自制力佳的人，有助於提升自己的意志力。當你在面對挑戰時，能否找到意志力的楷模？有沒有人曾經面臨同樣的挑戰，後來成功克服困難，或是自制力絕佳，可以當你的榜樣？（在我班上，大家最常提到的意志力楷模是成功的運動員、精神領袖和政治人物，但家人和朋友或許更具有激勵作用，我會在下文說明。）在你需要提升意志力時，請想想自己的榜樣，問自己：這位意志力大師會怎麼做？

為什麼你喜歡的人比較容易影響你？

在感冒或流感的高峰季節，你接觸過的任何人都可能將病毒傳染給你。可能是咳嗽不掩口的同事，或是替你刷卡的店員——他在刷完卡之後，還給你一張沾滿病菌的信用卡。這就是流行病學家所謂的「單純感染」。在單純感染的情況之下，是誰造成感染並不重要。無論是陌生人或是親密愛人身上的病菌，具有同樣的傳染力，一經接觸就會使你感染。

但行爲的傳染方式則不相同。肥胖或吸菸等社交流行病的散布，是循著「複雜感染」的模式。重點不只在於你是否與行爲的「帶原者」接觸，你和這個人的關係深淺也很重要。在佛明罕社區裡，行爲並不是越過圍籬或後院擴散開來的。社交流行病是透過互敬互愛的人際關係網絡傳布，而不是整齊的街道網絡。同事的影響遠不如好友，甚至連朋友的朋友的朋友，影響力也可能大於你每天見面但並不喜歡的人。這種選擇性感染的模式，就好像你的免疫系統只能抵擋陌生人或你不喜歡的人身上的病毒，但這正是行爲傳布的方式，人際關係的影響遠大於地緣關係。

爲什麼關係愈親密，行爲的感染力愈大呢？讓我們把免疫系統的比喻再延伸一點，可以想成，我們的免疫系統如果要抵擋他人的目標和行爲，必須先確認這些他人「不是自己人」。畢竟，身體的免疫系統不會攻擊體內的細胞，細胞只要被免疫系統認定爲自己人，就不會遭到攻擊，但如果被免疫系統認定爲外人，就會被當成威脅，必須進行隔離或摧毀。當我們想到自己摯愛、尊敬和相像的人時，大腦會將他們當成自己人而不是外人。從成年人的腦部掃瞄結果可以看出這一點。研究人員進行掃瞄時，請受試者先想自己，再想他們的母親。結果顯示，大腦活躍的區塊幾乎相同，這表示我們所認定的自己，也包含自己所關愛的人。我們的自我意識取決於自己與他人的關係，由於自我意識中包含了其他人，因此這些人的選擇也會影響我們的決定。

自我檢視時間

誰對你的感染力最強？

請花點時間，想想誰是你「親近的他人」。你最常和誰相處？你尊敬誰？你覺得自己和誰最像？你最在乎誰的選擇？你最相信誰或最關心誰？你能否想到自己從他們身上感染到的正面或負面行為，或是你傳染給他們的行為？

我們都是團體中的一員

假設有人上門請你回答幾個有關節能的問題。舉例來說，你多常節能省電？你是否會爲了省水而縮短淋浴時間？你家裡是否做了保溫的處理，來減少熱能散失？你的車子是否省油？接著他們問你，是否極力贊同節能有助於環保、省錢，並對下一代有益？最後，他們問你兩個問題：促使你節能的最主要原因是什麼？你認爲有多少鄰居也在努力節省能源？

有一項研究探討人們節能的原因，研究人員向八百位加州居民提出上述問題。這群人似乎都十分爲他人著想，他們表示最主要的節能動機是環保，其次是幫助下一代和省錢，最後才是「因爲大家都在做」。但在我們恭賀加州人如此熱心公益之前，請先想想：這項調查唯一能預測實際節能情況的問題，就是請人們推測鄰居在節能方面做了多少努力。至於其他的想法和動機，如省錢、爲子孫救地球等，都與他人的行爲無關。這些居民以爲自己是基於高尚情操才節能省電，但其實唯一相關的想法竟然是「因爲大家都在做」，這似乎不能算是爲人著想啊！

這個例子說明了心理學家所謂的「社會認可」。如果團體中的其他人都在做這件事，我們就會認爲那是明智之舉。這是社會化的大腦所具有的實用生存本能之一。畢竟，如果你看到所有人都往東走，最好也跟著去。相信他人的判斷，是讓社交生活正常運作的關鍵。這樣一來，你就不必親自了解每件事，大可省下精力來發揮個人所長，無論你的專長是用河馬皮製作最精美的兜襠布，還是提供最精準的股市預測。

社會認可對我們日常的行爲影響極大。正因如此，我們經常點閱新聞網站上「最多人瀏覽」的新聞；我們比較可能去看全國票房第一的電影，而不是票房毒藥電影。也因如此，中間選民會受到民調數字的影響；家長在賣場走道上爲了爭奪最熱門的新玩具而大打出手。大家都想要的東西，一定是好東西。大家都認定的事情，一定是眞相。如果我們沒什麼意見，何不乾脆相信團體的決定就好。

研究人員挨家挨戶調查能源使用的情況後，決定測試社會認可改變行爲的力量。他們製作了門把吊環，鼓勵加州聖馬克斯的居民縮短淋浴時間、隨手關燈、晚上吹電扇代替冷氣等等。每個門把吊環都傳遞一項勸導訊息，有的是要求居民保護環境，有的則強調節能對子孫有益，或是可以降低能源費用。至於社會認可門把吊環上，只有一句話：「你社區裡九九%的人都會隨手關燈、節省能源。」

總共有三百七十一個家庭，連續四週，每週都收到一個吊環。重點是，每個家庭收到的一定是同一種勸導訊息，比如連續收到四個「社會認可」的吊環，或連續四個「幫助下一代」的吊環。爲了知道哪種勸導訊息最有效，研究人員定期記錄每個家庭的電表讀數，也掌握了這些居民收到吊環前、後一個月的電費帳單。結果，唯一讓家戶用電量減少的勸導訊息，就是「大家都這麼做」。其他的訊息──也就是前一項調查中大家表示自己節能的主要動機──對行為其實都沒有影響。

除了這項研究，有許多研究也證實，**我們確實是變成小時候媽媽一直告誡我們不要成爲的那種人。「如果你的朋友都跳河，你也要跟著跳嗎？」當時我們都知道，正確的答案應該是：「不會，絕對不會！我是個懂得獨立思考的人，不會受他人影響！」但其實眞正的答案是：「嗯，說不定會。」**

大家都不想聽人提起這一點。我發現在課堂上，幾乎每個學生都認爲自己是例外。我們打從呱呱墜地就開始學習走自己的路，想要鶴立雞群，想要當領導者而不是追隨者。雖然社會鼓勵我們不要受他人影響，我們卻無法完全摒除自己的社會本能，還是想要與大家一致。正如門把吊環的實驗顯示，這種傾向不一定是壞事。假使我們認爲做好事（或比較困難的事）是一般社會常態，那麼社會認可便能強化我們所需的自制力。

如果是上帝要你瘦下來……

你能否借上帝的旨意，說服別人運動和多吃蔬果？中田納西州立大學的一項干預計畫，就是採用這種方法，效果十分顯著。這項干預計畫要人思考，他們信仰的宗教如何重視照顧自己與維持健康等價值觀。舉例來說，他們要基督徒回想《聖經》裡的段落，包括：「酗酒的人，不可與他們來往；暴食的人，不要與他們爲友。」（箴言二三：二〇，新國際版），以及「所以親愛的，我們既有這些應許，就該潔淨自己，除去肉體上心靈上的一切沾污，以敬畏上帝之心來完成聖化。」（哥林多後書七：一，新國際版）。接著，再請教徒反省自己日常生活的行爲，包括吃垃圾食物或不運動，這些都不符合他們宣誓信仰的宗教教義及價值觀。等他們了解自己的行爲與信仰不符，接著鼓勵他們訂立行動計畫來改變不當行爲。讓人相信減重與運動是虔誠教徒該做的事，就是一種強烈的社會認可，這遠比膽固醇指數過高而被醫生鄭重警告，更具激勵的作用。

這個方法是由心理學家馬克．安索（Mark Ansel）所創，他主張宗教團體應負起更大的責任來促進大眾改變行爲。禮拜堂除了舉行宗教儀式之外，也可以提供健身課程及營養講座。社交活動中供應的餐點，也應該更注重健康。他表示，要執行這個方法，宗教領袖必須以身作則。在他們要求信徒早上散步之前，自己必須先維持理想體態。這些宗教領袖在踏進速食店之前也應該先三思，畢竟，社會認可需要有行動爲證。

史丹佛大學則是採用截然不同的方法出面干預，來減少大學生的一種行爲。研究人員設計兩種不同的海報，要勸阻學生狂飲作樂。一份海報採用理性勸說，列出喝酒的相關恐怖數據，包括：「狂飲一晚，可能影響抽象思考的能力長達三十天」（沒錯，這對於許多看重成績、擔心下一次微積分考試的大學生來說，是十分有力的論點）。另一份海報則將大學生活中最不受歡迎的人，也就是研究生，與喝酒畫上等號。海報上畫著一位研究生在喝酒，旁邊附上警語：「史丹佛很多研究生都愛喝酒……他們大多是怪咖。所以喝酒前請三思……沒人想被當成這樣的傢伙。」

兩種海報分別張貼在兩棟大一新生的宿舍裡。張貼兩週之後，再要求住宿生填寫一份匿名調查，說明自己上週的飲酒量。看到怪咖研究生海報的住宿學生，飲酒量比看到理性勸說海報的學生少了五〇%。這些學生是否據實以告？我們無法確知，因為研究人員並沒有跟蹤他們到每場派對。很可能這些大學生即使在做匿名研究調查，也不想被誤會是怪咖研究生。假使他們回報的數據屬實，從這項調查就可衍生出一種勸阻有礙健康行爲的新方法：只要說服大眾相信，他們不喜歡的人常有這種不當行爲即可。

這兩種干預方法均顯示，社會認可是促進行為改變的重要因素。只要相信戒除惡習、養成新的好習慣，可以讓我們在自己最重視的團體中鞏固地位，或許我們就願意去做。

當自制成為「反常」，麻煩就大了

如果我們想加強他人的意志力，就必須讓他們相信自制是社會的常態。但你最後一次聽到正面行爲的相關報導是什麼時候？媒體總喜歡引用各種聳動的統計數字，報導人們變得更懶惰、更缺乏道德感、更不健康。我們不時聽到這些數據：四〇％的美國人從來不運動，只有一一％的人一週劇烈運動五次（這是維持健康與減重的標準建議運動量）。只有一四％的成年人每天依建議攝取五份蔬果。而一般成年人，每年攝取近四十五公斤的糖。

這些統計數據就是要令我們滿心恐懼。但老實說，如果我們發現自己屬於多數族群，我們的群居大腦只會想到：「這下我放心了，原來我和大家一樣。」我們愈常聽到這類數據，就愈容易深信一般大眾都是如此，於是覺得自己跟著做也沒關係。如果你和其餘八六％的美國人一樣，何必改變自己呢？

知道自己「正常」，甚至會改變我們的自我認知。以美國人爲例，人們變得愈胖，反而愈覺得自己瘦。二〇一〇年《內科醫學檔案》期刊有一篇報告指出，三七％在臨床上判定爲肥胖的人，不僅認爲自己不胖，還相信自己一生中肥胖的風險極低。雖然這種態度似乎是逃避現實，但這其實只是反映了新的社會現象。由於大家都在發胖，雖然醫學上界定肥胖的標準不變，但我們內心界定「肥胖」的標準是逐漸在放寬。

而在鐘形曲線的另一邊，如果我們落在「意志薄弱」的多數群體之外，甚至可能想努力回到中間值。在一項實驗中，研究人員透過電費帳單通知屋主，他們的用電量少於平均家庭用電，結果這些屋主便開始隨意開燈不關及開空調。中間值的吸引力，可能更甚於個人想要行爲端正的想法。

談到社會認可，我們所認定的他人行爲，其影響甚至比他人實際的行爲還要深。舉例來說，大學生會高估同儕考試作弊的普及率。推測學生是否會作弊的最佳方法，就是問他是否相信其他學生作弊，而不是處罰的嚴重度，或他是否認爲作弊會被逮到。一旦學生認爲同學們都在作弊，原本相對誠實的班級，可能變成全班學生在考試時紛紛偷傳簡訊向朋友問答案（沒錯，曾有個學生做這種事被我抓到）。

這個現象不只出現在教室裡。許多人都高估了納稅人逃漏稅的比率，導致實際逃漏稅的比率升高，因爲大家都依照他們以爲的社會常態行事。這並不表示我們是無可救藥的騙子。一旦人們能得到正確資訊，了解社會的實際常態，就會修正自己的行爲。比方說，如果人們得知納稅人誠實報稅的正確統計數據，誠實報稅的機率就會提高。

自我檢視時間

善用群體的影響力

如果認為自己想改變的行為是社會常態，這種社會認可就可能影響我們改變的決心。你是否曾告訴自己，意志不堅沒關係，因為這是社會常態？你是否想得出許多有同樣習慣的熟人？如果是這樣，你可能要破除這項認知。要做到這一點，最好的方法就是找一群行為舉止已達到你預定目標的人。找新的「團體」加入，無論是支持團體、班級、地方社團、線上社群，甚至是訂閱有助你達成目標的雜誌都行。只要周圍的人都在努力達成相同的目標，你就會覺得這才是社會常態。

找到「應該去做」的力量

想像在高中同學會上，老同學看著瘦了二十多公斤的你，露出崇拜的神情，這個畫面能否促使你每天早上起床運動？九歲大的兒子看著你吸菸時露出的失望表情，能否阻止你在工作時偷吸菸？

我們在思考一項選擇時，常想像自己是他人品頭論足的對象。研究顯示，這種想像能大幅增進自制力。想像自己達成戒菸或捐血等目標時會有多麼驕傲，這種想像能促使人貫徹始終，達成目標。預期自己不受他人贊同，也有同樣的效果。想像別人知道自己沒做防護措施就發生性關係，會有多麼羞恥，有這種想法的人比較會使用保險套。

東北大學心理學家大衛・德斯諾（David Desteno）主張，與其用理性論述說明長期利弊，驕傲、羞恥等社會性情緒更能直接且快速影響人的選擇。他將這種情況稱為「激動自制」。通常我們都認為，自制就是以冷靜理性戰勝急躁衝動，但驕傲和羞恥等情緒是由情緒性大腦所主控，而不是由理性的前額葉皮質所掌管。社會性情緒之所以產生，或許就在於幫助我們做出適當的選擇，才能在團體中維持穩固的地位；就如同恐懼能讓我們保護自己，憤怒能讓我們防衛自己。想像自己獲得社會大眾的接受或否定，可促使我們從事正當行為。

已經有企業和社區開始嘗試用社會性羞辱取代一般處罰，懲治違法及破壞社會秩序的行為。如果你在曼哈頓中國城的商店裡偷竊被逮，可能會被迫與偷竊的物品一起拍照。這張照片會掛在商店收銀機旁的恥辱之牆上，並註明小偷的姓名、地址，同時還加上註解：「惡賊」。

芝加哥警方決定公布嫖客的姓名和照片，目的不在於懲罰被逮的嫖客，而是要讓有意買春的人心生畏懼。前芝加哥市長理查．戴利（Richard M. Daley）在記者會上爲這項政策辯護，他表示：「我們要讓來芝加哥的所有人知道，如果你敢買春，一定會被逮。一旦被逮，大家都會知道。你的妻子、小孩、朋友、鄰居、老闆，全都會知道。」

針對曾於芝加哥買春的男性所做的一項調查顯示，這項政策確實有效。調查顯示，自己的照片或姓名曝光見報，是嚇阻買春最有效的方法（八七%的男性受訪者表示，這項政策會使他們三思而後行）。這個做法比判刑、吊銷駕照、罰鍰一千美元以上都來得有效。❶

羞恥心的驅動力有限

在我們爲了羞恥的力量而欣喜之前，最好記住一件小事，那就是「管他的效應」。預期羞恥等負面社會性情緒所產生自制的效果，以及實際感到羞恥後導致意志力喪失，兩者之間只有一線之隔。我們已經一再見識負面情緒導致破戒的例子，特別是罪惡感及羞恥等負面情緒。用羞恥心來預防破戒或許有效，可是一旦已經破戒，羞恥感反而更容易導致自暴自棄，而不是提升自制力。舉例來說，賭客在豪賭輸錢之後感到羞愧不已，此時他極可能想「翻本」，於是爲了贏回賭輸的錢，會下高額賭注或向人借錢。

即便羞恥的情緒已在預料之中，卻可能不是在最必要的時候出現。研究人員請一群注重健康的人想像面前有一塊巧克力蛋糕，然後想像自己吃了蛋糕後萌生的羞愧感，（在假設情況下）這些人吃蛋糕的機率會因而降低。然而，當研究人員實際將一大塊巧克力蛋糕放在桌上，再附上一瓶水、叉子和餐巾，羞恥心反而造成反效果。結果，只有一〇%的受試者成功抗拒誘惑。預期自己產生羞恥感，或許能讓人不要走進蛋糕店，可是一旦誘惑就在眼前，羞愧之心仍會不敵報酬的吸引。一旦多巴胺神經元活躍起來，負面感受就會增強欲望，使人更容易臣服。

榮譽感能給你激勵

另一方面，即使誘惑就在眼前，榮譽感也能讓人戰勝誘惑。在上述實驗中，研究人員請另一批受試者想像，自己成功抗拒蛋糕的誘惑後，心中備感自豪的畫面。結果，其

❶ 值得一提的是，半數的男性受訪者在第一次買春時並非單獨前往，而是與親友結伴。就如同肥胖、吸菸與其他社會流行病一樣，買春可以見容於世這項認知，以及其行爲本身，就像傳染病一般在社交網絡內散播。

中四〇%的人連一口蛋糕都沒吃。榮譽感之所以有效，是因爲這讓人不再把思緒集中在蛋糕上。相較之下，羞恥心反而會讓人預期享受的感覺，導致思緒始終離不開誘惑，一心想著「聞起來很香」「一定很好吃」等等。另一個理由則與生理有關。實驗顯示，罪惡感會降低心率變異度，也就是意志力的生理來源，至於榮譽感，則可以維持甚至增強心率變異度。

想要讓榮譽感生效，我們必須相信他人正在看著我們，或是有機會讓人知道我們的成就。行銷研究人員發現，人比較常在公開場合購買環保商品，而不是私下網購。購買環保商品，可以讓他人知道我們是多麼熱心公益、舉止體貼，我們想藉由高尚的購物行爲來獲得社會的認可。如果不覺得有可能提升地位，多數人會放棄拯救一棵樹的機會。這項研究顯示，一項強化決心的有效策略，就是將意志力挑戰帶到公開場合。如果你認爲他人的存在能促使自己成功，而且大家都在注意你的行爲，你就更有決心去做對的事。

意志力實驗

讓榮譽感發揮作用

善用人類想獲得認可的基本需求，想像自己成功克服意志力障礙後，會有多麼自豪。在自己所屬團體中，想想你相當看重其意見的某個人，或許是家人、朋友、同事或老師，或是會以你的成就為榮的人。在你做出深感自豪的決定時，可在臉書上更新狀態或在推特上貼文，與你所屬的團體分享這個消息。如果你不愛用新科技，也可以親口將自己的成就告訴他人。

欠稅的恥辱

在講課結束後如果還有時間，我會請學員將自己的意志力目標告訴大家，如此可以製造一點社會壓力——許多人一旦公開宣告目標，就有不得不去行動的壓力，特別是如果他們知道我會當著全班的面問他們進度的話。此外，這也帶來某種預期的榮譽感，因爲許多學員會期待向全班述說自己的成功。

有一年，班上大約有一百五十名學員，其中有一名女學員宣布她的目標是申報欠稅。隔週我沒見到她來上課，於是問大家：「那位說要報稅的女同學去哪裡了？」她雖然沒來，但另外兩位同學卻舉手表示，他們已經完成申報滯納稅款的第一步。奇妙的是，這兩人原本的意志力挑戰目標都不是繳納滯納稅款。原來是那名女學員在前一堂課的宣告激勵了他們。這就是典型的目標感染實例。

不過，最初說要繳納欠稅的那位女同學究竟去哪裡了？我不知道，而且因爲那是我們的最後一堂課，所以我再也無從得知。我希望她是去找稅務律師，而不是陣亡在羞愧感之下。當然，這就是「應該去做」力量的另一面：想像他人目光或許能激勵我們，但如果達不到目標，想像中他人輕蔑的眼神有可能導致我們再也不敢在眾人面前露臉。

被群體排擠的壓力

意志力「動搖」就像上癮、肥胖和破產一樣，通常會導致個人在社會上蒙受汙名。我們可能誤以爲那個人很軟弱、懶惰、愚笨或自私，並認爲他活該遭到羞辱或被逐出團體。但我們應該特別小心，不該排斥行爲掌控方式與自己不同的人。這種待人方式不但嚴厲，也無濟於事。正如「體型多樣性與健康協會」會長戴比·勒米（Deb Lemire）所言：「如果羞辱的方法有效，世界上就不會有胖子了。」

研究顯示，被逐出團體會消磨人的意志力。舉例來說，個人遭到團體排拒後，❷對剛出爐餅乾的抗拒力就會降低，而且面對挑戰時也比較容易放棄。在處理需要專注力的工作時，也比較容易分心。實驗顯示，光是讓少數種族感覺受歧視，就可能減弱他們的意志力。只要我們感覺被排擠或不受尊重，就更容易向最糟糕的衝動臣服。

與其羞辱意志動搖的人，我們應該展現更好的風度，提供社會支持，才能鼓勵人達成意志力目標。匹茲堡大學的減重計畫就是絕佳的實例：該校要求參與減重計畫的人必須有一位朋友或家人陪同，並指派「支援工作」給陪同人士，包括在減重當週與減重人一起吃健康餐，並互通電話關心進度和彼此鼓勵。結果這項計畫中，有高達六六%的減重人在後續十個月的追蹤期間並未復胖，但沒有朋友或家人陪同的對照組，就只有二四%的人沒有復胖。

❷研究人員如何排擠受試者？他們先是要求一些受試者「互相認識」，然後請他們選出想在下一階段合作的對象。接著，研究人員告訴其中一些受試者，沒有人想和他們合作進行下一階段的實驗，因此他們必須獨力完成實驗項目。這樣做實驗還眞不厚道啊！

意志力實驗

號召眾人一起來

你不必單打獨鬥地完成意志力挑戰。能否找朋友、家人或同事和你一起追求意志力目標？你們的目標未必要一致，光是互相關心進度和彼此鼓勵，就能為你的自制力提供一大社會支持。如果你想要在社會支持中加入一絲競爭意味，可以召集大家展開一場意志力競賽。誰會拔得頭籌，率先完成延遲的工作，或是誰能在一個月內存最多錢？

陌生人的提醒幫了大忙

我最喜歡的電子郵件之中，有一封是以前的學員寫給我的。她在課程結束好幾個月後才寫了這封郵件給我，主要是想讓我知道，我在最後一堂課臨時給的功課，竟然發揮了極大的功用，讓她堅持住自己的目標。在最後那堂課中，有些學員擔心一旦課程結束，他們就會喪失動力，無法繼續原先已實行的改變。這個班級本身具有一種重要的社會性，那就是學員知道他們能在班上分享自己的經驗——即使只是和鄰座的同學分享——這一點促使許多人想做出一番成績，才能向人報告。

在最後一堂課，我看到有些同學開始擔心，於是請大家和自己不認識的同學交換電子郵件信箱。接著我說：「請告訴對方，你下星期要做什麼事來幫自己達成目標。」至於他們日後的功課，就是寫電子郵件給夥伴，彼此詢問：「你做了自己說過要做的那件事了嗎？」

幾個月後寫信給我的那名學員表示，課程結束後的第一週，讓她繼續努力的唯一動力，就是知道自己必須寫信向那位陌生人報告自己的進度。後來，兩人成爲眞正互相支持的夥伴，雖然他們在課堂外並無交集，可是仍然每星期互相報告進度，維持了好一段時間。等到他們不再通信之後，她想做的改變已經融入生活，再也不需要額外的關心和支持了。

最後的提醒

人的大腦會將他人的目標、信念和行爲，納入自己的決定，而且受到影響的程度極深。我們與他人相處或光是想到他人時，對方在我們的腦中就成爲另一個「自我」，開始與其他自我爭奪自制力的掌控權。不過反之亦然：我們的行爲也會影響他人，而且我們替自己做的每個決定，也可能爲他人帶來靈感或誘惑。

本章摘要

重點概念：自制力會受到社會認可的影響，將意志力和誘惑感染給他人。

自我檢視時間

◎檢視你的社交網絡。在你的社交圈中，是否有人和你面臨相同的意志力挑戰？

◎你知道自己在模仿誰嗎？請留意有無任何跡象顯示，你正在模仿他人的行為。

◎誰對你的感染力最強？誰是你「親近的他人」？你是否從他們身上感染到某些行

為，或將某些行為感染給他們？

◎善用群體的影響力。你是否受到社會認可的影響，認為自己的意志力挑戰不是很重要？

意志力實驗

◎提升你的自制免疫力。為了避免受到他人感染而動搖意志力，請每天早上花數分鐘想想自己的目標。

◎近朱者赤，感染自制力。想想你的榜樣，然後自問：這位意志力大師會怎麼做？

◎讓榮譽感發揮作用。公開宣告你的意志力挑戰，想像成功克服挑戰時，會有多麼自豪。

◎號召眾人一起來。你能否號召他人，一起為了意志力挑戰而努力？

第9章 ——

請跳過本章：意志力的極限

愈想入睡，反而愈難睡得著；強制節食，反而成天都想吃；
愈想保密，愈容易洩密。
壓抑想法和情緒，會出現矛盾反彈效應。
一旦放棄控制不想要的念頭或情緒，它們反而不再控制你。

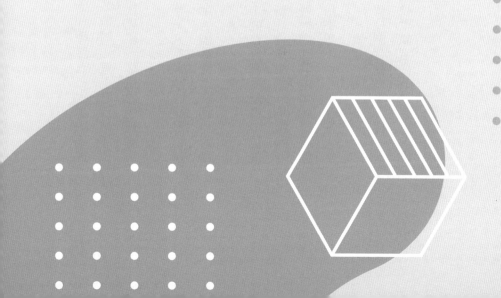

時間是一九八五年，犯罪現場是德州聖安東尼奧一座小型文理學院三一大學的心理學實驗室。十七名大學生正全心想著一個他們無法克制的念頭。他們知道不應該這樣，不該想著那樣東西，但那個念頭就是揮之不去。每次他們想轉移思緒，那個念頭就會再度閃過腦海。他們就是無法克制自己不去想白熊。

這些大學生平時幾乎不會想到白熊，他們滿腦子想的通常是性、考試，以及新配方可樂不好喝。但是此時此刻，白熊竟然盤旋在他們的腦中。這全是因爲他們接到一道指示：「接下來的五分鐘內，請盡量不要去想白熊。」

這群學生是丹尼爾．韋格納（Daniel Wegner）一連串實驗中的第一批受試者。已故的韋格納曾是哈佛大學心理學系的教授。他早年讀到俄國小說家托爾斯泰的一則故事。托爾斯泰小時候，哥哥曾要他坐在角落，直到不再想白熊才能離開。許久之後哥哥回來，看到托爾斯泰仍坐在角落，滿腦子只有白熊這個念頭。韋格納想不透：爲什麼人無法控制自己的思緒？

韋格納設計了一項實驗，內容與托爾斯泰童年時接受的心智控制實驗幾乎一樣，他要求受試者除了白熊之外，想什麼都行。以下段落摘自一名女性受試者內心的想法，顯示這項實驗對多數人來說有多麼困難：

我要努力去想別的事，好讓自己想著白熊以外的東西，可是我仍然一直想到白熊。所以……嗯，好吧，看著那面棕色的牆壁。好像每次我努力不去想白熊，腦子裡還是一直在想。

她持續想了十五分鐘，但腦中的想法幾乎大同小異。

無法克制自己不去想白熊，或許並非人生中最失敗的意志力挑戰，但我們發現，凡是自己想禁止的想法，都會產生這種問題。近來研究焦慮、憂鬱、節食和成癮等主題的實驗均證實：「我不去做」的意志力，對想法及情感的內在世界毫無作用。在這個內心世界，我們必須將自制力重新定義爲「放棄控制的力量」。

矛盾的思想控制實驗

韋格納後來又對其他學生做了這項白熊思想實驗，等到受試者滿腦子都是白熊時，他就改爲限制其他的想法。每一次實驗，光是不去想某樣物品的行爲，就會引發矛盾的效應：受試者想到該物品的頻率，反而高於未嘗試控制思想時，甚至也高於他們刻意想著該物品時。而且在有壓力、疲倦或分心的情況下，上述效應的作用最強。韋格納稱這種作用爲「矛盾反彈」效應。你想摒除某個想法，「砰！」這個想法卻不斷反彈回來。❶

「矛盾反彈」足以解釋現代人遭遇的許多問題：失眠者愈想入睡，就愈難睡得著；節食者禁止自己攝取碳水化合物，卻變得成天想吃吐司麵包和夾心派；容易擔心的人想避免焦慮，卻一再陷入災難的幻想中。韋格納甚至表示，清醒時壓抑暗戀的心情，會提高夢到暗戀對象的機率，比你刻意幻想夢中情人的機率還高。這無疑正是造成「羅密歐與茱麗葉效應」的主因，也就是一種眾所周知的心理作用：人在戀情受阻時，欲念就會加深。

韋格納已經找到證據，證明無論是何種直覺，只要受到壓抑就會出現矛盾反彈效應。求職者愈想讓面試官留下好印象，就愈可能脫口說出不得體的話；演講者愈努力想維持政治正確性，就愈容易說出某種典型冒犯人的言論；愈想保密的人，就愈容易洩密；服務生愈想努力拿穩托盤，愈可能把大蒜番茄醬灑在襯衫上。韋格納甚至（也算仁慈地）將以下的科學發現，歸因於矛盾反彈效應：研究顯示，愈是討厭同性戀的男人，看同性戀色情片時勃起的程度愈大。

愈壓抑，愈持續

爲什麼當我們想排除某種想法或情緒時，反而會導致反作用？韋格納直覺推論，這與大腦如何執行不去想某事的命令有關。大腦會將這項任務分爲兩部分，並以腦中兩種不同的系統完成目標。大腦的第一個部分會負責引導你的注意力，讓你去想其他事物，以免想到要排除的念頭。就像韋格納首次實驗中的那名女性受試者，一直努力不去想白熊——「我要努力去想別的事，好讓自己想著白熊以外的東西……好吧，看著那面棕色的牆壁。」韋格納稱這個過程爲「操縱系統」，這個系統主要仰賴大腦的自制系統，而且就像其他費力的自制工作一樣，會極爲耗費腦力和精神。第二個部分則是負責蒐證，證明你正在想、感覺或做自己不願意去想、去感覺或去做的事。正如同那位年輕女性受試者所發覺的：「我仍然一直想到白熊……每次我努力不去想白熊，腦子裡還是一直在

❶ 我告訴父親有這項研究，他立刻對研究結果深表贊同，並提出他自身的非科學實證經驗：「我在天主教住宿學校的時候，校方警告我們絕對不准想到性，所以我們不斷提醒彼此不要想到性。當然，最後我們卻一直想著性，比我們在校外想到的頻率還要高。」或許這就是他沒有當成神父的原因。

想。」韋格納稱這個過程為「監督系統」。監督系統與操縱系統不同，前者會自動執行，而且不需耗費太多腦力。這個系統主要與大腦的自動偵測威脅系統有關。自動自制耶！聽起來好像不錯，但你會發覺操縱和監督這兩個系統的協調十分重要。一旦操縱系統因故失靈，監督系統就會成為自制的夢魘。

在一般情況下，操縱和監督系統會同時執行。假設你正要去超市購物，而且已經下定決心絕對不要被貨架上的零食誘惑。這時，操縱系統會努力使你專注、計畫和控制行為（「我來超市是買早餐穀片，別的一概不買。早餐穀片在哪裡？」），而監督系統則會掃瞄你的大腦與環境，留意各種警訊。（「危險！危險！餅乾貨架在第三走道！你喜歡吃餅乾！是你的肚子在咕咕叫嗎？警告！警告！小心餅乾！餅乾、餅乾、餅乾！」）如果此時你的精神很好，操縱系統就能善用監督系統的過度反應。監督系統指出可能的誘惑或有問題的想法之後，操縱系統就會介入，引導你專注於目標，避開麻煩。但如果此時你的精神不佳——無論是受到分心、疲勞、壓力、酒精、疾病或其他耗費心力的事所影響——操縱系統就會失靈。另一方面，監督系統卻像裝了勁量電池的兔寶寶，反覆發出警報。

運作失靈的操縱系統加上過度活躍的監督系統，會在大腦中造成失衡問題。在監督系統搜尋禁忌內容的同時，它也會持續提醒大腦這個搜尋目標。神經科學家表示，大腦會在無意識間持續處理禁忌內容。結果就是：你隨時都準備去想、去感覺或去做自己想避免的事。只要在超市裡行經零食貨架區，監督系統就會想起你的目標是「不要買餅乾」，因而在你腦中不斷重複餅乾、餅乾、餅乾！在操縱系統無法盡全力中和監督系統的影響之下，你的腦中便開始上演莎士比亞的悲劇。監督系統為了避免你失敗，反而直接帶著你走向失敗。

不斷浮現的念頭，不見得是真相

努力不去想某個念頭，絕對會使這個念頭在你腦中縈繞不去。這會造成第二個問題：你努力想拋開某個念頭，但它縈繞不去，於是到後來你反而更相信這個念頭一定是真相，否則為什麼會不斷浮現？我們通常相信自己的想法是重要的資訊來源，一旦某個想法的出現頻率提高，且揮之不去，就自然以為這是重要的訊息，必須加以注意。

人的大腦似乎天生就有這種認知的偏見。我們會根據自己回想某件事的難易度，來推斷它的眞實性。當我們想把某個煩惱或欲望拋諸腦後，這樣的習慣就可能導致不當的後果。比方說，由於人們很容易想起空難新聞（尤其是怕坐飛機的人在登機的那一刻），因此常高估空難發生的機率。實際上，死於空難的機率約為一千四百萬分之一，然而，多數人就認爲這個機率應高於死於腎臟炎或敗血症的可能性——這兩種病症名列美國人的前十大死因，但並不是我們隨時會想到的疾病。

無論你想拋開的恐懼或欲望是什麼，這些恐懼或欲望都會變得更爲可信而迫切。發現「矛盾反彈效應」的心理學家韋格納，曾收到一名心煩意亂的學生來電。這名學生表示自己始終拋不開自殺的念頭。她開始相信自己內心深處一定眞的想自殺，否則爲什麼這個念頭會縈繞不去。她向韋格納求助，因爲他是她唯一認識的心理學家。但是請注意，韋格納是科學心理學家，不是心理醫師。他所接受的專業訓練，並不是要勸人從窗檯上下來，或是探查他人內心的黑暗角落。他只能跟這位學生分享自己所知的「白熊理論」。他談到自己做過的實驗，說明人愈是想排除某個想法，這個想法愈可能回到意識之中，但這並不表示這個想法是眞的或重要的。這名學生最後領悟到，自己對自殺念頭的反應，竟反而強化了這個念頭，只是這並不代表她眞的想自殺。她終於鬆了一口氣。

對你來說，那個揮之不去的念頭，可能是擔心自己所愛的人遇上車禍，也可能是認爲唯一能紓解你壓力的是四七三毫升的焦糖巧克力冰淇淋。如果此時你開始驚慌，想把這個念頭拋諸腦後，它遲早會重回腦海，而且一旦回來，就會變得更具說服力。由於你努力不去想，當這個念頭重新浮現時，似乎就變得更重要。最後，你開始認定這個想法才是眞的。於是，擔憂的人變得更擔憂，渴望吃冰淇淋的人就會拿起了湯匙。

自我檢視時間

你有沒有矛盾反彈的狀況？

你是否有什麼想拋諸腦後的事情？如果有，請檢視矛盾反彈理論。壓抑是否真的有效？努力摒除某個念頭，是否反而導致這個念頭更強烈？（沒錯，現在請讓你的大腦監督系統去監看督促這個監督系統。）

如何避免矛盾反彈效應？

該如何跳脫這種兩難的困境？韋格納建議消除矛盾反彈效應的方法，本身也十分矛盾：就是要你放棄。一旦你放棄控制不想要的念頭或情緒，這些念頭和情緒就不再控制你。相關研究證實，只要讓受試者說出自己一直想壓抑的念頭，這個念頭就不會再這麼強烈，而且也比較不會侵入意識。矛盾之處在於，准許自己存有某個念頭，反而能降低這個念頭浮現的機率。

無論你想摒除何種念頭，這個方法都極爲有效。你可以自由思考和感受自己的想法和感覺，但不必認定這些想法和感覺是眞相，也無須強迫自己順從，這是消除焦慮、憂鬱、貪吃及成癮等問題的最佳策略。只要放棄掌控自己內心的想法和感受，就能提升我們對自我外在行爲的控制力。

不想要的感覺，反而拋不掉

努力壓抑悲傷的念頭，是否會令人感到憂鬱？這聽起來有點誇張，但事實正是如此。研究顯示，愈是想壓抑負面思想，愈可能陷入憂鬱。憂鬱的人愈想拋開煩惱，心情愈是沮喪。韋格納在第一批思想壓抑實驗中發現，即使是完全正常的受試者也會出現上述情況。他請受試者想著自己最悲慘的遭遇，或是不去想這些事。結果顯示，人在有壓力或分心時，壓抑悲傷的念頭反而會比試著感受悲傷更令人難過。另一項實驗顯示，當人想拋開自我批判的想法，比如「我眞是有夠失敗」「大家都覺得我很笨」等，自尊和心情惡化的速度，反而甚於我們坦然思考這些想法時。即便我們認定自己已經成功地將這些負面想法拋在腦後，仍然會有上述情形發生。矛盾反彈效應再次發酵了！

壓抑焦慮也可能導致反效果。舉例來說，努力不去想痛苦手術的人，焦慮程度反而高於較能正確了解疼痛的人；在公開演講前壓抑恐懼，不僅會更緊張，也會導致心跳加快，因此更可能搞砸重要的演講。即便我們想拋開某些想法，但身體仍然接收到這些訊息。就像壓抑悲傷與自我批判的想法會加重憂鬱，研究顯示，壓抑想法也會加重嚴重焦慮疾病的症狀，包括創傷後症候群及強迫症等。

上述研究結果或許令人難以理解，看起來有違我們必須保護自己、拋開煩惱的各種本能。如果不去摒除有害想法，那又該怎麼做？現在我們逐漸了解，**想免除煩惱，就必須坦然接受各種負面想法，而不是硬將這些想法拋開。**

問題不一定出在你身上

菲利普·高汀（Philippe Goldin）會是你見過最隨和的神經科學家。這並不是說研究大腦的怪咖都不友善，但多數人並不會熱情擁抱實驗室的訪客。高汀負責管理史丹佛大學的「臨床應用感知神經科學實驗室」，簡單地說，就是他運用本身對大腦的相關知識，來幫助憂鬱或焦慮的人，尤其是有社交恐懼症的人。你會以為像他這麼擅長與人接觸的人，絕不可能對「社交恐懼症」感興趣（這是一種嚴重的害羞表現），但他竟然把了解和治療這種疾病視為終身職志。

參加高汀實驗的受試者，在社交場合中不只是有點緊張而已。他們光想到要與陌生人交談，就可能導致恐慌症發作。你可能也知道這種惡夢情節，夢到自己一絲不掛，被眾人指指點點和嘲笑。有社交恐懼症的人隨時隨地都覺得自己活在這種惡夢中。他們總害怕自己會出糗或受到批判，但通常他們對自己的批判最爲嚴厲。他們常常感到沮喪憂鬱，大多數人會逃避各種社交場合，包括派對或在公開場合發言，以免引起焦慮和自我懷疑。這導致他們的生活圈愈來愈小，甚至像工作會議、打電話這種多數人視爲理所當然的事，對他們來說都十分困難。

高汀研究這些焦慮症患者在擔憂時大腦的運作情形。他發現，有社交恐懼症的人，控制思想的能力遠遜於一般人。這些人在擔憂時，比如想像自己受到批判時，壓力中樞會過度反應。高汀請受試者改變想法時，他們腦中的注意力控制系統卻無法充分運作。如果套用韋格納的思想控制理論來解釋，就是他們的「操縱系統」失靈，無法轉移思緒，讓自己不再擔憂。有焦慮症的人會深陷於恐懼中無法自拔，尤其無法拋開念頭。

社交恐懼症的傳統療法，主要在於質疑患者的想法（比如「我一定有問題」），藉此來消除焦慮。但這個療法要生效，你必須先相信「不去想某事」的方法確實可行。高汀則採用截然不同的方法。他要社交恐懼症患者觀察與接納自己的想法和感受，甚至包含恐懼的想法和情緒。這樣做並不是要消除焦慮和自我懷疑，而是讓他們相信，自己能應付得了這些艱難的想法和感受。一旦他們知道自己無須防範內心的想法和情緒，就能變得比較自在。他指導焦慮症患者，在憂慮浮現時應留意自己的想法，感受體內的焦慮，然後將注意力集中在呼吸上。如果焦慮仍未減退，他鼓勵患者想像自己的想法和情緒隨著呼吸而消解。他教導這些患者，只要不再抗拒焦慮，焦慮自然而然會消除。

由於高汀是神經科學家，所以他特別留意這個方法對大腦有什麼影響。他請焦慮症患者在實施這項療法的前後，接受功能性磁振造影檢查，這樣就能觀察在憂慮時腦部的活躍情況。即使是再冷靜不過的人，做這些腦部掃瞄檢查時，也可能會覺得緊張或出現幽閉恐懼的症狀。受試者被迫靜止不動，維持仰躺姿勢，頭部被固定在腦部掃瞄器上，嘴裡還必須咬著牙科用蠟，以免移動頭部或說話。在他們頭部四周的儀器會發出規律的鏗鏘聲，聽起來就像電鑽的聲音。更糟的是，他們還必須看著面前螢幕上顯示的各種敘述句，進行自我反省，包括：「我這樣不好」「大家都覺得我很怪」「我一定有問題」等等。

高汀在社交恐懼症患者思索這些敘述句時，觀察他們腦部兩個區域的活動情況：一個是與閱讀理解相關的網絡，能顯示受試者思考每個句子的深入程度；另一個則是壓力中樞，顯示受試者驚慌的程度。

他比較每位患者接受治療前後的大腦掃瞄結果，發現了一項有趣的變化。在治療之後，患者腦部處理視覺資訊的網絡變得比較活躍；社交恐懼症患者在接受治療後，更注意自我批判的敘述句。也許很多人會認爲這代表治療完全無效。

但有一點値得注意：這些患者腦部壓力中樞的活動也大幅降低了。即使焦慮症患者全心思考負面想法，焦慮程度也不如以往強烈。這種腦部變化爲患者的日常生活帶來極大的助益。他們接受這項治療之後，整體的焦慮程度降低，自我批判和擔憂的時間也減少了。一旦他們不再抗拒自己的想法和情緒，就能進一步擺脫這些想法和情緒的影響。

意志力實驗

充分感受，但不要每個想法都相信

當你腦中浮現負面想法時，可運用高汀傳授給受試者的方法。先別急著馬上轉移注意力，反而要讓自己注意這個想法。通常，我們最大的煩惱都是十分熟悉的想法——相同的憂慮、相同的自我批判、相同的記憶，例如：「萬一出錯了怎麼辦？」「真不敢相信我做出這種事，實在有夠蠢。」「如果沒發生那件事就好了。當時如果沒那樣做，會怎樣？」這些想法冒出來，就像在腦中反覆播放的歌曲，遲遲擺脫不掉。請留意這個負面的想法，是否為早已存在的熟悉老調——這是第一條線索，可據此推斷該想法並非你必須相信的重要資訊。接著請留意當下身體的感覺：是否覺得緊張，心跳及呼吸速率有無改變？肚子、胸口、喉頭或身體其他部位，是否感覺到這些想法和情緒？

觀察自己的想法和感受之後，請將注意力轉移到呼吸上。留意吸氣和吐氣的感覺。有時這麼做，負面的想法和情緒就會自然消散。但有時這些想法和情緒會持續干擾你對呼吸的注意。如果出現這種情況，請想像這些想法和情緒就像飄過腦海和身體的雲朵。繼續吐納，想像這些雲朵自然消散或飄走。想像自己的呼吸就像微風，可以輕易地將這些雲朵吹散、吹走。你不必強迫自己拋開這些想法，只需專注於呼吸。

請注意，這個方法並不等於相信或反覆思考某個念頭。壓抑想法的反面，是承認這個念頭存在，而不是相信這個想法。你承認想法會來來去去、承認自己無法時時掌控腦中的思緒，但你不必自動相信這個想法的內容。換句話說，你可以告訴自己：「好吧，這個想法又冒出來了，我又開始擔心了。反正我的腦子就是這樣，這不一定有什麼意義。」而不是告訴自己：「好吧，我想這應該是真的。我是個爛人，一定會遇到壞事，我想大概只能認命吧。」

同樣的方法也可以用來處理煩人的思緒及負面的情緒，包括憤怒、嫉妒、焦慮或羞愧。

試過本方法數次之後，比起排除負面的想法和情緒，哪一種方法比較能有效地使你恢復冷靜？

平息憤怒的女兒

去年發生的事，讓薇拉蕊心力交瘁。幾年前，她的母親診斷出罹患了早期阿茲海默症，但之後病情逐漸惡化。母親的記憶迅速喪失，再也無法單獨待在家。薇拉蕊和家人決定將母親送進長期照護中心。雖然該中心有醫療團隊隨時待命，但薇拉蕊仍然覺得必須每天去探望母親，監督醫療照護的情況。她的兄弟姊妹住得離照護中心較遠，父親又已經去世，因此重責大任就落在薇拉蕊肩上。

這整個情況讓薇拉蕊十分生氣。她氣這場病一步步奪走了母親，氣她必須獨自承擔這一切。甚至連探望母親都令她覺得難過，因爲母親的個性和記憶變得難以捉摸。除此之外，她也對自己的憤怒有罪惡感。爲了應付自己的疲倦、憤怒和罪惡感，她每天從長期照護中心回家的途中，都會去超商買東西，藉此尋求慰藉。她會買許多小蛋糕、甜甜圈，或是甜點櫃裡任何看來很美味的食物，然後在停車場裡坐在車上把這些點心一口氣吃掉。她一直告訴自己，經歷了這麼多事，至少可以大吃一頓慰勞一下。但其實她是想在回到家之前，掩蓋自己的情緒。

薇拉蕊擔心，如果不在每次探視結束後把這些情緒拋開，她會完全被這些情緒壓制住。如果她讓自己覺察這些情緒，很可能會從此陷入其中無法自拔。但這些情緒已經讓她難以承受了。於是，薇拉蕊開始在每次探視完母親之後，就坐在照護中心戶外的長椅上，練習吐納並想像這些情緒是雲朵。她讓自己感覺到罪惡感的沉重與濃厚，以及憤怒造成的緊繃。接著她想像自己的呼吸是一陣風，能吹散這些烏雲。她想像這些感覺愈來愈淡、愈來愈輕。在罪惡感與憤怒消失後，通常會有悲傷湧現——這種感覺不會隨著吐納而消失。不過薇拉蕊察覺，如果感受到悲傷，她其實並不想將悲傷的情緒拋開。她的內心有空間可以容納悲傷。

後來，她再也不會中途停在超商買東西，有時甚至願意面對當天的各種情緒。她甚至在探視母親時也願意感受當下的情緒，容許自己感覺沮喪，而不是禁止自己對母親生氣。雖然這個辦法並不能改變現實，卻減輕了她的壓力。一旦薇拉蕊不再試著擺脫情緒，她反而更能照顧母親和她自己。

無論是做事拖拖拉拉的人想逃避焦慮的感覺，或是愛喝酒的人想逃避孤單的感受，逃避負面情緒常會導致自暴自棄的行為。請針對你個人的意志力挑戰，觀察自己是否有不願面對的情緒。如果你允許自己透過吐納及雲朵想像法感受該情緒，結果會是如何？

愈禁止，愈想要

英國倫敦大學聖喬治學院心理學家詹姆斯・鄂斯金（James Erskine）十分著迷於韋格納的白熊實驗。他認爲壓抑思想不僅會使人更容易想到該念頭，還會讓人覺得自己必須去做想壓抑的事。他一直十分驚嘆，人常做出與自己期望相反的事（他自己也不例外。不過即使本書作者連連追問，仍未能從鄂斯金口中打探出任何細節）。他最喜歡的作家是杜斯妥也夫斯基，該作家筆下的人物常誓言不做某件事，但不一會兒就在做自己發誓不做的事。當然，杜斯妥也夫斯基筆下的人物，對抗的通常是殺人的衝動，而不是甜點的誘惑。不過，鄂斯金推測，所有自暴自棄的行爲，從節食破戒到吸菸、喝酒、賭博、濫交（也就是與不適當的對象交換ＤＮＡ），背後的主因都是矛盾反彈效應。

鄂斯金首先以巧克力（最多人渴望的東西）為例，說明壓抑思想對自制力會造成多大的風險（巧克力可說是人見人愛。有一項實驗曾想探討喜歡巧克力和不喜歡巧克力的人之間有何差異。研究人員花了整整一年的時間，只找到十一個不喜歡巧克力的人）。鄂斯金邀請女性受試者到實驗室試吃兩種類似的巧克力糖。❷在研究人員將巧克力糖送進來之前，他請女性受試者在五分鐘內說出自己腦中的想法。他請其中一部分女性說出有關巧克力的想法，而其他人則要壓抑與巧克力相關的任何想法（有三分之一的女性受試者是對照組，沒有接獲特定的思想控制指示）。

起初，思想壓抑似乎有效。努力不去想巧克力的女性，所表達的想法與巧克力較無關聯——在一項實驗中，她們平均只有九個想法與巧克力有關。相較之下，依研究人員要求說出有關巧克力想法的女性，則有五十二個想法與巧克力相關。不過，贊成壓抑思想的人先別高興得太早，試吃的結果才是評估成功與否的真正指標。

❷ 糖果專家或許想知道，鄂斯金的實驗用的是麥提莎巧克力（麥芽蜂蜜餅乾球，外層裹上牛奶巧克力）、吉百利巧克力球（牛奶巧克力球，外層裹上酥脆糖衣），以及星雲巧克力球（與前述巧克力類似，製造商的行銷口號是「有深度的單純」）。

研究人員接著將兩碗各二十顆單獨包裝的巧克力放在女性受試者面前，並讓她們單獨待在房裡，並回答一份有關巧克力的問卷。研究人員請她們盡量試吃巧克力，才能回答問卷的問題。每一項實驗的結果都一樣：女性受試者如果在試吃前曾努力不去想巧克力，其試吃的量幾乎是其他人的兩倍。節食的人反彈效應最爲強烈，顯示以思想壓抑法抗拒誘惑的人，最容易受到反效果的影響。二〇一〇年有一項調查顯示，節食的人比沒有節食的人，更可能壓抑有關食物的想法。正如韋格納的白熊實驗所預期的結果，節食的人如果抑制有關食物的想法，在面對食物時的自制力反而最低。他們對食物的渴望會更強烈，而且比未嘗試控制思想的人，更容易出現暴食的傾向。

為什麼節食只會造成反效果？

儘管節食在美國已行之有年，是一種減重法，但這個方法爛透了。二〇〇七年一項評鑑報告審查各項有關限制食物或熱量攝取的飲食研究，該報告指出，幾乎沒有證據顯示節食有助於減重或增進健康，反而有愈來愈多證據顯示節食有害。多數節食者不僅在停止節食後復胖，而且變得比節食前更胖。事實上，節食是增重而非減重的妙方。以體重相同的人做比較，節食的人長期體重增幅反而大於從未節食的人。有好幾項長期實驗的結果都顯示，溜溜球節食法會導致血壓升高及壞膽固醇增加、降低免疫力，並增加心臟病、中風、糖尿病及所有原因死亡的風險（此外，如果你還記得，節食也會導致外遇的機率升高——不過珍妮克萊格瘦身中心的合約上可沒註明有這些副作用）。

鄂斯金等許多研究人員推論後表示，導致節食法完全無效的原因，正是人們認定這個方法最有效的地方，也就是禁食令人發胖的食物。打從《聖經》故事裡的第一顆禁果開始，禁止的做法就常導致問題。如今科學已證實，禁食某種食物會自動強化人對該食物的渴望。舉例來說，禁食巧克力一週的女性，對巧克力的渴望會突然增強。在試吃巧克力冰淇淋、餅乾及蛋糕時，禁食巧克力者的攝取量會比沒有禁食的女性高出一倍。原因並不在於缺乏巧克力餅乾碎片冰淇淋所含的胺基酸及微量營養素會導致人體無法運作（如果對食物的渴望眞的是由此而生，那麼數以百萬計的美國人應該對新鮮蔬果產生強烈的渴望才是）。不，**反彈效應是發生在心理層面，而不是生理層面。你愈是不讓自己吃某種食物，愈可能滿腦子想的都是那種食物**。

鄂斯金指出，許多節食者都誤以爲壓抑思想有效，因爲他們常覺得自己成功地擺脫了有關食物的念頭，至少在初期是這樣。不只節食者以爲這種抑制方法有效，我們全都極易產生這種幻覺。由於我們暫時成功地拋開了某種想法，就認定這個方法很完善。然而，最後我們終究無法控制自己的思想和行爲。我們往往認爲這是因爲個人不夠努力抑制思想，卻沒想到其實抑制的方法根本無效。這種想法促使我們更努力克制，結果導致更激烈的反彈效應。

自我檢視時間

你最最渴望的東西是什麼？

科學研究顯示，一旦我們禁食某種食物，對該食物的渴望就會增強。你是否有過這種經驗？是否曾透過禁食某類食物或最喜歡的點心來減重？如果是，你的禁食維持了多久，最後因何結束？你現在是否有禁食的食物？如果有，禁食是否加深了你對該食物的渴望？如果你沒有節食，目前是否有任何食物列在你的禁食清單上？這個方法是否消除了你對該食物的渴望，還是增強了想吃的欲望？

接納自己，你會更有力量

如果不能拋開想法及渴望，又該如何面對它們呢？或許我們該做的是接納。這正是某項實驗的結論。該實驗請一百名學生連續四十八小時隨身攜帶裝著賀喜巧克力的透明盒子。受試學生的挑戰是：不准吃盒子裡的巧克力或任何巧克力（爲了確保受試者沒有偷吃，實驗人員暗地在每一顆巧克力上做了記號。如果有人偷吃之後補回巧克力，就會被發現）。不過實驗人員並不是讓學生毫無防備，他們告知學生，面對誘惑時的因應方法。研究人員告訴一部分學生，只要想吃巧克力，就轉移注意力，並在心裡駁斥想吃的念頭。舉例來說，如果出現了想吃巧克力的念頭，像是「那些巧克力看起來好好吃。我只吃一顆就好！」就應該試著用另一個念頭取代渴望，像是「你不准吃這些巧克力，連一顆也不行。」換句話說，研究人員要這些學生做的，正是我們多數人在控制食欲的時候所做的事。

至於另一部分學生，研究人員向他們講解白熊實驗，說明矛盾反彈效應，並勸告學生別壓抑想吃巧克力的念頭，而應該接納心中對巧克力所產生的任何念頭或感覺。但也要記住，他們不必順從這個念頭。他們在不控制想法的同時，仍必須控制自己的行爲。

在這四十八小時的意志力實驗中，放棄控制想法的學生，對巧克力的渴望度最低。

值得注意的是，這種接納策略對於原本食欲自制力最差的學生幫助最大。平時最難抗拒食物誘惑的學生，若想轉移注意力或與自己爭辯，反而會落得一敗塗地。但如果他們不再壓抑想法，巧克力的誘惑就能減輕，也不再覺得隨身帶著看得到、吃不到的巧克力是一種壓力。最驚人的是，採用接納策略的學生，連續兩天面對誘惑，也沒有人偷吃。

意志力實驗

接納渴望，但不必順從渴望

在賀喜巧克力的實驗中，研究人員向學生說明白熊實驗中的矛盾反彈效應後，建議他們採取以下四階段的做法，來幫助自己應付渴望。本週請運用以下建議，應付自己最難克制的欲望，像是吃巧克力、喝卡布奇諾咖啡或上網收信等等。

1. 了解自己正在想著某個誘惑，或感受到一股渴望。
2. 接納這個想法或感覺，不要立即轉移注意力或加以反駁。提醒自己白熊實驗中的反彈效應。

3. 退一步思考，了解自己雖然無法隨時掌控想法和感受，但可以選擇是否順從這股渴望。

4. 想想自己的目標。提醒自己原本該做的事是什麼，比如實驗中的學生提醒自己，他們已經答應研究人員不吃巧克力。

巧克力狂獲得的啟示

卡洛琳很高興，她終於有辦法對抗長期的巧克力誘惑。她的公司有一項傳統，就是大家都會在辦公桌上放一碗糖果。卡洛琳的桌上並沒有放糖果，但她只要走到別人桌子旁，就會受到誘惑。這變成她長期的壓力來源——到底該不該拿？如果她拿了一顆，難保她不會找藉口再溜過去拿第二顆？到最後，即使是和自己相距不到十五公尺的同事，她也寧願用寫信或打電話的方式聯絡，只爲了避免自己受到滿滿一碗糖的誘惑。

有一週，我們上課時討論到賀喜巧克力實驗，當週我收到卡洛琳開心寫來的電子郵件。她告訴我，單是想到那項實驗，就讓她再度萌生自制力。她現在可以直視著同事桌上的巧克力，甚至彎下腰聞聞香味，卻不會臣服於誘惑，而她的同事則是一顆接一顆地吃，哀嘆自己的意志力有多麼薄弱。相較之下，卡洛琳不敢相信自己的意志力居然這麼堅強。她並不清楚究竟是因爲她接納了自己的渴望，還是單純想到實驗中那些隨身帶著巧克力的學生，促使她增強了意志力。無論原因是什麼，她都很開心自己能戰勝誘惑。

常有學員告訴我，只要想起某項實驗，或甚至是想到實驗中的受試者，就能增強他們的自制力。如果某項實驗令你印象深刻，請在面對誘惑時想想該實驗。

不節食的節食法

如果不禁食令人發胖的食物，是否有辦法減重或改善健康狀況？有一項新方法顯示，確實做得到這一點——我指的並非某種神奇的藥丸，宣稱能讓人在睡眠中燃燒脂肪減重。加拿大魁北克的拉瓦爾大學研究人員長期研究一種特殊的減重方法，著重於受試者應該吃的食物。該計畫並未列出受試者禁食的食物，也未著眼於減少熱量攝取，而是強調食物如何改善健康狀況並帶來快樂。該實驗也要求受試者想想自己能夠如何改善健康狀態，比如運動，而不是要他們思考自己不該做什麼或吃什麼。

基本上，這項計畫將「我不去做」的意志力挑戰，轉變爲「我要去做」的意志力挑戰。受試者的主要任務不在於對抗自己的食欲，而在於追求健康。

這種減重法的實驗顯示，將「我不去做」轉變爲「我要去做」確實有效。實驗追蹤的受試者當中，有三分之二的人成功減重，而且在後續十六個月的追蹤期內並未復胖（一般節食者平均約十六天就打回原形了）。受試者也表示，實驗結束後，他們對食物的渴望減少了。在各種容易導致大吃大喝的情況中，比如處於壓力之下或慶祝場合，他們失控大吃的機率也降低了。重點是，最不忌口的女性減重幅度最大。不再禁食反而增強人們對飲食的控制力，而不是降低自制力。

意志力實驗

把「我不去做」改成「我要去做」

即使是沒有節食的人，也能從「我不去做」成功轉為「我要去做」的意志力挑戰中獲得啓發。請找出自己最重大的「我不去做」的意志力挑戰，試著用以下方法轉移重心：

◎有什麼別的方法能取代「我不去做」的行為，而且能同樣滿足需求？多數的壞習慣都是為了滿足某種需求，可能是要減輕壓力、玩樂或尋求認可。你可以把重點從戒除壞習慣，改為以新習慣（希望是更健康的習慣）取代原有的惡習。我有一位學員想戒咖啡，於是改喝茶。兩種飲料的效益相同——都是忙裡偷閒的好藉口，讓他更有活力、更有精神——卻可以有效減少咖啡因的攝取。

◎如果你戒除了惡習，可以開始做哪些事？我們的癮頭和消遣娛樂大多會消磨時間和精力，導致自己無法做某些原本可做的事。有時著眼於自己錯失的良機，會比努力戒除惡習更具激勵效果。我有個學員認為自己浪費了太多時間沉迷於電視實境節目。她察覺到，替自己訂立目標善用那段時間，比如學做菜，能讓自己更有動力關掉電視（她開始看烹飪教學節目，來取代原本的實境節目——這是好的開始——接著再讓自己從沙發移到廚房）。

◎你能否重新定義「我不去做」的挑戰，把它改成「我要去做」的挑戰？有時，同一種行為可以從兩方面來思考。舉例來說，我有個學員將「不遲到」重新定義為「第一個到」或「提早五分鐘到」。聽起來好像差不多，但他察覺到，將「準時到」轉變為可分出勝負的競賽後，就變得更有動力去做，因而降低遲到的機率。如果你著眼於自己想做的事，而非不想做的事的話，就能避開矛盾反彈效應的副作用。

如果你決定開始做這項實驗，請在本週著眼於正面的行為，而不是禁止的舉動。到週末時，請想想自己在原本「我不去做」的挑戰及「我要去做」的新挑戰中，表現如何？

覺察那股渴望的衝動

華盛頓大學成癮行爲研究中心的科學研究員莎拉．鮑溫（Sarah Bowen），仔細思考了她的「刑房」布置。她挑了一間簡單的會議室，裡頭有一張長桌可以坐十二個人。爲了避免受試者分心，她將窗戶遮起來，拿掉牆上所有的東西。

接著，受試者逐一進入會議室。在她的要求下，每個人都帶著一包未拆封的香菸，而且是自己最愛的牌子。所有的受試者都想戒菸，卻始終沒戒成。鮑溫要求這些癮君子事前必須至少禁菸十二小時，確保他們參加實驗時都處於尼古丁缺乏的狀態。她知道他們急著想點菸抽上一口，但他們必須等到所有人到齊才行。

等到所有吸菸者都到齊之後，鮑溫請他們坐下來。每張椅子都面對外牆，因此大家看不見彼此。她要求所有人把書、手機、食物或飲料都收起來，然後發給每個人一枝鉛筆和一張紙回答問題。無論發生什麼事，受試者都不得彼此交談。接著，酷刑開始了。

鮑溫指示大家：「請拿出香菸，盯著菸看。」大家照做了。她接著說：「現在敲一敲菸。」她指的是吸菸者習慣敲一敲整包菸，讓每根菸裡的菸草緊密一點。接著她指示：「現在拆掉菸盒的外包裝，打開菸盒。」她繼續引導吸菸者做完每個步驟，從拆開包裝先聞一下香菸的氣味，到抽出一根香菸，拿在手上、看著菸，然後聞一聞，再將香菸叼在嘴上，拿出打火機，將打火機拿近香菸，但不可點燃。每一個步驟做完之後，她都強迫受試者停下來等個幾分鐘。鮑溫對我說：「這些人很不好受。我可以看出他們很想吸菸。他們開始做一些事來讓自己分心，像是轉筆、東張西望、坐立難安。」鮑溫並不是以虐待這些癮君子爲樂，而是她必須確認他們正受到某種強烈的渴望所折磨，可能導致他們想放棄。鮑溫眞正的目的，是要探究「覺察法」是否有助於吸菸者抗拒誘惑。

在這項折磨人的實驗開始之前，半數的吸菸者已受過短暫訓練，學習一種名爲「覺察衝動」的方法。訓練人員指導他們仔細留意自己吸菸的衝動，但不要設法改變或擺脫這股衝動——我們已經知道，這個方法可以有效應付憂慮，以及對食物的渴望。出現衝動時，他們不應該轉移注意力或希望衝動消失，而是應該正視這股衝動。腦中閃過了哪些念頭？這股衝動在體內有什麼感覺？是否覺得噁心或胃絞痛？肺部或喉頭是否感覺緊繃？鮑溫向這些吸菸者說明，**無論他們是否向衝動屈服，這些衝動終究會消失。在他們感覺到強烈的渴望時，應將這股衝動想像成海浪。這股浪潮會逐漸增強，但最終還是會破滅消失。**這些吸菸者應該想像自己乘浪而行，而不是與浪潮對抗，但同時又不能順從浪潮的牽引。鮑溫接著請這群吸菸者在出現渴望時，運用這個覺察衝動的方法。

經過一個半小時，接受完整的折磨之後，所有吸菸者終於從鮑溫的刑房被釋放出來。她並未要求受試者減少吸菸量，甚至沒有鼓勵他們在生活中運用覺察衝動的方法。不過，鮑溫指派了一項作業，要大家記錄未來一週每天的吸菸量，以及每天的心情與吸菸衝動的強度。

第一天，兩組受試者的吸菸量並無差異。但從第二天開始到當週結束，採用覺察衝動法的受試者吸菸量開始減少。到了第七天，控制組的吸菸量並無變化，但採用覺察衝動法的受試者，吸菸量減少了三七%。全面正視自己的衝動，有助於採取正面的行動，開始戒菸。鮑溫也研究吸菸者的心情與吸菸衝動之間的關聯。出乎意料的是，學過覺察衝動法的人，負面情緒不再如往常一般導致他們向衝動屈服，壓力不再直接導致他們點菸。這是覺察衝動法的理想副作用之一：讓人學會接納與處理內心各種負面的情緒，而不再從不健康的報酬中尋求慰藉。

雖然這項吸菸研究屬於科學實驗，而不是成熟的干預方法，但鮑溫也針對藥物濫用勒戒所的人，主持較長期的計畫（她告訴我：「我們是用想像法而不是眞的把誘發癮頭的東西帶進來。基於許多原因，我們不能把快克吸食管帶進勒戒所。」）。鮑溫在研究中，將一百六十八名男女隨機分組，接受傳統的藥物濫用勒戒法或覺察衝動法；她還教後者一些因應壓力和衝動的方法。在四個月的追蹤期裡，覺察衝動組出現衝動的情況比較少，復發的機率也比傳統治療組低。這種訓練再度打破了心情不佳與藥物濫用衝動之間的直接關聯。學會運用覺察衝動法的人，不再因爲壓力而導致復發的機率升高。

意志力實驗

覺察內心的衝動如何變化

無論濫用哪一種毒品，覺察衝動法都能幫助人度過衝動期，不向誘惑低頭。

在衝動浮現之時，請先暫停一下，感受身體的感覺。這股衝動感覺像什麼？是覺得冷或熱？是否覺得身體的哪個部位僵硬、緊繃？心跳和呼吸有何變化，肚子有何感覺？至少花一分鐘的時間體會這些感覺。留意這些感覺的強度或本質是否會變動。不順從衝動，有時會導致衝動變得更強烈，請正視這些感受，而不是試著擺脫或順從。在你練習覺察衝動時，或許能從吐納中獲得絕佳的支持。觀察自己呼吸的感覺——留意吸氣與呼氣的感受——同時感覺那股衝動。

一開始練習這個方法的時候，可能會在覺察衝動後仍然向誘惑低頭。別忘了在飽溫的吸菸實驗中，所有人一踏出刑房還是馬上點菸。不要才試了幾次便直接斷定這個方法沒有價值。覺察衝動法與其他新學的自制方法相同，愈是練習，技巧就會愈純熟。

你是否想在衝動浮現之前先練習這個方法？如果想好好體驗這個方法，一開始可以先靜坐，等著搓鼻子、蹺腳或變換重心的衝動浮現。運用覺察衝動法的原則來面對這項衝動，好好感受，但不要直接放棄。

如何覺察想抱怨的衝動？

泰芮絲知道自己不斷批判先生的習慣，已導致夫妻的關係緊張。他們結婚五年，但過去這一年來彼此的關係特別緊繃。兩人常爲了家中的規矩與四歲兒子的管教問題而吵架。泰芮絲不禁覺得，她先生是故意犯錯來惹毛她，而她先生則討厭老是被人糾正，覺得付出的努力卻沒人感激。雖然泰芮絲希望先生改變行爲，但她心知眞正威脅婚姻的其實是她的行爲。

她決定細心覺察自己想批判的衝動。只要感到這股衝動浮現，她就停下來感受身體緊繃的感覺。她察覺到，下顎、臉部和胸口的緊繃感最爲強烈。她觀察這種焦躁和挫敗的情緒，感覺就像熱能和壓力逐漸累積，彷彿她必須批判一下才能解脫，就像火山必須爆發一樣。她一直以爲非得把怨氣發洩出來不可，否則這些怨念會在她體內惡化。但經過測試，她發現批判的衝動就像渴望，即使她不加以順從，最後仍會自然消退。每當覺察這股衝動時，她會在心裡想著這些怨言。有時她發現自己的抱怨十分無聊，有時則覺得確實有道理。無論如何，她都只在心裡想，不會反駁自己或說出口。然後她想像自己的焦躁是一波海浪，努力忍受這些情緒。她察覺到，只要她留意呼吸，仔細觀察身體的感覺，這股衝動就會消退。

覺察衝動法不僅適用於戒治成癮，也有助於應付負面的衝動。

內心要接納，但外在要控制

在你開始體驗接納的力量之前，必須記住壓抑的反面並不是自我放縱。本章提到的各種成功干預方法，包括接納焦慮及渴望、不再限制飲食、覺察衝動等等，都在教導人們不要嚴格控制自己內心的感受，但絕非鼓勵大家順從自己最混亂的想法，或不再控制自己的行爲。沒有人要社交恐懼症的患者繼續待在家裡擔心不已，或鼓勵節食的人三餐都吃垃圾食物，或告訴戒治毒癮的人「想吸毒就吸吧！」

就許多方面而言，這些干預方法都與我們目前所知的意志力作用方式密切相關，有賴於我們不帶批判眼光，發揮好奇心觀察自我。這些方法有助於對抗意志力的大敵，也就是誘惑、自我批判和壓力。它們要我們記住自己眞正的目標，使我們能萌生力量，不畏艱難，勇往直前。

同一套方法能幫助人們應付各種意志力挑戰，從憂鬱到戒治毒癮等，正說明了自我覺察、自我關懷，以及記取眞正的重點這三個方法，正是自制力的根本。

最後的提醒

多數人想控制自己的思想和情緒，反而會造成與期望相反的結果。然而，我們非但不了解這一點，還想進一步用這種錯誤方法回應自己的失敗。甚至有人爲了讓自己的腦子遠離危險，會更努力擺脫不想要的念頭和情緒，最後卻是徒勞無功。如果我們眞的想維持內心平和、提升自制力，就必須了解腦中的思緒是無法控制的。我們頂多只能選擇自己要相信什麼，以及該怎麼因應。

本章摘要

重點概念：壓抑想法、情緒和渴望會造成反效果，使你更可能去想、去感覺或去做自己最想避免的事。

自我檢視時間

◎你是否發生矛盾反彈的狀況？你是否有什麼事想拋諸腦後？壓抑是否有效？努力

摒除某個想法，是否反而導致這個想法變得更強烈？

◎你最最渴望的東西是什麼？禁止某樣東西反而會增強對它的渴望，你是否有這種經驗？

意志力實驗

◎充分感受，但不要每個想法都相信。腦中浮現負面想法時，先注意到這個想法，感受身體的反應。接著將注意力轉移到呼吸上，想像這個念頭逐漸消失或飄過。

◎接納渴望，但不必順從渴望。渴望出現時，請接納這個感覺，先別立即轉移注意力或加以反駁。提醒自己白熊實驗中的反彈效應，想想自己抗拒渴望的理由。

◎覺察內心的衝動如何變化。在衝動浮現時，請留意身體的感覺，將這股衝動想像成浪潮，努力渡過，不要試著擺脫或順從。

結語

發揮自我覺察的力量

我們一起展開這趟探討意志力的旅程，一開始想像在塞倫蓋提大草原上被劍齒虎追捕，如今已來到最後幾頁，旅程即將告終。一路上，我們看到黑猩猩展現過人的自制力，還有一些人類失控的糗態。我們參觀了好幾間實驗室，看到節食的人必須抗拒巧克力蛋糕的誘惑，焦慮症的患者必須面對恐懼。我們也看到神經科學家發現未來報酬的誘惑，以及神經行銷學專家發現未來報酬的獎勵。我們也了解了數種干預方法，運用榮譽感、諒解、運動、冥想、同儕壓力、金錢、睡眠，甚至是上帝的旨意，來激發人改變自我。我們也認識了幾位心理學家，他們電擊老鼠、折磨吸菸者、用棉花糖誘惑四歲兒童，一切都是爲了研究意志力這門科學。

我希望這趟旅程不只能讓人一窺迷人的研究世界。書中提到的每一項研究，都使我們進一步了解自我，以及自己的意志力挑戰。這些研究幫助我們了解與生俱來的自制力，雖然有時無法順利運用。此外，也讓我們了解自己的失敗，並指出可行的解決辦法，甚至告訴我們做人的意義。比方說，我們一再發現自己並非單一的自我，而是有多個自我。人的天性包含了想立即享樂的自我，以及懷抱更長遠目標的自我。我們天生會受誘惑，但也會抗拒誘惑。人除了會感受到壓力、恐懼和失控外，也會找到力量讓自己冷靜下來，管理自己的選擇。自制的重點在於了解組成自我的各個元素，而不是徹底改變自己。在追求自制力時，我們常用來攻擊自己的武器包括罪惡感、壓力和羞恥等，其實並沒有作用。自制力最強的人不會在自我之間引爆戰爭，而是學會接納與整合這些互相爭奪掌控權的自我。

如果說眞的有提升自制力的祕訣，科學界想必會一致認定，這個祕訣就是「專注的力量」，也就是訓練大腦辨識自己何時在做選擇，而不是在不經意的狀態下做決定。這包括留意你如何允許自己拖延，或是以良好行爲掩飾自我放縱；了解未來的報酬並不一定會實現，未來的自我並不是大英雄或陌生人；了解在你的世界裡，影響行爲的因素有哪些，包括行銷花招或社會認可等。在你想轉移注意力或破戒時，應該保持鎭定、正視渴望。要記住自己眞正的目標，了解哪些情況能使自己心情好轉。「自我覺察」是你隨時可以仰賴的其中一個自我，能幫助你克服困難，完成最重要的工作。這是我對意志力所能下的最佳定義。

最後的提醒

本著科學研究的精神，我在意志力科學課程結束時，總會問學員，在他們所觀察的事物及參與的實驗中，哪一點最讓他們印象深刻。最近有位科學家朋友表示，以一本探討科學觀點的書籍來說，唯一合理的結論就是：自己下結論。因此，儘管我很想爲本書下結語，但仍要發揮「我不去做」的意志力，請你們思考以下問題：

◎你對意志力及自制力的了解是否改變了？
◎哪一項意志力實驗對你最有幫助？
◎你最重要的頓悟是什麼？
◎哪些觀點你會銘記在心？

在未來的人生路上，請保持這種科學家的心態。嘗試新鮮事物，蒐集資訊，相信證據。開放接納驚人的觀點，從自己的成敗中汲取經驗。保留有效的方法，將知識分享給他人。在人類各種怪癖及現代種種誘惑之下，我們能做到這個地步已是盡了最大努力，但只要我們能秉持好奇心與同理心繼續下去，便已經足夠。

Eurasian Publishing Group
圓神出版事業機構
用心與你對話・網野無限寬廣
先覺出版社
Prophet Press

www.booklife.com.tw reader@mail.eurasian.com.tw

商戰 214

輕鬆駕馭意志力（暢銷10年紀念新版）

史丹佛大學最受歡迎的心理素質課

作　　者／凱莉・麥高尼格（Kelly McGonigal）
譯　　者／薛怡心
發 行 人／簡志忠
出 版 者／先覺出版股份有限公司
地　　址／臺北市南京東路四段50號6樓之1
電　　話／（02）2579-6600・2579-8800・2570-3939
傳　　真／（02）2579-0338・2577-3220・2570-3636
總 編 輯／陳秋月
資深主編／李宛蓁
責任編輯／林淑鈴
校　　對／林亞萱・林淑鈴
美術編輯／林韋伶
行銷企畫／黃惟儂・陳禹伶
印務統籌／劉鳳剛・高榮祥
監　　印／高榮祥
排　　版／莊寶鈴
經 銷 商／叩應股份有限公司
郵撥帳號／18707239
法律顧問／圓神出版事業機構法律顧問　蕭雄淋律師
印　　刷／祥峰印刷廠

第一版　2012年9月初版　計39刷
最新版　2021年10月初版
　　　　2023年4月6刷

定價 370 元　ISBN 978-986-134-396-9

Printed in Taiwan

延遲享樂很重要。當你回顧人生中，無論私生活或公事上犯過的所有錯誤，就會發現幾乎都是因爲想追求一些短期快感。在股市中，這就是絕大多數人的習性。

——《更富有、更睿智、更快樂：投資大師奉行的致富金律》

國家圖書館出版品預行編目資料

輕鬆駕馭意志力（暢銷10年紀念新版）：史丹佛大學最受歡迎的心理素質課／凱莉．麥高尼格（Kelly McGonigal）著；薛怡心譯. -- 初版. -- 臺北市：先覺，2021.10

368 面；14.8×20.8公分 --（商戰系列：214）

譯自 : The Willpower Instinct: How Self-Control Works, Why It Matters, and What You Can Do to Get More of It

ISBN 978-986-134-396-9（軟精裝）

1.意志 2.自我實現

173.764 110013737